Valérie

Sur l'auteure

Jeanine Cummins vit à New York. Elle est l'auteure de trois romans, dont *American Dirt* (Philippe Rey, 2020 ; 10/18, 2022), et d'un récit, *Une déchirure dans le ciel* (Philippe Rey, 2022 ; 10/18, 2023).

De la même auteure
aux Éditions 10/18

JEANINE CUMMINS

UNE DÉCHIRURE DANS LE CIEL

Récit autobiographique
d'une affaire de meurtre et de ses suites

Traduit de l'anglais (États-Unis)
par Christine Auché

10/18

PHILIPPE REY

Titre original :
A Rip in Heaven

ISBN 978-2-264-08198-8
Dépôt légal : février 2023

À Robin : mon amie fidèle,
mon sang, ma faiseuse de rires.
Et à Julie : mon soleil,
ma source d'inspiration
et mon éveilleuse d'âme.

Que Dieu nous donne la force
et la sagesse de rendre à vos existences
un soupçon de justice grâce à ce récit.

Nous vous aimerons à jamais
et vous nous manquez chaque jour.
Baisers et Révolution.

Le fleuve gémit et soupire
Engloutit mes souvenirs
Et recrache des courants de regret
Pour noyer les nageurs imprudents
À l'abri d'un bouclier en pelure d'oignon
Elle verse des larmes dépourvues de sel
Hurlant à la lune

Le pont s'est effondré depuis longtemps
Et le fleuve se vante désormais de ses dangers
De peur de me noyer
Je ne traverse plus pour te rejoindre
Je reste debout sur les rives boueuses à te faire signe
Mais sans te voir clairement
Mes rêves m'entraînent vers le bas
Jusqu'aux rochers et au courant froid au-dessous
Et je me suis perdue
Dans le bourdonnement plaintif de l'eau
Qui me berce vers le sommeil.

Julie Kerry

PROLOGUE

En 1991, j'étais une lycéenne de seize ans vivant en périphérie de notre capitale, et je me croyais invincible. Je me croyais coriace. Washington D.C. était la métropole qui totalisait le plus d'homicides aux États-Unis. Cette année-là, environ un habitant sur 1 200 y a été assassiné. Notre maire avait atterri en prison après avoir été filmé à son insu, fumant du crack en compagnie d'une prostituée dans une chambre de motel. Mais, derrière ce voile de corruption, Washington était une cité étincelante aux maisons blanchies à la chaux, aux rues bordées de musées mondialement célèbres, de bâtiments du gouvernement, envahies d'une flopée de touristes fraîchement débarqués de leurs bus, arborant des T-shirts assortis et des appareils photo Kodak Disc. Cette ville qui était ma maison prospérait au milieu des scandales et puisait son souffle vital dans ce chaos.

Si bien que, lorsque mes parents nous ont entassés, mon frère, ma sœur et moi, à l'intérieur du van familial pour nous conduire dans le Missouri à l'occasion des vacances de printemps, nous avons emporté notre attitude de la côte Est et notre carapace entièrement imaginaire de citadins. Pendant deux jours, nous avons traversé des champs de maïs américains baignés de soleil pour descendre du Maryland à St. Louis, et nous étions certains de mourir d'une forme d'ennui particulièrement typique du Midwest avant même d'avoir traversé le Mississippi.

La sinistre vérité, c'était que nous étions sur le point d'apprendre qu'en fait nous n'étions pas le moins du monde des durs à cuire, mais des adolescents de banlieue à l'existence plutôt protégée, aux angoisses confortables, qui n'avaient aucune idée de ce que signifiait « dur à cuire ». Au début des années 1990, la violence chez les jeunes avait encore le pouvoir de choquer. Même dans la capitale des homicides du pays, la violence n'avait rien d'ordinaire, et les détecteurs de métaux qu'on avait commencé à installer dans nos écoles pour tenter de l'endiguer n'avaient rien de normal. Il nous faudrait encore plusieurs années d'insouciance avant Columbine et le genre de terreur qu'une tragédie d'une ampleur *pareille* peut inspirer.

Tandis que le van bleu familial cahotait vers l'ouest en direction du cœur de l'Amérique, nous imaginions que nous laissions les dangers urbains derrière nous, à l'est. Nous n'avions jamais rêvé du genre de brutalité auquel nous étions sur le point d'être confrontés, du genre de tragédie qui allait détruire nos vies en une seule nuit. Washington ne nous avait pas préparés du tout. Rien n'aurait pu nous préparer à ce qui allait arriver.

Je m'appelle Jeanine Cummins, mais on me surnomme Tink depuis ma naissance, et c'est donc ce nom qui apparaîtra dans ces pages. Ce livre est l'histoire vraie d'un crime violent. C'est aussi l'histoire de ma famille. Par sa nature même, il relève à la fois du récit d'un crime véritable et de l'autobiographie. J'ai passé un nombre incalculable d'heures à effectuer des recherches sur les faits, les preuves, les comptes rendus, les documents juridiques, la couverture média et les témoignages qui constituent la bibliothèque de données concernant cette affaire. Et je me suis efforcée de me montrer impartiale dans ma description de ces faits. Mais je ne prétends pas un instant être objective. Il s'agit de ma *famille.* Dans cette histoire, les voix des victimes ont été ignorées et éclipsées par d'autres voix plus fortes et plus retentissantes durant plus d'une décennie. Maintenant, c'est notre tour.

Julie et Robin Kerry sont mes cousines. Tom Cummins est mon frère. Ceci est *leur* histoire.

1

La table d'appoint bancale était si surchargée d'assiettes et de coudes que Tom Cummins avait presque peur de lever sa fourchette pour se nourrir, de crainte que même le plus léger mouvement ne bouleverse ce tableau arrangé avec soin. La frêle silhouette de sa cousine Julie Kerry était assise à sa droite, dévorant le contenu fumant de son assiette de poulet sauté sans accorder la moindre pensée à la solidité de la table branlante. À sa gauche, Tink et Kathy, les deux sœurs cadettes de Tom, partageaient le banc d'organiste de leur grand-père et se donnaient des coups de pied répétés sous la table, se disputant l'espace exigu pour caser leurs genoux. À leurs côtés, Robin, la sœur de Julie, disparaissait dans un énorme fauteuil inclinable en velours bleu, tandis que Jamie, leur benjamine, était perchée comme un oiseau sur l'accoudoir. Chacune des cinq filles piochait dans son assiette avec une vigueur qui compromettait l'équilibre de la petite table tremblotante à chaque bouchée, mais seul Tom semblait s'en inquiéter.

Il y avait largement assez de place sur la table de la salle à manger pour que deux d'entre eux aient pu dîner avec les adultes, mais personne ne voulait se priver du plaisir de siéger à celle des enfants. Les six cousins avaient donc sacrifié un peu de leur espace vital pour s'y serrer les uns contre les autres. Ils étaient inhabituellement silencieux, peut-être à cause du bon plat qu'ils dégustaient, ou peut-être à cause de la présence inhibitrice des parents et des grands-parents dans la pièce attenante. Cependant, leurs six esprits étaient probablement juste empreints d'une légère mélancolie tacite à l'idée de leur séparation imminente. Tout le monde savait que, dans douze heures, les enfants Cummins s'entasseraient de nouveau dans le van de leurs parents pour rouler vers l'est et regagner Washington, laissant St. Louis et leurs cousines Kerry derrière eux.

La petite Jamie, neuf ans, venait de finir de mettre de côté son poulet et déplaçait mollement avec sa fourchette ses pois gourmands et ses brocolis d'un côté de son assiette à l'autre. Elle jeta un coup d'œil à celle de Robin et attendit patiemment. Quand Robin eut terminé d'engloutir son accompagnement, elle échangea son poulet avec les légumes de Jamie et les deux sœurs se remirent à manger. Tink et Kathy étouffèrent un gloussement en remarquant ce tour de passe-passe. L'échange viande-légumes entre Jamie et Robin n'avait pas encore perdu de sa nouveauté pour elles. C'était le genre de comportement que leurs propres parents, très stricts, n'auraient jamais toléré, ce qui lui conférait ce petit air de fruit défendu que les adolescents trouvent apparemment si amusant.

À dix-neuf ans, Robin était strictement végétarienne ; Jamie, elle, détestait les légumes. Les deux sœurs avaient donc mis au point ce système infaillible qui ne provoquait pas le moindre haussement de sourcil dans leur maisonnée exclusivement féminine ; Ginna, leur mère, avait toujours encouragé ses filles à embrasser leurs propres idéaux. Mais pour Tink et Kathy, elles-mêmes élevées dans un foyer où la libre-pensée et la remise en question de l'autorité n'étaient *pas* des habitudes que l'on cultivait activement, cet échange de nourriture n'aurait pas pu être plus incongru. D'ailleurs, Tink et Kathy trouvaient quelque peu exotique presque tout ce qui avait trait à leurs cousines. Les sœurs Kerry étaient le genre de personnes que les enfants Cummins auraient *aimé* être.

Du haut de ses seize ans, Tink idolâtrait totalement Julie, qui en avait vingt, pour ses poèmes et sa passion. Que Julie soit aussi une brillante joueuse de football américain ne faisait qu'accroître la dévotion de sa petite cousine ; Julie était buteuse, position qu'occupait également Tink. À presque quinze ans, Kathy idolâtrait tout autant Robin. Elle avait même essayé d'être végétarienne environ un an auparavant, mais Tink et Tom l'avaient impitoyablement taquinée à ce sujet, et leur mère, Kay, lui avait expliqué que, au moins tant qu'elle serait celle qui préparait leur dîner, Kathy devrait manger ce qu'elle avait cuisiné, point final. Kathy avait donc obéi avec impatience, non sans continuer à admirer sa cousine plus âgée pour son indépendance et sa détermination.

Tom, lui, était le seul élément masculin de leur petite équipe, et Julie était sa meilleure amie. Ce dont il n'était pas peu fier, parce que Julie avait une façon d'être cool à laquelle Tom avait toujours aspiré. Non seulement elle le faisait rire, mais elle lui donnait davantage confiance en lui et l'inspirait. Tom était un pragmatique, presque pessimiste par nature. Julie lui avait appris à rêver, à cultiver ses ambitions. Pourtant, il n'était véritablement *conscient* de rien de tout cela ; il adorait juste ce qu'il ressentait en sa compagnie.

Julie avait le don de rendre amusant chaque lieu où elle allait. Tom et elle étaient donc des confidents unis par un lien si fort qu'il rejaillissait sur leurs fratries respectives. Qu'il leur donnait à tous les six l'impression de faire partie d'une société secrète et impénétrable. Rien d'étonnant dans ces conditions à ce que l'atmosphère de leur dernier dîner ensemble soit plutôt sombre et silencieuse.

Aussitôt les six assiettes de poulet sauté vidées, rincées et rangées dans le lave-vaisselle, les six cousins se retirèrent dans la salle de jeux du sous-sol pendant que les adultes sirotaient leur café en discutant. En bas, on écoutait Simon and Garfunkel et on jouait au rami au milieu des odeurs de moisi. La table de jeu recouverte de feutre vert était aussi encombrée que celle de leur dîner quelques minutes plus tôt. Mais une fois encore, personne ne paraissait s'en formaliser. Tink avait revêtu sa tenue de croupier, comprenant une visière verte et une cigarette en chocolat, et les mises étaient élevées : jetons en plastique et droit de se vanter. Au bout d'un moment, Ginna leur cria dans l'escalier qu'elle allait rentrer et demanda à Julie de ne pas obliger Jamie à veiller trop tard. Tandis que les jeux continuaient, Tink gribouilla son nom en majuscules sur le bras de Tom au lieu de compter les points. En temps ordinaire, son frère lui aurait arraché le stylo-bille des mains pour avoir osé lui écrire sur la peau, mais ce soir-là, son gribouillage semblait cadrer avec l'atmosphère de la soirée. Il se contenta de rire et de la repousser doucement quand elle essaya d'ajouter des fioritures au K.

Au bout d'environ une heure, Jamie commença à s'ennuyer, Tom à se lasser de perdre, et comme Robin avait de toute manière un besoin urgent de nicotine, le groupe décida d'un commun accord de poursuivre les réjouissances dans le jardin.

Sur Fair Acres Road, c'était désormais le crépuscule. Tink et Kathy, pieds nus, firent quelques passes avec un ballon de football dans l'herbe humide de rosée pendant que les autres entreprenaient un combat de coqs, Julie sur le dos de Tom, Jamie sur celui de Robin. À quelques mètres de là, la Chevrolet Chevette jadis bleue de Julie était garée dans l'allée, tache de rouille dans le paysage de banlieue. Son pare-chocs arrière était recouvert d'autocollants, dont l'un proclamait RONALD REAGAN EST UNE LESBIENNE. Gene, le père des enfants Cummins, n'avait pas trouvé celui-là particulièrement drôle.

Les six compagnons jouaient en riant dans le jour qui déclinait avec une sauvagerie que les adolescents se sentent rarement à l'aise d'exhiber. Comme c'était souvent le cas, la petite Jamie de neuf ans paraissait manifester plus de maturité que tous les autres membres du groupe. Son sens de l'humour ironique et son maintien tranquille lui donnaient un air étrangement sage et adulte, à tel point en fait que les rares instants où elle se comportait comme une gamine surprenaient parfois les autres. Mais ce soir-là, ils batifolaient *tous* comme des gamins. Ensemble, ils oubliaient leur timidité et embrassaient les derniers vestiges de leur enfance. C'est donc le cœur lourd qu'ils mirent un terme à cet accès de gaieté lorsque Gene ouvrit avec un grincement la porte grillagée, puis apparut sur le seuil. Il y avait des bagages à boucler, des douches à prendre, il allait falloir dormir. L'heure était venue de se dire au revoir.

Robin se jeta théâtralement au cou de Tink en criant : « Ne t'en va pas, S'IL TE PLAÎT, ne t'en va pas ! »

Ces effusions déclenchèrent une salve de sarcasmes, et ils se retrouvèrent bientôt tous les six à pleurnicher dans le cou les uns des autres, « Tu vas me manquer ! Je t'aime ! Je t'écrirai tous les jours ! », pendant que Gene restait planté là en levant les yeux au ciel et en secouant la tête. Il y eut bien un moment ou deux d'authentique gravité et quelques véritables larmes (quoique bien cachées) au milieu de ce chaos railleur. Alors qu'ils s'armaient collectivement de courage pour l'inévitable séparation, Julie et Robin émirent l'hypothèse qu'elles pourraient leur rendre visite à Washington l'été suivant. Cette idée rasséréna tout le monde. Et donc, accompagnées d'une profusion de sourires et de saluts, les trois sœurs se précipitèrent pour monter dans la petite guimbarde de Julie, qui s'éloigna en vrombissant.

Gene fit rentrer ses trois enfants à l'intérieur en leur assignant à chacun une tâche en vue du voyage du lendemain. Tom attendit d'être certain que ses deux sœurs n'étaient plus à portée de voix pour demander à son père la permission de sortir ce soir-là. Gene fit signe que c'était non : ils avaient une longue route devant eux et il voulait que tous se couchent tôt afin d'être bien reposés le matin suivant. La dernière chose qu'il avait envie de gérer durant ces deux jours de trajet, c'était un ado fatigué et grognon.

Tom grommela amèrement quelques minutes, avant d'accepter sa défaite. « Bon, il faut quand même que j'appelle Julie pour lui dire que je ne peux pas venir », reprit-il en fixant son père avec une insolence dont seul un jeune de dix-neuf ans était capable.

Gene haussa les épaules, impassible. « Alors appelle-la dans ce cas », répondit-il.

L'idée de quitter la maison en catimini pour aller retrouver Julie germa dans le cerveau de Tom presque par accident. Il avait déjà réussi à sortir en douce une fois au cours de la semaine, mais il avait vraiment espéré que son père serait raisonnable cette fois-ci. En tout cas, Tom n'était pas prêt à laisser le refus de Gene lui gâcher la soirée. En quelques minutes de conversation téléphonique, Julie et lui avaient mis au point leur plan secret.

Tom avait dormi sur la couchette pliante à l'arrière du van pendant la majeure partie de la semaine. Après une longue nuit sans sommeil sur le canapé en velours bleu de sa grand-mère, passée à écouter son père ronfler à travers le mur lambrissé, Tom avait convaincu ses parents que dormir dans le lit pliant du van était la solution la plus logique et la plus confortable. Après tout, quel était l'intérêt d'en avoir une si personne ne l'occupait ? Toute la semaine, à l'heure du coucher, Tom avait pris une clé de la maison et une clé du van, puis s'était retiré dans l'allée. Ce soir-là, à la place, il irait simplement jusqu'au croisement au bout de la rue pour attendre Julie.

Au moment où Tom, au sous-sol, replaçait le combiné sur le socle du vieux téléphone à cadran en pivotant sur le tabouret de bar de Grand-Père Art, il se retrouva nez à nez avec sa sœur Tink, et comprit sur-le-champ qu'elle avait deviné ses intentions. Au bout de quelques minutes de gémissements et de supplications, Tink était sur le point d'abandonner tout espoir d'être invitée quand Kathy sortit tranquillement de la salle de bains, la tête enrubannée d'une serviette et une brosse à dents dans la bouche, pour voir ce qu'elle ratait. Tink la mit au courant des festivités à venir, espérant trouver une alliée pour convaincre son frère, tandis que ce dernier surveillait nerveusement l'escalier en lui enjoignant d'une voix sifflante de parler moins fort. Kathy retourna dans la salle de bains pour se rincer la bouche et, à son retour, elle se mit à énumérer systématiquement les failles du plan. Le problème le plus évident et le plus décourageant était que Tink et Kathy partageaient la chambre d'amis, qui se trouvait exactement en face de celle de leurs grands-parents, au sommeil léger. Il serait quasiment impossible à l'une d'entre elles ou aux deux de sortir discrètement sans se faire repérer. Pour Tom, la tâche serait infiniment plus facile. En réalité, il n'aurait même pas besoin de *sortir* discrètement, il devrait juste *partir* discrètement. Finalement, la logique agaçante mais raisonnable de Kathy convainquit Tink, qui céda. De plus, lança-t-elle avec un reniflement en gravissant les escaliers quatre à quatre, elle n'avait pas envie de jouer les pots de colle, elle voulait qu'on lui *demande* de venir.

Cette scène était totalement représentative du tempérament des deux sœurs Cummins et de leurs dispositions respectives. Tink ne pensait jamais aux détails pratiques. Elle était la rêveuse, la comédienne, l'avant-centre de ses équipes de hockey et de football, celle qui cherchait toujours à monopoliser l'attention et qui y parvenait généralement. Plus timide et sarcastique, Kathy était aussi plus courageuse. Goal des deux équipes, elle avait plus les pieds sur terre et de plomb dans la cervelle que son aînée. Tink aimait l'attaque ; Kathy, la défense.

Les deux sœurs souhaitèrent donc bonne chance à leur frère avant de retourner aux corvées qu'on leur avait assignées. Tink s'en acquitta de plus mauvaise grâce, bien sûr, boudant un peu avant de se mettre à bâiller tout en pliant et rangeant ses affaires. Elle en vint même à se dire qu'en définitive aller au lit ne serait pas une si mauvaise façon de finir cette soirée. Bientôt, tout fut prêt pour le voyage du lendemain matin, et les lumières de la maison douillette commencèrent à s'éteindre les unes après les autres au fur et à mesure que ses occupants partaient se coucher.

Dans l'intervalle, Tom traîna dans la salle de bains du sous-sol. Il se brossa les dents deux fois. Il se passa du fil dentaire. Se brossa de nouveau les dents et consulta sa montre. Nerveux, il s'assit sur l'abattant des toilettes, habillé de pied en cap, attendant que cessent au-dessus de lui les bruits indiquant que quelqu'un était encore éveillé. Il feuilleta distraitement l'exemplaire du *Ladies' Home Journal* de sa mère en essayant de ne pas fixer le cadran de sa montre. Comme il était en général le dernier à aller se coucher, ses parents ne se méfieraient pas s'ils l'entendaient sortir pour rejoindre le van une fois tout le monde au lit. Néanmoins, il espérait que l'ensemble de la maisonnée serait endormi avant que ce soit l'heure de partir. Quand la lecture de « Comment préparer le quatre-quarts parfait » finit par lui devenir insupportable, il referma le magazine, vérifia une dernière fois son reflet dans le miroir, et éteignit la lumière de la salle de bains.

À 23 heures, en refermant à clé la porte d'entrée de la maison en brique de ses grands-parents, Tom se sentit un peu cachottier et bébête. Dans l'allée, un puissant spot s'alluma, illuminant la totalité du jardin ainsi que, à ce qu'il lui sembla, la moitié du voisinage. Il examina la fenêtre de la pièce où dormaient ses parents. Les rideaux étaient soigneusement tirés, les stores descendus. Rien ne bougeait. Il s'approcha du van et en déverrouilla les portes, jeta son sac à dos à l'intérieur, attendant un instant avant de claquer la portière. Inconsciemment, il retint sa respiration au moment de contourner le véhicule et de s'éloigner d'un pas vif mais discret vers la rue. Arrivé au bout de l'allée, il fourra la main dans la poche de sa veste pour en retirer un paquet de cigarettes. Il s'arrêta quelques minutes, debout à l'extrémité de l'allée, à fumer et à regarder la maison. Si l'un de ses occupants avait des soupçons, il sortirait maintenant pour le rattraper, ou dans les quelques minutes qui allaient suivre. La cigarette était un bon alibi : il préférait mille fois être surpris en train de fumer que de filer à l'anglaise. Mais un silence de mort continuait à régner à l'intérieur, si bien qu'après avoir fumé la moitié de sa cigarette, Tom fit volte-face et se mit à marcher dans la nuit froide, songeant à quel point il était ridicule d'avoir dix-neuf ans et de se sentir encore aussi déloyal en désobéissant à son père.

Lorsque Tom avait demandé à Gene la permission de sortir un peu plus tôt, il avait d'abord eu l'intention d'aller au Denny's, prendre simplement un café et discuter à bâtons rompus avec Julie et Robin. Mais, une fois dehors, il se rendit compte qu'il n'avait plus de contrainte de temps. Dès que les filles se furent arrêtées devant lui dans la voiture qu'il avait surnommée le « Frelon » à cause du ronronnement haut perché de Mobylette de son moteur, les trois cousins entamèrent un bref conciliabule. Criant pour couvrir le vrombissement sonore de la petite Chevette, ils prirent collectivement la décision de faire la seule chose qu'ils avaient négligée sur leur liste de la semaine : aller voir le poème que Julie et Robin avaient reproduit à la bombe sur le tablier de l'Old Chain of Rocks Bridge.

Ils feraient un saut sur le pont, se promèneraient au clair de lune, jetteraient un petit coup d'œil au poème, et *ensuite* ils iraient au Denny's boire ce café.

Tom n'eut guère de mal à se débarrasser de son appréhension habituelle vis-à-vis d'une telle idée. Il se persuada que son anxiété n'était pas justifiée, que le Midwest était différent de la côte Est, et qu'ils seraient parfaitement en sécurité. Après tout, il venait de Washington, et St. Louis, Missouri, pouvait difficilement se targuer d'être la capitale du meurtre de *quelque région que ce soit*. Comme beaucoup de gens, Tom nourrissait une fausse idée : St. Louis avait *en effet* bizarrement échappé à cette réputation pourtant méritée. En 1991, on pensait encore à cet endroit comme à la « porte de l'Ouest », une ville sûre et sympathique située le long du Mississippi. Et bizarrement, le fait que St. Louis soit classée troisième ville du pays en matière de taux d'homicides était passé largement inaperçu dans l'opinion publique. Ce n'était certainement pas une statistique dont Tom, ni même Julie ou Robin, avaient déjà entendu parler.

À l'intérieur du Frelon, l'atmosphère était donc surexcitée et volubile. Julie et Robin se réjouissaient à la perspective de montrer leur ouvrage à leur cousin. Quant à Tom, il se sentait soulagé et passablement euphorique d'avoir réussi à s'échapper de chez lui pour la seconde fois de la semaine. Comme d'habitude, la conversation sauta de la politique à la religion, puis au sexe et à la musique. Les trois amis changeaient aussi souvent et facilement de sujet que Julie changeait de file sur l'Interstate 70.

2

Ce soir du 4 avril 1991, Tom Cummins approchait du stade final d'une transformation assez majeure, chose plutôt commune chez un garçon de dix-neuf ans. Il opérait une transition entre le lycéen mal dans sa peau en échec scolaire qu'il avait été et le jeune professionnel/pompier dévoué qu'il était en passe de devenir. À son avis, il devait une grande partie de ce changement à la fille assise à sa gauche.

Avant l'apparition de Julie dans sa vie, Tom ne se serait jamais imaginé avoir une discussion intellectuelle animée avec deux autres personnes intelligentes. Le Tom d'avant Julie serait resté assis d'un air morose, probablement prompt à lever les yeux au ciel et à répondre par un haussement d'épaules aux éventuelles questions qu'on lui aurait adressées, non parce qu'il n'avait rien d'intéressant à dire, mais parce qu'il ne possédait pas l'assurance nécessaire pour le formuler. C'était grâce à Julie qu'il débitait désormais ses opinions sur tout et n'importe quoi, abordant des sujets aussi divers que le film *Le Cercle des poètes disparus* ou les dernières frasques du maire Barry[1].

1. Marion Barry, maire démocrate de Washington de 1979 à 1991. (*Toutes les notes sont de la traductrice.*)

Il était sûr que Julie n'avait pas remarqué l'étendue de son changement de personnalité parce que, avec elle, il s'était toujours senti libre de s'exprimer. Il se demandait si elle se doutait même un tant soit peu de la manière dont elle l'avait aidé à mûrir.

L'odyssée de Tom au sein du système scolaire public américain avait été longue et ardue. Dès son arrivée au lycée, il avait plus ou moins accepté la version de lui-même que lui renvoyait le regard de ses professeurs : un Tom léthargique, dépourvu de réactions. Mais vers quinze ans ses difficultés s'étaient compliquées, elles ne se limitaient plus à quelques mauvaises notes et à un manque d'enthousiasme pour les études. L'adolescence ne semblait pas lui réussir. Il était mal à l'aise et muet comme une carpe la majeure partie du temps ; il était gêné d'être en léger surpoids. D'ailleurs, il était gêné par presque tout. Et quand sa première véritable petite amie l'avait laissé tomber pour sortir avec son meilleur copain, il avait érigé un solide mur d'indifférence autour de lui.

Il avait commencé à traîner avec la bande de punks du lycée. Il admirait les filles qui se rasaient le crâne et portaient des piercings. Il était devenu un fan inconditionnel des Sex Pistols. Il s'était mis à fumer cigarette sur cigarette. Il avait acheté de la teinture bleue pour les cheveux, mais comme il n'avait pas complètement trouvé le courage de l'utiliser, il avait fini par la passer à Tink, qui s'en servait pour teindre ses nattes les jours où elle faisait la pom-pom girl. Il séchait périodiquement les cours, mais uniquement à des heures où il savait qu'on ne lui en tiendrait pas rigueur. Il avait absolument tout essayé pour se fondre dans le groupe des marginaux, sans jamais complètement y parvenir.

Tom n'avait pas tardé à se mettre à raconter un tas

de bobards, parfois à ses amis pour tenter de paraître cool, parfois à ses parents pour leur cacher son dernier bulletin ou une fête où il n'était pas censé être allé. Il marchait sur la corde raide, mais savait toujours plus ou moins instinctivement où il en était, et ne trébuchait jamais. Sa capacité à distinguer ce qui relevait de la désobéissance adolescente ordinaire et ce qui était vraiment *mal* lui avait évité de devenir une cause perdue. Ses rébellions de jeunesse suivaient apparemment le même schéma que sa scolarité : il foirait juste assez pour être une source constante de déception et d'inquiétude pour ses parents, mais jamais suffisamment pour qu'ils jettent l'éponge. Ce n'était pas vraiment un mauvais garçon, juste un sacré bon à rien.

Gene trouvait sa relation avec son fils des plus frustrantes. Comme Tom, il était l'aîné de sa fratrie. Mais à la différence de son fils, il avait développé une vraie détermination et un sens des responsabilités très tôt dans la vie. Il n'aurait jamais désobéi à son père, *même en rêve*, ce qui rendait l'impertinence croissante de Tom encore plus blessante. Gene n'arrivait pas à comprendre son fils, à trouver un sens à son attitude, et n'avait aucune patience pour son irresponsabilité et son comportement de délinquant juvénile.

Un soir, Tom avait dépassé de plus d'une heure le couvre-feu fixé par ses parents, et quand il s'était décidé à rentrer, il somnolait et empestait le schnaps à la pêche. Son père l'avait envoyé se coucher, acceptant d'attendre le lendemain pour sévir. Le matin suivant, à 7 heures, Gene était entré à pas de loup dans la chambre de Tom pour glisser en silence une cassette de Tchaïkovski dans sa chaîne stéréo. Il avait monté le volume à fond, appuyé sur Play, puis arraché l'édredon du lit. Ensuite, il avait hurlé à son fils de redescendre sur terre et de s'habiller, avant de lui annoncer que, gueule de bois ou pas, il allait passer sa journée à nettoyer le garage.

Alors que les accrocs quotidiens se multipliaient à la maison, Tom avait joué le jeu, se calquant sur ce que ses parents attendaient de lui. Le cycle s'alimentait sans cesse : adolescent odieux, parent en colère. Les perspectives étaient sombres. Et puis, un jour de son année de seconde au lycée Gaithersburg High, un événement remarquable s'était produit.

En tant que diacre catholique, Gene participait à de nombreux programmes locaux de sensibilisation. Il officiait auprès des malades à l'hôpital du coin et dispensait la communion aux personnes âgées. Plus récemment, on lui avait proposé d'être l'aumônier de la caserne de pompiers du secteur. Gene avait saisi cette opportunité à bras-le-corps ; il adorait l'idée de s'occuper de gens qui faisaient si courageusement et noblement don d'eux-mêmes à la communauté. Et donc, avec sa rapidité et son efficacité habituelles, Gene avait suivi les cours requis pour se former, puis lancé un programme de volontariat plutôt ambitieux en tant qu'aumônier officiel de la caserne. Et ce travail avait été récompensé par un bonus inattendu : il avait impressionné son fils.

Pour la première fois depuis des années, Tom avait laissé le respect très profondément enfoui qu'il avait pour son père remonter prudemment à la surface. Le terrain d'entente que Gene avait cherché en vain était enfin apparu, par accident. Il avait installé une radio réglée sur la fréquence des pompiers à côté de la table de la cuisine et pris l'habitude d'avoir sur lui une radio portative et un pager. Kay détestait ces croassements constants, mais le père comme le fils y étaient devenus instantanément accros. Tout en faisant de son mieux pour ne pas avoir l'air intéressé, Tom soupçonnait en silence les nouvelles activités de son père de friser l'héroïsme. Il lui devenait de plus en plus difficile de juguler sa curiosité. À la longue, il avait commencé à poser des questions sur les codes et les tonalités qu'utilisaient les opérateurs, les différentes zones d'intervention, les brigades, et la place qu'occupait Gene au sein de la base. Ce dernier répondait à ses questions avec une excitation contenue, et, un jour, d'un ton aussi détaché que possible, il avait invité Tom à l'accompagner à la caserne.

À l'époque, Tom avait quinze ans, et il ne lui fallut qu'une visite à la caserne 8 de Gaithersburg pour savoir qu'il avait trouvé sa voie. Même s'ils supposaient que ce n'était qu'une passade, ses parents étaient si contents de son changement d'attitude qu'ils encouragèrent naturellement son intérêt. Le semestre suivant, lorsque le lycée publia la liste de ses cours, Tom découvrit, fou de joie, qu'il proposait un programme d'alternance avec l'école des pompiers du comté. Il rentra chez lui tellement surexcité qu'il convainquit son père d'appeler son sergent-chef le soir même. Le lendemain, Tom était inscrit.

Ainsi, durant le reste de ses études secondaires, Tom fréquenta Gaithersburg High le matin avant de prendre le bus pour la Montgomery County Fire Academy, où il passait ses après-midi à suivre des modules de validation de compétences. Ses notes au lycée s'améliorèrent significativement, et il fut diplômé dans les premiers de sa promotion à l'école des pompiers.

En guise de cadeau de fin d'études, Kay et Gene offrirent à Tom un aller-retour en Floride, pour qu'il passe deux semaines de son été à Clearwater, dans la maison où ses grands-parents avaient pris leur retraite. Julie, qui venait de terminer sa première année d'université, avait aussi décidé de faire un court séjour en Floride cet été-là. Les deux cousins ne s'étaient pas vus depuis des années. Gene et Kay avaient quitté leur ville natale de St. Louis de longue date pour aller là où la carrière de Gene dans la Marine les menait. Beaucoup de ses huit frères et sœurs l'avaient imité, s'éparpillant à travers le pays. Mais Ginna, la mère de Julie (qui était aussi la plus âgée de la fratrie Cummins après Gene) était restée à St. Louis afin d'y élever ses enfants. Néanmoins, quand les deux cousins arrivèrent chez Grand-Père Gene et Grand-Mère Maria, la connexion entre eux fut immédiate. Deux ou trois choses les rapprochaient : ils avaient tous les deux des goûts inhabituels et éclectiques en matière de musique et de cinéma ; le même humour décalé ; ils aimaient tous les deux la bière tout en étant trop jeunes pour en acheter. Et, même si Julie ne rencontrait pas les mêmes difficultés scolaires que Tom, elle devinait qu'elle pouvait s'identifier à son malaise, à sa sensation de ne pas être complètement capable de s'intégrer. Ce qui plaisait à Tom et le stupéfiait à la fois. Si Julie n'avait pas été sa cousine, il l'aurait trouvée trop charismatique, trop jolie et intelligente pour être capable de comprendre l'effet que cela faisait d'être lui. Mais il reconnaissait que, à sa manière, Julie était elle aussi différente. Et pour la première fois, il se rendit compte qu'être différent, un peu bizarre, pouvait simplement se révéler une bonne chose.

Les deux cousins allèrent tous les jours à la plage et devinrent les habitués d'un boui-boui où ils sirotaient des cocktails sans alcool en regardant les joueurs de volley. Leur amitié évolua rapidement, changeant de niveau à chaque conversation. Ils partagèrent leurs secrets intimes en travaillant leur bronzage. Ils parlèrent poésie, et Julie récita fièrement quelques-unes de ses œuvres. Tom lui confia ses humbles ambitions de pompier, qu'elle encouragea. Ils discutèrent de leur famille, Julie lui peignant une fresque colorée de son enfance, passée tout près de leurs grands-parents et du reste de leurs cousins. Tom se projetait dans chacune des scènes qu'elle décrivait. Ils apprenaient des choses sur eux-mêmes grâce à l'autre. À travers les récits de Julie, la famille de Tom devenait plus réelle pour lui et, en échange de ce cadeau, il offrait à sa cousine un moyen de vider son sac. Ils discutaient de sujets aussi variés que la religion, l'écologie, la politique et le mariage. Ils *débattaient*. Sans toutefois jamais se disputer. Julie dit même un jour sur le ton de la plaisanterie qu'au Zimbabwe la loi autorisait les cousins germains à se marier.

Le dernier soir de leur été ensemble, ils sortirent tard et ne rentrèrent qu'une fois la maisonnée profondément endormie. Tom entraîna en silence sa cousine dans le patio à l'arrière et récupéra dans la poubelle un vieux Tupperware pour s'en servir comme cendrier de fortune. Ils s'assirent à la table de la terrasse et firent concurrence aux nombreuses lucioles avec la lueur de leurs Marlboro Light jusqu'à avoir rempli le Tupperware deux fois. Ils parlèrent de tout et de rien, se confiant leurs problèmes les plus sérieux, les plus terrifiants des cadavres dans leurs placards. Ils échangèrent des sourires et des larmes contre des secrets. Quand la surface immobile de la piscine de leurs grands-parents leur renvoya les premières lueurs de l'aube, ils se décidèrent enfin à se traîner à l'intérieur et s'endormirent.

Dans l'existence de Tom, cette semaine avait représenté un pont crucial entre l'adolescence et l'âge adulte. Le prolongement de son apprentissage et de son acceptation de lui-même en tant que personne. À travers Julie, sa famille avait acquis pour lui une importance qui ne le quitterait pas et continuerait à croître. Lorsqu'il repartit, il se sentait adulte, empli d'une maturité et d'un recul rafraîchissants. Mais, alors que son train quittait la Floride en roulant vers le nord, il contempla le sud depuis son siège côté fenêtre et sanglota comme un bébé.

Ce que les deux cousins avaient bâti cette semaine-là était une amitié qui resterait une source constante de force et de renouvellement pour tous les deux. Ils se mirent à échanger régulièrement lettres et coups de téléphone. Julie encouragea et calma son cousin paniqué durant le processus de sélection férocement compétitif du service des pompiers du comté, puis l'enfer de sa première année en tant que nouvelle recrue. Ils discutaient de tous les problèmes qu'ils rencontraient dans leurs jeunes vies. Et même si ces sujets étaient banals, ces discussions n'avaient rien de trivial : ces détails étaient les seuls fils dont ils disposaient pour commencer à tisser leurs existences. Dans ses cartes et ses lettres, Julie lui envoyait de la poésie et des paroles de chansons :

… Aujourd'hui, je n'ai pas pu m'empêcher de penser à toi
en écoutant 'Til Tuesday :
Well so long and sorry, darling
I was counting to forever
I never even got to ten
So long and sorry, darling

When we found a rip in heaven
We should have ascended then[1]*...*

Bien que l'anniversaire de Tom ne fût que le 2 novembre, Julie lui avait envoyé sa carte début octobre, accompagnée de la note suivante :

... J'ai écouté New Order l'autre jour, pour la première fois depuis des mois, et j'ai trouvé ça aussi doux, sympa et authentique qu'en cette chaude soirée de juin où je l'ai écoutée avec un ami qui me manque beaucoup.

Écris-moi.

Baisers et Révolution.

Jules

P-S : Je sais que c'est un peu tôt pour ton anniversaire, mais d'habitude, je traîne jusqu'à ce qu'il soit trop tard, alors j'ai décidé d'envoyer ma carte pendant que tout était encore frais dans mon esprit.

Et donc, lorsque Tom regarda sa cousine à côté de lui dans le Frelon ce soir du 4 avril 1991, il fut submergé par une vague de bienveillance et d'admiration pour toute sa personne. Elle était sans nul doute sa personne préférée sur terre ; il se sentait fier de la connaître. Et désormais, il était également content de lui-même. Car, grâce à Julie, il apprenait à identifier ses traits de caractère positifs. Son travail lui procurait de la fierté. Il n'avait plus de complexes à

1. Au revoir, mon cœur, désolée / Je comptais jusqu'à l'infini / mais je ne suis même pas arrivée jusqu'à dix / Au revoir, mon cœur, désolée / Quand on a trouvé une déchirure dans le ciel / c'est là qu'on aurait dû monter...

propos de son intelligence ; en fait, il commençait bel et bien à apprécier de pouvoir exprimer clairement ses arguments et d'avoir l'air futé quand il parlait. Et pour couronner le tout, malgré ces nombreuses années passées à se chamailler avec eux et le gouffre de divergences d'opinions qui les séparait encore, ses parents étaient enfin vraiment fiers de lui. Il avait l'intuition que, sans qu'il sache pourquoi, les planètes s'étaient alignées dans son monde. Sa métamorphose approchait de son terme. Et si tout continuait à se dérouler comme prévu, un jeune homme heureux et sain pourrait bien émerger de l'ancien cocon suffocant et inconfortable de l'adolescence.

Jusque-là, les vacances à St. Louis avaient été formidables, et Julie était exactement le remède dont Tom avait besoin pour continuer à avancer. Un peu plus tôt dans la semaine, un soir, ils avaient avalé plusieurs tasses de café chacun, puis, dopés à la caféine, s'étaient rendus en voiture à Lacledes Landing pour admirer l'Arche du centre-ville, perchés sur le capot de la Chevrolet agonisante. Ils avaient choisi cet endroit parce que c'était un coin branché, une rangée de bars où se retrouvaient les gens d'une vingtaine d'années. Malheureusement, ils étaient trop jeunes pour entrer où que ce soit. Du coup, ils s'étaient contentés de se percher sur le capot de la voiture, dont le moteur encore tiède réchauffait leurs jeans, lorgnant avec envie les devantures illuminées des pubs. Inévitablement, Julie orienta la conversation sur « les conséquences sociales auxquelles on s'expose en vivant dans un pays qui n'hésite pas à envoyer des gamins de dix-huit ans à la guerre, mais refuse de leur servir un verre d'adieu avant leur départ pour l'abattoir ». Peut-être était-ce leur environnement : l'injustice qu'ils ressentaient à regarder des jeunes à peine plus âgés qu'eux boire et s'amuser. Ou peut-être était-ce simplement la nature de Julie d'observer son entourage pour le transformer en un sujet de discussion à la fois vivant, intéressant et important. En tout cas, ces débats constants, ces échanges profonds et quotidiens, étaient la pierre angulaire de leur amitié. Les deux amis s'absorbèrent donc dans leur dialogue tandis qu'à cent mètres de là, le Mississippi chantonnait doucement, accompagné par la musique de cent verres trinquant à travers tout Lacledes Landing.

***

Du haut de son quasi-mètre cinquante-deux pour quarante-sept kilos d'énergie brute, Julie Kerry était très occupée à entrer dans l'âge adulte en compagnie de son cousin Tom. Une masse de bouclettes sombres et brillantes retombait sur ses grands yeux noisette. Cette coiffure était sa marque de fabrique, et elle n'avait pas beaucoup changé depuis toutes ces années où Ginna avait renoncé à discipliner sa tignasse en deux couettes. Au cours de son enfance, Julie avait brièvement essayé de dompter ses boucles rebelles, mais en grandissant elle avait appris à vivre avec ses mèches souples (voire à les aimer).

Julie était une meneuse-née, encline dès l'enfance à chercher ou à créer les ennuis. Elle possédait un sens aigu de la justice et n'hésitait jamais à dire le fond de sa pensée. Néanmoins, elle était aussi sujette à des accès de calme contemplatif. Julie était pétrie de contradictions, bourrée d'anomalies. Elle disait souvent : « Si je ne me regarde pas dans la glace, je peux me balader en me croyant superbe alors que c'est faux. » C'était cette modestie qui la rendait d'autant plus électrisante.

En tant qu'étudiante en littérature à l'université du Missouri à St. Louis, Julie vouait un amour immodéré aux mots. Ses poèmes étaient sa passion ; ils l'aidaient à interpréter la vie, à relativiser. Elle avait écrit un texte intitulé « Vendre Manhattan », pour son cours de littérature amérindienne à UMSL, en utilisant ce qu'elle avait appris au sujet de cette culture et en y incorporant sa propre touche d'ironie :

bien sûr qu'on la leur a vendue
plus grosse arnaque du siècle
imaginez ces imbéciles
qui croyaient pouvoir contenir
la terre
la tenir entre leurs doigts
comme des pièces d'or
croyant pouvoir graver
leurs noms à travers le pays
ils devaient être nouveaux
en ville
des touristes, peut-être
on en a ri après coup
surpris qu'ils ne demandent pas
à acheter le ciel aussi
on le leur aurait
vendu
ça aurait pu être une sacrée
tuerie

Si Julie prenait très à cœur sa poésie et ses études, ses amis, Tom compris, étaient tout aussi importants pour elle. Ils lui offraient un exutoire et lui donnaient l'occasion de mettre son sérieux et ses études de côté pour faire parfois l'imbécile.

Un jour, à St. Louis, Tom et elle allèrent s'installer pour déjeuner à la terrasse d'un petit café ombragé au mobilier en plastique, agrémentée d'arbres en pot et de parasols surplombant les tables. Tom commanda un triple club sandwich avec supplément mayonnaise et frites, et Julie l'imita. Une serveuse incroyablement typique du Midwest les servit avec un grand sourire et un rustique « Allez, profitez bien, les jeunes ». Ils mangèrent en détaillant allègrement les passants.

Quelques minutes s'écoulèrent à leur table dans un silence relatif, les claquements de lèvres et les gorgées de Coca bruyamment avalées noyant tout le reste. Julie regarda Tom, assis, une frite à la main et son énorme sandwich dans l'autre, et ne put s'empêcher d'étouffer un rire.

« Quoi ? » demanda-t-il, légèrement sur la défensive.

Julie couvrit sa bouche avec sa main, puis se ravisa et lui montra la nourriture qu'elle venait de mâcher. Dès qu'elle eut repris son sérieux, elle sirota une gorgée de Coca avec sa paille flexible et s'éclaircit la gorge.

« On a de ces manières, plaisanta-t-elle. On pourrait croire qu'on a été élevés chez les loups. »

Tom baissa les yeux sur son T-shirt taché de transpiration et ses sandales miteuses, sa posture qui aurait crispé n'importe quel professeur, tout en continuant à parler la bouche pleine. Quant à Julie, elle était si courbée sur son assiette que ses épaules touchaient presque la table. En moins de cinq minutes, ils avaient tous les deux dévoré leurs commandes. Leurs cigarettes étaient en train de se consumer dans le petit cendrier en verre posé entre eux. Ils ne s'étaient même pas donné la peine de les éteindre quand leurs plats étaient arrivés. Tom voyait très bien ce que sa cousine voulait dire. Et il lui montra à son tour son amalgame de nourriture mâchée avant de l'avaler.

Mais, parmi tous ces compagnons tant appréciés de Julie, il n'y en avait aucun dont l'amitié lui fût plus précieuse que celle de sa sœur Robin. D'après Julie, Robin et elle avaient leur lot de contrariétés fraternelles typiques : une dispute de temps en temps à propos des tours de vaisselle, ou de qui avait pris la dernière feuille de papier-toilette sans remplacer le rouleau. Cependant, ce qui dominait dans leur relation, c'était que, même en cette fin d'adolescence grincheuse, elles reconnaissaient et célébraient leurs similarités, leurs intérêts communs. Robin partageait l'amour de Julie pour la musique et la poésie, et elle était dotée du même intellect qui absorbait tout comme une éponge, du même esprit. Néanmoins, c'était leur sens partagé de la justice et leur activisme passionné qui les distinguaient de la norme. Les copines de Ginna s'émerveillaient toujours de ce que les deux sœurs s'entendaient aussi bien, mais Ginna ne pouvait pas les imaginer autrement. Chacune était la meilleure amie de l'autre, elles passaient des heures à palabrer et à tirer des plans sur la comète pour sauver le monde.

À l'approche de Noël, l'année précédente, Julie avait lu un article dans le *St. Louis Post-Dispatch* au sujet des cent familles les plus nécessiteuses de la ville, et décidé que les Kerry devaient en adopter une pour les fêtes.

« Je suis désolée, ma puce, mais on n'a même pas trois cents à leur donner, avait répondu Ginna à la suggestion de Julie. Je crois qu'il faudrait plutôt que quelqu'un *nous* adopte, nous. »

Malgré tout, Julie et Robin refusaient d'abandonner. Elles s'acharnèrent jusqu'à ce que leur mère capitule, mais, tout en acceptant, Ginna se demandait comment elle allait trouver l'argent. Le lendemain soir, lorsque Julie était rentrée en annonçant qu'elle avait adopté *deux* familles au lieu d'une, Ginna avait levé les bras au ciel, désespérée. Son anxiété avait été de courte durée. En l'espace de quelques jours, Julie et Robin avaient sollicité toutes leurs connaissances et recueilli six cents dollars. Débordante de fierté, Ginna avait aidé ses filles à livrer le contenu de cinq voitures remplies de denrées de première nécessité et de cadeaux de Noël aux deux familles dans le besoin qu'elles avaient adoptées.

Comme ses sœurs, Robin était un modèle réduit, d'à peine un mètre cinquante et de quarante-cinq kilos toute mouillée. Elle était aussi spectaculairement jolie, mais se rebellait avec vigueur contre tout ce qui était « mignon ». Elle avait de magnifiques pommettes hautes et de grands yeux mobiles. En dépit de sa beauté naturelle, elle martelait toujours que la « jolie fille », c'était Julie. Son sourire était contagieux, et ses cheveux raides et brillants lui tombaient sur les épaules en mèches folles châtaines (au moins durant les deux premiers mois de 1991), à l'exception d'une minuscule natte qui pendait derrière son oreille droite. Épaisse d'à peine quelques millimètres, son extrémité était teinte en noir, et lui descendait pratiquement jusqu'à la taille. Cette natte était la seule partie de ses cheveux qui restait immuable. Pour Robin, ce n'était pas une simple tresse, mais l'ancre qui la reliait à la fois à son passé et à son avenir.

À dix-neuf ans, Robin était en première année à l'université du Missouri à St. Louis. Comme toujours, elle marchait sur les traces de Julie, suffisamment près pour adopter les meilleurs traits de caractère de sa sœur, et suffisamment loin pour affirmer sa propre personnalité unique. Robin était brillante et portée au défi. Elle observait tout ce que faisait Julie, choisissait les qualités qu'elle préférait chez elle, et se les appropriait. Bien que Julie fût son mentor, sa muse, Robin restait à cent pour cent elle-même. Elle avait beau être la plus timide des deux, ses manières calmes dissimulaient une activité intellectuelle en perpétuelle ébullition. Elle était spirituelle, sarcastique et passionnée.

Sa chambre était un havre d'expression personnelle et artistique. Elle y exposait fièrement ses sculptures, les marges de ses carnets de notes et de ses manuels étaient remplies de croquis de dragons et de fées. Elle s'entourait de belles choses, de choses reflétant l'abondance de bonté qu'elle voyait dans le monde. Robin croyait au karma et à la décence inhérente à l'humanité, et ces convictions l'emportaient sur sa tendance naturelle au cynisme. « Donnez-moi un point d'appui et je soulèverai le monde » était l'une des citations qu'elle avait empruntées à Julie. Et c'est précisément ce à quoi les deux sœurs occupaient leur temps et leur énergie.

De même que Julie, Robin était plus qu'active au sein de la communauté : hyperactive, même. Dès que les deux sœurs avaient un instant en dehors des cours, elles effectuaient le long trajet jusqu'à la cellule d'accueil des familles de l'Armée du salut dans le centre-ville de St. Louis où elles aidaient les enfants de CP à faire leurs devoirs. Elles étaient aussi bénévoles pour Amnesty International et Greenpeace.

Une année, au début de l'école primaire, Robin avait participé à sa première collecte de nourriture, et cette expérience l'avait changée. Donner de la nourriture à des gens qui n'avaient pas les moyens d'acheter à manger était un concept qui lui paraissait couler de source. Et donc, alors que les autres enfants rentraient chez eux traquer les vieilles boîtes de haricots rouges ou les soupes qu'ils n'aimaient pas dans les placards de leurs parents, Robin était directement allée chercher sa tirelire. Elle l'avait cassée, en avait sorti ses sept dollars en menue monnaie pour les apporter à Ginna, et lui avait demandé de l'emmener à l'épicerie en voiture. Sur le chemin, Robin avait interrogé sa mère quant aux aliments qu'elle devait acheter. Après réflexion, Ginna lui avait expliqué que le beurre de cacahuète et le thon en boîte seraient de bons choix en raison de leur haute teneur en protéines, et parce que la plupart des donateurs n'offriraient pas ce genre d'articles chers. À l'épicerie, Robin choisit autant de boîtes de thon et de pots de beurre de cacahuète que ses sept dollars le lui permirent. À partir de ce jour, Robin fit de la collecte de nourriture annuelle sa mission.

Pour autant, elle n'était pas d'un idéalisme aveugle. Au contraire, c'était son pessimisme naturel qui avait véritablement déclenché son activisme. Elle pensait que c'était sa *responsabilité* de changer le monde. Son raisonnement était le suivant : si elle ne faisait pas d'efforts pour aider, qui d'autre les ferait ? Robin était une battante-née, protégeant férocement les choses et les gens qu'elle aimait, et rien ne pouvait la dissuader de défendre une cause honorable. Elle se croyait capable de tout du moment qu'elle y mettait suffisamment de cœur.

Robin n'avait que quinze ans lorsque ses parents

avaient divorcé et que Ginna avait réintégré le monde du travail après un interlude de dix-huit ans en tant que mère au foyer. Leur budget était serré, et la jeune fille était déterminée à contribuer. Elle avait commencé à économiser l'argent qu'elle gagnait avec son petit boulot après l'école et, le matin de Noël, elle avait offert à sa mère un ours en peluche avec un mot collé à sa patte annonçant : « L'ours porteur de cette note[1] a droit au paiement de deux factures au choix. » Robin savait que le règlement d'une seule facture siphonnerait ses économies, mais ce n'était pas ce qui allait l'arrêter.

Ses combats n'étaient donc pas strictement théoriques, Robin reconnaissait l'importance de l'action. Un jour, entre deux cours au lycée Hazelwood East High, elle entendit le caïd de l'école, qui mesurait un bon mètre quatre-vingts, menacer le plus petit de la classe. Bien qu'elle ait été témoin de cet échange des centaines de fois, ce jour-là, elle décida que ça suffisait. Elle ne pouvait tout simplement pas rester les bras croisés à regarder ce crétin tourmenter à longueur de temps ce pauvre gosse. Elle claqua la porte de son casier, avança au pas de charge jusqu'au harceleur, et lui envoya un direct à la mâchoire. Si elle ne fit sans doute pas le moindre dégât, le caïd se tint dorénavant à carreau, le petit eut enfin la paix, et Robin y gagna une réputation d'intrépidité.

Comme Julie et leur cousin Tom, Robin était arrivée à la croisée des chemins. Elle était en train de devenir une remarquable jeune femme passionnée au caractère bien trempé. Sa vie était belle et joyeuse, et elle tenait à sa famille. Quand les cousins Cummins vinrent en ville

1. *The Bearer of this note* : jeu de mots sur *bear* : ours, et *bearer* : porteur.

pour les vacances de printemps, elle passa donc autant de temps que possible en leur compagnie. Julie et Tom étaient quasi inséparables cette semaine-là, et Jamie et elle se joignirent à eux à la moindre occasion. Elle aimait apprendre à mieux connaître ses cousins ; ils s'entendaient tous si bien. Tink avait le même sens de l'humour que Julie, et Robin trouvait facile de rire avec elle. De plus, Kathy admirait Robin, ce qui permettait à celle-ci de lui parler sans détour de ses passions et de ses projets.

Cette semaine à St. Louis avait vraiment été bonne à tout point de vue. Les enfants Cummins appréciaient beaucoup de séjourner chez les parents de leur mère et de retrouver tous leurs cousins des deux côtés de cette famille pléthorique. Mais avant tout, Robin, Jamie, Tink et Kathy avaient bâti leurs amitiés en s'inspirant de celle de Tom et Julie. Tom trouvait même ses sœurs moins agaçantes, presque intéressantes lorsqu'il les voyait à travers les yeux de ses cousines. Et donc, bien que Tom n'ait pas envie que les vacances se terminent ni de devoir retourner travailler en abandonnant son amie, il ne pouvait pas s'empêcher de sourire, assis dans le Frelon avec Julie en ce début de soirée d'avril. Ils récapitulèrent ce qu'ils avaient fait et vu ensemble cette semaine-là. Comme ce soir où ils avaient tourné dans les rues du centre-ville pour se retrouver installés sous l'Arche à regarder les bateaux sur le Mississippi. L'heure de pointe était passée, l'air humide se rafraîchissait et s'assombrissait tandis que la brise montant du fleuve caressait leurs visages et agitait les boucles de Julie à la manière de minitornades. Ils avaient allongé leurs jambes sous l'Arche et cueilli des brins d'herbe, se demandant à quel point ils devaient paraître minuscules aux touristes encore attardés en haut du monument. C'était l'un de ces rares moments où l'on apprécie d'être ici et maintenant. Les deux amis sentirent qu'ils étaient en train de se fabriquer un souvenir mémorable.

Julie sourit de pur contentement, remarquant que son cousin souriait aussi. Elle respira un grand coup, et, bien que les effluves de frites du McDonald's aient masqué l'odeur naturelle du cours d'eau, elle imagina qu'elle inhalait le souffle même de sa ville, sa maison. Ce glorieux fleuve était la force vive de St. Louis, le fleuve de Mark Twain, William Faulkner et T. S. Eliot. Ses courants parcouraient sa conscience telles des veines, insufflant des étincelles à sa poésie.

Les deux cousins partagèrent une cigarette en observant les plus petites embarcations qui dérivaient sur l'eau en contrebas. On était le 1er avril – trois jours avant les événements – et Julie avait sorti une carte de sa veste de cuir noir pour la tendre à Tom en lui faisant promettre de ne pas la lire avant qu'elle l'ait déposé chez leurs grands-parents. Quoique profondément touché, Tom n'était pas surpris par son geste. Julie avait constamment de petites attentions de ce genre pour ses amis.

Au moment où elle lui avait donné la carte, il n'avait aucun moyen de savoir ce que les prochains jours allaient lui réserver, ni à quel point son contenu lui semblerait magnifique et poignant quand il le relirait quelques semaines plus tard. Mais ce soir-là, en ouvrant l'enveloppe avant d'aller dormir, voici ce qu'il trouva :

Nous ne sommes pas amants
Parce que nous faisons l'amour
Mais à cause de l'amour qui nous unit

Nous ne sommes pas amis
Parce que nous profitons de tous ces rires
Mais à cause des larmes que nous gardons

Je ne veux pas être près de toi
Pour les pensées que nous partageons
Mais pour les mots que nous n'avons pas à prononcer

Jamais tu ne me manqueras
Pour ce que nous faisons à deux
Mais pour ce que nous sommes ensemble

Nikki Giovanni

À l'intérieur de la carte, Julie avait écrit à la main :

1er avril 1991,

Tom,

Je t'aime : ne l'oublie jamais, où que tu sois, et qu'importe le temps qui aura passé. Je ne t'oublierai pas même au bout d'un million d'années. Souviens-toi de moi.

Baisers et Révolution.
Jules

À quelques kilomètres au nord du bateau abritant le McDonald's, après un coude particulièrement abrupt du fleuve, l'Old Chain of Rocks Bridge s'élevait au-dessus de l'eau. La présence de ce vieux pont rendait le majestueux Mississippi insignifiant. L'onde clapotait timidement autour de ses chevilles robustes, dissimulant les épaves et le fouillis engloutis sous la surface.

Peut-être Julie était-elle attirée par ce vieux pont parce que, comme elle, il était pétri de contradictions. Certains venaient y chercher paix et sérénité, et d'autres, frissons et danger. C'était un endroit de solitude publique, de grandeur délabrée, de terrible beauté. Un endroit où les mots peints avec soin des graffitis de Julie étaient cernés par les lignes enchevêtrées de la nature : les arbres denses, les plantes grimpantes noueuses, la rive sinueuse du fleuve. C'était un endroit qui parlait de ses passions, qui l'inspirait. Elle aimait ce vieux pont de tout son cœur et de toute son âme, et la poétesse en elle reconnaissait qu'à cet instant précis il représentait probablement davantage pour elle qu'il ne le ferait jamais plus. Car elle était arrivée devant un pont dans sa propre vie. Elle était en train de passer de l'enfance à l'âge adulte, de construire son avenir et de choisir ses combats. Elle avait envie de partager ce lieu spécial et tout ce qu'il impliquait avec son cousin avant que leur semaine ensemble ne se termine.

Julie arrêta sa petite voiture bleue sur Riverview Drive. Son vœu s'était réalisé : Robin et elle étaient venues montrer à Tom le vieux pont bien-aimé de leur poème.

3

Un peu plus tôt au cours de la même soirée, à soixante-cinq kilomètres de St. Louis, à Wentzville, Missouri, Marlin Gray, vingt-trois ans, s'installait au volant de la Chevrolet Citation de sa petite amie. Avec son mètre quatre-vingt-quinze et ses quatre-vingt-onze kilos, il remplissait largement le siège conducteur de la petite voiture blanche. Il avait une peau lisse d'un brun foncé, de grands yeux, des dents blanches et bien alignées. Une mâchoire énergique et un menton sculptural achevaient de lui donner un air aristocratique. Gray faisait tourner les têtes.

Assis sur le siège passager à côté de lui, Daniel Winfrey, quinze ans, aurait pu être son négatif. Winfrey était un gamin gauche et maigrelet qui n'avait pas tout à fait fini de grandir et de se forger une personnalité. En réalité, avec son mètre soixante-dix et ses cinquante-cinq kilos, il avait à peine commencé. Il avait le teint pâle, des cheveux châtain clair mi-longs, et de l'acné. En dépit de sa maladresse adolescente temporaire, il n'avait pas si mauvaise allure.

Il n'y avait que trois semaines que Daniel avait emménagé chez son père, Donald Winfrey, sur Linda Lane à Wentzville. En seconde au lycée du secteur, c'était un élève moyen, voire médiocre, mais son problème scolaire majeur était qu'il séchait les cours. Tout le monde le décrivait comme un jeune homme poli et respectueux, à la maison comme à l'école, sauf qu'il s'ennuyait vite, et qu'il était du genre facile à convaincre d'essayer à peu près tout au moins une fois.

Winfrey et Gray avaient beau ne pas se connaître depuis longtemps – juste quelques semaines, en fait –, ils discutaient et plaisantaient comme de vieux copains. Peut-être Winfrey avait-il été attiré par Gray notamment parce que son ami plus âgé était en mesure de fournir de l'alcool et de la drogue, ce qu'il faisait volontiers. Mais cela mis à part, Gray n'avait jamais eu de mal à initier et à entretenir des relations, et son amitié naissante avec Winfrey n'échappait pas à la règle. Après tout, Gray avait les qualités d'un meneur, et partout où il allait, il était le roi de la fête. Les filles gloussaient à ses blagues et les garçons lui demandaient conseil.

Toutefois, il y avait beaucoup de choses que Daniel Winfrey ignorait au sujet de son nouveau compagnon, des choses que Gray s'efforçait activement de cacher à tout le monde, y compris lui-même. À l'âge de Winfrey, Gray avait lui aussi été gauche et de petite stature, et le désavantage que constituait sa taille l'avait poussé à devenir roublard pour compenser. Grâce à cette roublardise, combinée à sa position de petit dernier bien-aimé d'une fratrie de six enfants – le bébé de la famille –, il était habitué à obtenir ce qu'il voulait.

Dès ses dix-huit ans, Gray avait commencé à construire dans sa tête une image de lui-même qui lui plaisait. Chaque fois que cette image ne correspondait pas totalement à la réalité, il modifiait simplement la réalité à sa guise. Et il mentait si bien que c'en était effrayant. C'était un homme talentueux à beaucoup d'égards : extrêmement intelligent, éloquent, persuasif, charismatique et drôle, doté d'un excellent relationnel – une vraie bête de scène. Tous ceux qui l'entouraient croyaient à ce personnage de façade. D'après ce qu'en savaient ses amis, Gray n'était pas seulement un réserviste occasionnel du week-end, mais un soldat qui avait héroïquement servi son pays. Ce n'était pas un informateur qui dénonçait un copain pour sauver sa peau, mais plutôt « un agent antidrogue qui collaborait avec une unité spéciale[1] aidant à organiser des opérations d'infiltration pour nettoyer nos rues ».

Sa petite amie Eva était une jolie jeune fille, grande, mince et effacée, avec de longs cheveux bruns brillants et un visage pâle. C'était l'une de ses plus ferventes admiratrices. Et aussi celle qui subvenait à ses besoins. Les multiples centres d'intérêt de Gray ne comprenaient rien qui procurât une fiche de paie. Il se satisfaisait parfaitement de traîner avec ses copains, de patrouiller dans les environs avec la voiture d'Eva pendant que celle-ci travaillait, ou de se détendre dans la maison des amis chez qui le couple vivait actuellement.

Le soir du 4 avril, Gray déposa Eva chez une copine à Wentzville en lui annonçant qu'il allait faire quelques courses rapides et qu'il reviendrait la chercher une heure ou deux plus tard. Il n'avait pas vraiment quoi que ce soit d'urgent au programme. Il devait voir un ou deux potes, mais, en fait, il avait surtout envie de pro-

1. MAG Unit (Multi Agency Gang Unit) : organisme faisant appel à diverses agences gouvernementales ainsi qu'à des informateurs et des membres de la communauté dans les années 1990 aux États-Unis.

fiter seul de la voiture quelques heures, de se détendre et se balader. Quand il repéra Winfrey dans la rue peu après avoir déposé Eva, il l'invita à monter, et les deux amis démarrèrent.

C'était une journée lumineuse, plus chaude que la normale pour un début d'avril, le genre de conditions météo qui incitent les gens à enlever enfin leurs manteaux d'hiver pour partir en quête d'aventures printanières. Gray et Winfrey en avaient assez de leur routine à Wentzville, de leurs copines, c'était toujours la même rengaine. Comme ils avaient envie de nouveauté, ils baissèrent jusqu'en bas les vitres de la Citation et prirent la route. Lorsque Gray s'arrêta dans une station-service pour se ravitailler en cigarettes, Winfrey resta dans la voiture. Trop jeune pour en acheter, il ne voulait pas attirer l'attention du vendeur. Winfrey traînait avec Gray dans le voisinage depuis que son père et lui s'y étaient installés quelques semaines plus tôt, mais c'était leur première sortie ensemble, et il était excité ; pas question de risquer de compromettre leur soirée d'une manière ou d'une autre. Les deux amis se dirigèrent vers l'est sur l'Interstate 70 à destination de Northwoods, en banlieue de St. Louis, avec la vague intention de retrouver Reginald Clemons, un vieux copain de Gray.

Il était à peine 18 heures quand le duo mal assorti s'arrêta devant chez Clemons. Clemons et Gray avaient fait connaissance alors qu'ils habitaient le même quartier des années auparavant, et ils étaient restés amis depuis. Clemons était un jeune homme svelte de dix-neuf ans, timide et discret, de taille moyenne, avec des cheveux d'un noir de jais et une moustache sombre impeccable. L'ensemble de son apparence aurait pu se résumer par le mot « soigné » – un peu comme sa vie, en somme.

Ses parents, Vera et Reynolds Thomas, avaient tous deux été ordonnés pasteurs d'une église chrétienne, The Life Victory Center ; Clemons, plus jeune, assistait aux offices religieux hebdomadaires. Il avait eu une enfance stable et équilibrée ; les Thomas étaient des parents actifs et dévoués, aimants mais rigoureux. Vera avait épousé le beau-père de Clemons alors que celui-ci n'avait que six ans, et Reynolds avait traité ses beaux-enfants comme les siens. La présence constante d'une figure paternelle forte dès son plus jeune âge avait eu une influence positive dans sa vie.

Grâce à leur solide éducation, il était devenu un enfant agréable et respectueux. Il avait toujours été fasciné par la mécanique et décortiquait constamment les objets pour voir comment ils fonctionnaient, se mettant au défi de les reconstituer ensuite en état de marche. À neuf ans, il avait entièrement démonté la montre de son beau-père, veillant toute la nuit pour la remonter. Lorsque Reynolds s'était réveillé le matin suivant, elle était là, sur sa table de nuit, comme neuve.

Cet intérêt pour la mécanique avait subsisté tout au long de son enfance, et il aspirait à posséder sa propre échoppe de réparation de tondeuses à gazon, petits moteurs et motos. Mais sans travail et sans apport personnel, il avait entamé son activité de chez lui, après avoir décroché son diplôme technique. En mars 1991, il s'était commandé des cartes de visite : REGINALD CLEMONS : RÉPARATION DE PETITS MOTEURS.

Harold Whitener, le propriétaire d'une petite boutique à Pine Lawn vendant des pneus et des freins, était devenu pour Clemons une sorte de mentor qui encourageait les ambitions de son jeune ami. Aux yeux de Whitener, Clemons était un suiveur.

Un suiveur.

De tous les mots et de toutes les histoires qui ont servi à décrire Reginald Clemons au fil des ans, celui-ci est le plus important. C'est la clé qui permet de comprendre sa psyché, et le rôle qu'il était sur le point de jouer dans un crime brutal et odieux.

Clemons était le genre de garçon à accepter facilement et sans réserve n'importe quel environnement. Ses parents étaient des gens bien, des chrétiens. Ils avaient fourni à leurs fils des règles, une certaine moralité, des principes. Et que faisait Clemons ? Il suivait ces règles, adhérait à cette moralité et à ces principes. Grandir parmi des gens bien lui avait permis de devenir quelqu'un de bien. En disant de lui qu'il était « gentil » et « discret », les amis et les voisins de Clemons avaient raison. Il était gentil parce que ses interlocuteurs étaient gentils ; il était discret par manque de confiance en lui. Il préférait imiter et reproduire les qualités de son entourage plutôt que de creuser en lui-même pour trouver quelles qualités il recelait.

Malheureusement, l'inclination naturelle qui l'avait conduit à incarner le bien autour de lui le conduisit aussi à embrasser le mal quand il croisa sa route. Il s'adaptait à son environnement. Ce phénomène n'a rien d'inhabituel. C'est la raison pour laquelle les producteurs de sitcoms incluent des rires préenregistrés dans leurs programmes télévisés. Si les gens entendent rire, ils rient.

En apparence, Clemons était sans doute le « mec le plus sympa » des quatre compagnons qui allaient se retrouver ce soir-là, le plus respectueux, le mieux élevé du lot, celui qui était le plus sur la bonne voie.

Mais psychologiquement, c'était aussi le plus effrayant. Et il était sur une pente dangereusement glissante. Il s'était entouré de gens peu recommandables, des gens dont les spécificités, quand il les adopterait comme il allait inévitablement le faire, pourraient lui causer un tas d'ennuis. Des gens comme Antonio Richardson.

Antonio Richardson, seize ans, était le cousin de Clemons, et aussi – le mot est faible – un type vraiment pas fréquentable. Bien que Richardson ait grandi tout près de chez son cousin, leurs enfances n'auraient pas pu être plus différentes. Là où Clemons avait reçu de l'amour, de la discipline et une attention constante, Richardson avait été élevé dans la misère et la négligence.

Richardson était né en septembre 1974 de Gwendolyn Williams, dix-huit ans. Il était le cadet de Gwendolyn, et le temps qu'il atteigne un an et demi, sa mère avait trois enfants encore en couches. Gwendolyn était particulièrement mal préparée aux tâches impliquées par le statut de parent isolé. Elle n'avait jamais terminé le lycée, et si elle décrochait un emploi (c'est-à-dire sporadiquement), il s'agissait d'un travail à temps partiel au fast-food White Castle. Elle vivait avec ses trois garçons dans un deux-pièces sale subventionné par l'AFDC[1] sur Edgewood Avenue. La majorité de leurs repas provenait de coupons alimentaires ; le soir, au coucher, toute la famille se partageait deux lits et un canapé. Les trois enfants étaient souvent laissés seuls dans l'appartement ; Gwendolyn abandonnait régulièrement ses fils durant des semaines.

1. Aids to Families with Dependent Children : organisme fédéral d'assistance aux enfants des familles américaines à faibles revenus.

Avant de laisser tomber l'école, Richardson était le pire cauchemar de tous les enseignants. Ses progrès scolaires et relationnels étaient quasi inexistants. En 1987, à l'âge de douze ans, il avait purement et simplement cessé d'aller au collège. Il se fichait d'apprendre quoi que ce soit, savait à peine lire, et en avait assez que ses professeurs essaient de le remettre dans le droit chemin. Il séchait les cours depuis un mois (ce qui correspondait plus ou moins à la période où sa mère les avait abandonnés pour la dernière fois) quand un voisin avait appelé les services sociaux pour dénoncer les conditions sordides dans lesquelles lui et ses deux frères vivaient.

Richardson fut réadmis en classe, puis exclu peu après avoir apporté une arme factice à l'école. Ses problèmes scolaires et comportementaux ne s'améliorèrent pas. Il comparut une première fois devant le tribunal des mineurs à l'âge de treize ans pour une accusation de vol. Au cours des deux années suivantes, la vie de Richardson perpétua le même triste schéma erratique dominé par une fréquentation scolaire épisodique, la désertion fréquente de sa mère, et une tendance à jouer constamment les fauteurs de troubles.

Dès l'âge de quinze ans, il développa un problème plutôt sérieux d'abus d'alcool et de drogue. En 1990, on lui diagnostiqua une dépendance à l'alcool, et il manifesta peu à peu les symptômes typiques de l'encéphalopathie alcoolique comme la léthargie, la confusion, l'abattement et la stupeur.

Cette année-là, Richardson décrocha définitivement du système scolaire et rejoignit le programme de formation des Job Corps. Un an plus tard, le soir du 4 avril 1991, son avenir s'annonçait aussi sombre que son passé, et de toute façon il ne voyait guère de différence entre les deux. La fréquentation de Clemons le réconfortait ; la présence de son cousin plus réservé et plus âgé calmait ce gamin turbulent et perpétuellement en colère. Pour lui, la maison de Clemons, située juste à côté de l'appartement exigu et miteux où il avait grandi, ressemblait à une oasis d'une autre galaxie.

Ce soir-là, ils s'amusaient tous les deux à se battre comme des gosses sur le sol du salon avec la télévision en bruit de fond lorsqu'on sonna à la porte. Comme tout le monde en ville, les deux cousins souffraient de fièvre printanière. L'entrée des deux nouveaux arrivants fut donc une diversion bienvenue. Bien que Gray n'ait jamais rencontré Richardson, il prit la peine de faire toutes les présentations nécessaires.

Les quatre jeunes gens n'eurent aucun mal à se sentir à l'aise ensemble, et une dynamique de groupe s'instaura rapidement. Vu de l'extérieur, Gray était clairement le meneur. C'était le plus direct, celui que suivaient les autres. Mais Clemons avait aussi quelques années de plus que les deux autres garçons, et il émanait de lui une certaine autorité calme, plutôt due à la différence d'âge et à son apparence qu'à sa confiance en lui ou à sa véritable aptitude à diriger. L'autorité était un rôle auquel Clemons n'était pas habitué, et c'était essentiellement le fruit de l'imagination d'autrui. Et donc, même si Gray était leur porte-parole, toujours prêt à raconter ses histoires abracadabrantes et à élaborer des plans fumeux, les autres, avant de réagir, cherchaient des yeux des signes d'approbation chez le personnage stable et posé qu'était Clemons. De leur côté, les deux plus jeunes s'entendaient bien, plaisantant à propos des filles et de la perte de temps que représentait l'école – réalités universelles de l'existence adolescente.

Gray suggéra qu'ils continuent à s'amuser ailleurs que sous l'œil vigilant de la famille Clemons, et les trois autres acceptèrent avec joie. Peu après, Mike, un ami de Gray, et sa femme Chrissy accueillirent la fête improvisée chez eux ; ils aimaient bien avoir de la compagnie et leur maison était presque toujours pleine.

Une fois sorti de la demeure maternelle, Clemons se détendit visiblement ; même s'il était toujours réservé, son langage était nettement plus relâché et moins raffiné que quelques minutes plus tôt, parsemé de mots qu'il n'aurait pas osé employer chez lui. Même son maintien avait changé : il était désormais affalé sur le canapé, une bière entre les genoux et un bras négligemment jeté en travers du dossier.

Alors qu'ils regardaient tous le hockey en buvant de la bière, Winfrey restait le plus timide du groupe, sans doute parce qu'il était le plus petit, le plus jeune, et le seul Blanc. Pourtant, il se sentait à l'aise avec ses compagnons. Bientôt, les derniers vestiges de sa réserve disparurent, et, avec l'aide de la bière et d'un peu de marijuana, il ne tarda pas à parler et à plaisanter avec eux. Il se joignit même à l'un d'entre eux pour jouer aux fléchettes.

Seul Richardson semblait ne pas être affecté le moins du monde par leur changement d'environnement, ce qui s'expliquait sans mal. Il ne possédait tout simplement pas le mode « bonne conduite » que les autres s'étaient sentis obligés d'adopter chez les Clemons.

Les quatre amis tuèrent ainsi le temps une bonne partie de la soirée dans le petit intérieur confortable de Mike et Chrissy sur San Diego Drive. Gray raconta des histoires et chanta des chansons qu'il avait inventées ou peut-être entendues quelque part. Il dansa, passa un nouveau joint à la ronde, et tenta de faire rire la compagnie à la moindre occasion. Mais dès 23 heures, leurs hôtes commencèrent à être fatigués et à émettre des signaux indiquant qu'il était temps que la fête se termine.

Gray rechignait à arrêter de s'amuser tout de suite ; il avait d'autres plans. D'ailleurs, leur réserve de bière et d'herbe n'était pas encore épuisée, et il suggéra une balade tardive à l'Old Chain of Rocks Bridge. Les deux plus jeunes consultèrent du regard Clemons, qui ne dit rien, mais hocha presque imperceptiblement la tête. Et la fête continua.

4

L'Old Chain of Rocks Bridge avait été inauguré en 1929. Utilisé pour traverser le fleuve Mississippi, il faisait partie intégrante de la mythique route 66. Au départ, il s'agissait d'un pont privé à péage à cinq cents le passage, avant qu'il soit acheté par la ville de Madison, Illinois. Ce vieux pont est une vision étrange ; ses quinze sections s'étendent sur plus d'un kilomètre et demi, mais il ne mesure que sept mètres de large, et comporte un curieux virage à vingt-deux degrés au milieu. En 1968, le « nouveau » Chain of Rocks Bridge ouvrit parallèlement à l'ancienne structure : une autoroute moderne enjambant le fleuve, gratuite de surcroît. La ville de Madison n'eut d'autre choix que de fermer le vieux pont.

Bien qu'il n'ait jamais officiellement été classé en tant que monument, l'Old Chain of Rocks Bridge était largement reconnu comme tel, et la ville de Madison rechignait à ordonner sa démolition. Deux décennies s'écoulèrent, durant lesquelles le vieux pont continua à enjamber le Mississippi en silence et à rouiller. Tous les deux ans, un politicien avançait l'idée de rénover l'ancienne structure ou de la démanteler pour des raisons de sécurité, mais le coût de la moindre amélioration était toujours prohibitif. L'affection des habitants de la région pour cet édifice, conjuguée à l'énorme coût présumé de sa démolition, le maintint debout. En 1991, l'ouvrage, dans un état de décrépitude terrible, mais à la structure saine, était devenu le lieu de rendez-vous privilégié des adolescents et des graffeurs locaux des deux rives.

« J'ai hâte que tu voies le poème », murmura Julie surexcitée, fourrant ses clés de voiture dans la poche de sa veste tout en sautillant d'un pied sur l'autre. Ses yeux étincelaient à la lumière de la lune et la pénombre paraissait encore accentuer ses fossettes.

« Et maintenant, mesdames et messieurs, annonça Robin de sa plus belle voix d'animatrice de jeu télévisé, laissez-moi vous présenter un poète au talent sans précédent largement reconnu par ici. Un poète dont les œuvres ont été publiées dans un nombre incalculable de gazettes littéraires avec des critiques dithyrambiques dans tout le milieu académique. Ma sœur, la brillante JULIE KERRY ! Dites-nous quelques mots, s'il vous plaît, Miss Kerry. »

Julie s'inclina bien bas à partir de la taille. « Oh, merci pour cette présentation, ché-riie ! s'exclama-t-elle avec un accent traînant en agitant un éventail imaginaire. J'aimerais juste dire à tous mes admirateurs qui nous regardent que de toutes mes illustres œuvres, le poème que nous sommes sur le point de découvrir est sans aucun doute mon préféré, mon plus grand triomphe, mon morceau de choix.

— C'est sûr que tu es un sacré morceau, approuva Tom. On peut simplement aller voir et se tirer d'ici ? Cet endroit fout les jetons. Comment on y entre, d'ailleurs ? »

Il n'y avait aucun trafic sur la route à présent, et tout était parfaitement silencieux tandis que Tom étudiait la lisière des arbres. S'il ne distinguait toujours pas de preuve visible de la proximité du fleuve, il avait l'impression de le sentir à l'humidité ambiante.

« OK », temporisa Julie, sans pour autant se laisser décourager par le manque d'enthousiasme de son cousin. Elle s'élança vers le grillage et retrouva vite l'endroit par lequel elle était passée si souvent. Un trou béant s'ouvrait là où une section entière du maillage avait été découpée ; ils le franchirent tous les trois sans encombre. De l'autre côté, Julie les fit descendre en file indienne le long d'un sentier battu à travers les arbres vers l'endroit où brillait son poème, qui ressortait en grosses lettres blanches sur le sol en béton sombre de l'ancien pont. Elle se repassa mentalement ces mots dorénavant familiers, répéta certains passages en les articulant à voix basse tout en progressant d'un pas lourd au milieu des broussailles clairsemées.

Ils arrivèrent soudain dans la clairière, et la lune se déploya au-dessus d'eux, illuminant le béton fissuré et abîmé qui s'étirait tels les os pourrissants de géants entre eux et l'Old Chain of Rocks Bridge abandonné. Tom pila net, obligeant Robin à lui rentrer dedans. Il se força à continuer à avancer, mais il avait le sentiment d'être coincé, hypnotisé par le vieux pont menaçant qui le dominait de toute sa hauteur. La massive structure en acier était envahie par les feuillages, et les taillis près de sa base semblaient denses et peu engageants. Quelques énormes plantes grimpantes se balançaient du haut du squelette du pont, oscillant de manière sinistre dans l'obscurité.

« Qu'est-ce qu'il y a ? Tu n'as pas peur, au moins ? le taquina Julie.

— Ben non, évidemment. Allons-y », répondit Tom, qui avait retrouvé un soupçon de machisme.

Tandis que le trio approchait du pont, le Mississippi sortit de son silence. Il émettait son habituelle musique tumultueuse à mesure qu'ils avançaient, et Tom se détendit un peu, appréciant la conversation et la marche à pied. Les deux sœurs et leur cousin riaient et plaisantaient en continuant leur promenade ; ils avançaient désormais tous les trois côte à côte au clair de la lune en se passant une nouvelle cigarette.

À moins d'un kilomètre et demi, Gray, Clemons, Richardson et Winfrey étaient sur le point d'atteindre l'extrémité du pont située en Illinois. Ils avaient parcouru la vieille structure dans toute sa longueur, marquant une pause de temps à autre pour examiner les graffitis. Gray était d'une humeur particulièrement extrême, presque grisé, comme un gosse ; St. Louis était son terrain de jeux, et ce vieux pont, sa cage à écureuil. Tout près du côté Illinois de l'ouvrage, ils remarquèrent un feu de camp sur la rive en contrebas et comprirent qu'ils s'étaient beaucoup éloignés. L'un d'entre eux ayant suggéré de rebrousser chemin, ils firent demi-tour pour repartir vers le côté Missouri, vers Julie, Robin et Tom.

Les petites bottines noires de Robin résonnèrent sur l'Old Chain of Rocks Bridge, une ou deux minutes avant minuit ce 4 avril 1991, accompagnées à droite par les bottines encore plus menues de sa sœur Julie, et à gauche par les Nike montantes fatiguées de son cousin Tom. L'espace de quelques instants, les seuls sons suspendus dans les airs furent ceux de leurs pas et l'écho de la circulation sur le pont parallèle, qu'ils apercevaient, bien éclairé, à environ cinq cents mètres au nord de leur position. Tom était redevenu nerveux quand Julie lui avait conseillé de faire attention aux regards[1] non couverts creusés dans la surface abîmée de la chaussée.

« Il ne faudrait pas que tu tombes dedans », blagua-t-elle, et Tom tenta de sourire lui aussi.

Ses yeux redoublaient d'efforts, scrutant sans cesse le sol devant lui avant chaque pas, par précaution. Il marmonnait des jurons dans sa barbe en regrettant tout haut de ne pas avoir apporté de torche électrique. En revanche, Julie et Robin étaient habituées à marcher sur le vieux pont, et ni leurs nerfs ni leur allure ne faiblissaient. Elles concentraient leur énergie à essayer de repérer les surfaces visibles susceptibles d'accueillir de nouveaux graffitis intéressants.

Julie pensait à ce pont comme à une sorte de collection éclectique de philosophies, un livre fournissant des clés sur la vie. Et le plus merveilleux, songeait-elle, c'était que chacun pouvait y apporter ses idées, pour le transformer en un manuel de sagesse collective perpétuellement mis à jour. Il y avait tant à apprendre et à absorber ici, et elle se sentait si honorée, si stimulée d'avoir ajouté des bribes de sa propre poésie à ce recueil. Elle se souvenait à peu près de l'endroit où se trouvait le poème, mais elle ne l'avait jamais localisé précisément et, lorsqu'ils en approchèrent, les trois cousins ralentirent la cadence au point de quasiment faire du surplace. Tom regretta encore une fois de ne pas avoir de torche alors qu'ils sortaient tous les

1. Terme technique désignant une ouverture disposée dans la paroi d'un appareil, d'une machine ou d'une installation, pour permettre la visite, le nettoyage ou la surveillance de la marche des opérations (*Larousse*).

trois de leurs poches des briquets Bic, penchant vers la chaussée leurs minuscules flammes qui tremblotaient dans la brise du fleuve.

Ils examinèrent le fouillis de graffitis enchevêtrés à la recherche des mots de Julie. Tom et elle avançaient à pas comptés, une main posée sur le genou de l'autre, briquet en l'air. Robin, qui s'était mise à quatre pattes, progressait rapidement à leurs côtés en étudiant avec soin les peintures à la bombe du pont, absorbée par leurs subtilités.

Ce fut Julie qui repéra la première trace du poème : le symbole de la paix qu'elle utilisait toujours pour signer ses œuvres luisait vers eux tel un sourire d'un blanc iridescent. Rayonnant en silence, elle donna à Tom un coup de coude destiné à attirer son attention. Elle le tira par la manche, et Robin, qui s'était redressée, se dépêcha de les rejoindre, allumant une autre cigarette afin de marquer le coup. Ensuite, les trois amis foulèrent l'étendue du poème qui brillait en lettres blanches, sobrement et sans une parole, le déchiffrant à la lueur des étoiles et de leurs trois briquets.

C'était un poème inspiré par Spike Lee au sujet de l'universalité de l'humanité, un plaidoyer pour la compréhension mutuelle et la fin du racisme. Un coup de semonce envoyé par Julie et Robin à leur génération souvent léthargique et parfois ignorante. Sa lecture terminée, Tom avait une boule dans la gorge. S'apercevant de l'émotion de son cousin, Julie poussa un énorme cri de joie, ouvrit grand les bras vers l'eau et tournoya sur elle-même en englobant le monde d'un geste. Elle savait que le poème n'était pas l'un de ses meilleurs d'un point de vue littéraire, et qu'il n'était pas particulièrement savant. Mais c'était l'un de ceux qui reflétaient le plus fidèlement sa philosophie de vie.

Sa simplicité et son accessibilité faisaient partie de sa beauté. Son idée générale était l'inclusion, et aucun lecteur ne pourrait passer à côté. Julie savait que Tom le *comprenait* vraiment, et elle se sentait euphorique.

Les trois cousins se serrèrent les uns contre les autres sur le pont, les mots de Julie sous leurs pieds, et le large ciel de St. Louis au-dessus de leurs têtes. Saisie d'une de ses humeurs poétiques, Julie leur parla rêveusement du pont, non en tant que simple moyen de rejoindre deux morceaux de terrain, mais plutôt comme outil de communion entre la terre, l'eau, et le ciel, comme lieu profondément propice à la paix et à la contemplation. La lune était basse dans le ciel au-dessus de l'Illinois, une demi-lune, d'une couleur rouge orangé. Une lune d'automne, commenta Tom, étonné qu'elle soit aussi basse et orange à cette époque de l'année.

Robin fut la première à entendre les voix qui se rapprochaient et intima le silence à sa sœur et à son cousin. Ils se figèrent tous les trois et se réfugièrent instinctivement dans la pénombre du pont. Julie et Robin n'avaient jamais eu de problèmes en venant là, mais légalement ils s'étaient introduits sur une propriété privée, et aucun d'entre eux n'avait la moindre envie de passer la nuit en prison. Le cœur de Tom se mit à battre plus vite à l'idée que ses parents découvrent son escapade. Quelques instants plus tard, Winfrey et Richardson apparurent, Clemons et Gray sur leurs talons. Bien que plutôt soulagés à la vue des inconnus, les trois cousins restèrent cois. Ces quatre mecs n'appartenaient à l'évidence pas aux forces de police, c'étaient seulement des adolescents comme eux, sortis profiter de l'air frais et de la soirée.

Alors qu'ils s'approchaient d'un pas nonchalant, le plus grand, Gray, tendit la main à Julie en souriant.

Les présentations se firent sans tarder ; Gray se contenta de donner son prénom, Marlin, originaire de Wentzville. Il demanda aux trois cousins d'où ils venaient, à quoi Tom répondit « du Maryland », et les deux sœurs, « du comté Nord ». Gray leur proposa de continuer vers le centre du pont, et Richardson ajouta que les graffitis étaient réellement étonnants par là. Quelqu'un avait peint un dragon incroyablement ressemblant en plein milieu de l'édifice. Cette mention fit dresser l'oreille à Robin, qui hocha la tête avec enthousiasme à l'intention de sa sœur. Winfrey et Richardson taxèrent des cigarettes aux filles tandis que les deux groupes restaient là à bavarder. Lorsque Gray voulut savoir s'ils avaient déjà fait la fête sous le pont, les trois cousins échangèrent des coups d'œil perplexes. Il leur expliqua ensuite qu'il était possible de se laisser glisser à travers les regards découverts et de marcher le long du pont inférieur au-dessous d'eux.

« Vous voulez venir avec nous vous éclater là-dessous ? lança Gray avec un sourire. C'est carrément cool. » Il se tourna vers Tom pour poursuivre ses explications. « Tu peux descendre avec ta copine et rester seul avec elle en regardant couler le fleuve, conclut-il avec un clin d'œil complice.

— Je ne crois pas, répliqua Julie au nom de tout le groupe. Mais merci quand même. »

Gray haussa les épaules. Tom et ses cousines s'étaient montrés amicaux avec les quatre jeunes ; ils n'avaient aucune raison de ne pas l'être. Cependant, ils n'avaient pas envie de passer le reste de la soirée en leur compagnie, et la façon dont Gray semblait aimer s'amuser ne les impressionnait pas spécialement. Ce dernier sentit qu'il n'avait pas tout à fait conquis ces trois inconnus et, comme la conversation commençait à languir, il tenta une dernière fois d'éveiller leur intérêt. D'un seul mouvement athlétique, il escalada le parapet du pont et sauta de l'autre côté. Julie et Robin, qui s'étaient précipitées toutes les deux vers le parapet pour se pencher pardessus, découvrirent simplement Gray debout quelques mètres plus bas. Il leur adressa un signe depuis la pile en béton avant de se volatiliser sous le treillis métallique et de réapparaître un peu plus tard à travers l'un des regards qui béait non loin d'eux. Clemons imita les singeries de Gray, disparaissant d'un côté avant de pointer sa tête à travers le tablier du pont quelques minutes plus tard, comme une marmotte.

Julie et Robin rirent malgré elles, plus soulagées qu'amusées, mais Tom garda le silence en levant les yeux au ciel. Après avoir échangé quelques plaisanteries, les garçons déclarèrent qu'ils s'en allaient, et les membres des deux groupes se séparèrent amicalement avec une poignée de main avant de partir dans des directions opposées. Richardson cria par-dessus son épaule qu'il avait perdu une lampe électrique et que, s'ils en trouvaient une, c'était la sienne.

Une fois suffisamment loin pour ne pas être entendue, Robin marmonna d'un ton sarcastique qu'il avait probablement perdu sa torche en escaladant l'armature du pont comme un fou furieux. Tout le monde rit, et Tom ajouta : « S'ils croient que je vais grimper là-dessus pour la chercher, ils se fourrent le doigt dans l'œil jusqu'au coude. » Personne ne s'interrogea sur l'étrange supposition de Richardson selon laquelle ils pourraient miraculeusement lui rendre la lampe de poche manquante. Peut-être pensaient-ils qu'ils ne la trouveraient pas, ou peut-être était-ce l'un de ces détails qui ne paraissent pas importants sur le moment.

Les quatre garçons prirent la direction de la rive côté Missouri alors que les sœurs Kerry et leur cousin déclinaient leur proposition pour s'enfoncer davantage vers l'autre côté. En arrivant près de l'extrémité du pont, Gray et ses amis ralentirent et baissèrent la voix en prenant des tons de conspirateurs.

« On n'a qu'à y retourner et les dépouiller, suggéra l'un d'entre eux dans le noir.

— Ouais, acquiesça Gray avec un sourire en se frottant les mains. J'ai envie de faire mal à quelqu'un. »

Et ce fut aussi simple que ça. En quelques secondes, ils avaient tous les quatre pris leur décision. Les quatre itinéraires séparés qui les avaient conduits à ce point de leurs vies se rejoignirent et fusionnèrent tous à l'instant où ils hochèrent la tête de concert dans l'air humide du fleuve. Il n'était plus question de regarder devant eux ni en arrière. La décision que le fils du prêcheur, le voyou, le saltimbanque et le gamin prirent collectivement à cet instant même allait altérer pour toujours le cours de leurs existences et celles de certains autres. Mais cet instant passa en un éclair, et ils se préparèrent à exécuter leur plan, absolument indifférents aux horreurs qu'ils étaient sur le point de déchaîner.

Gray plongea une main dans sa poche pour en tirer une poignée de préservatifs. Il en donna un à Clemons et un à Richardson. Puis il se tourna vers Winfrey, en en tendant un autre au gamin de quinze ans malgré sa réticence. Winfrey fit timidement non de la tête. Il était d'accord pour un vol et éventuellement un peu de castagne, mais sa quête de sensations fortes n'irait pas plus loin. Toutefois, Gray n'était pas du genre à tolérer la dissension, et son regard mauvais convainquit Winfrey d'accepter la capote qu'il lui fourrait dans la paume. Winfrey l'enfouit dans sa poche d'un geste hésitant, puis respira un grand coup avant que le quatuor ne se lance à la poursuite des victimes qu'il s'était choisies.

***

Environ quinze ou vingt minutes plus tard, les trois cousins n'étaient plus qu'à quelques mètres de l'extrémité du pont. Ils ne s'étaient pas rendu compte de la distance qu'ils avaient parcourue jusqu'à ce qu'ils aperçoivent le feu de camp sur la berge. Ils se massèrent tous les trois du côté nord de l'ouvrage, alignés le long du parapet sans parler, contemplant simplement le feu et l'eau en contrebas. Le bout du pont situé dans l'Illinois n'était pas très éloigné de leur position, tache sombre recouverte de la même végétation inhospitalière que du côté ouest. Les deux bouches de la vieille carcasse, à l'est et à l'ouest, évoquaient deux serre-livres gothiques géants, différentes par certains détails ornementaux, mais aussi sinistrement inhospitalières l'une que l'autre.

Tom était enchanté de s'arrêter là, de ne pas s'engager plus avant vers le portail béant sur la sombre rive est. Il se concentra sur le feu de camp au-dessous d'eux et les silhouettes en mouvement des personnes rassemblées autour. Julie, Robin et lui passèrent quelques minutes en silence à s'imprégner du paysage.

Un calme paisible régnait là où les trois amis étaient postés, savourant le murmure sourd du Mississippi très loin en contrebas. Ce fut donc avec frayeur qu'ils entendirent de nouveau des voix et des pas se rapprocher.

Robin sortit de sa torpeur, et ils tournèrent tous leurs visages vers le Missouri, à l'ouest, attendant anxieusement que les propriétaires de ces voix se matérialisent. Il faisait brumeux sur le tablier du pont, mais ce n'était pas un brouillard ordinaire : au-dessus de leurs têtes, les étoiles clignotaient avec netteté dans le ciel sans nuage. Ce brouillard paraissait menaçant, s'élevant du fleuve, s'accrochant à leurs chevilles et s'éclaircissant à mesure qu'il montait, brouillant la visibilité à hauteur d'yeux. Robin chercha très vite Julie du regard dans l'espoir de trouver un peu de réconfort chez sa sœur.

« On va avoir des problèmes, chuchota-t-elle, agrippée au bras de son aînée. C'est forcément les flics, cette fois-ci. »

Sans un mot, Julie prit la cigarette déjà allumée des doigts de Tom et en tira une longue bouffée pour tromper l'attente. Elle répétait déjà mentalement son petit discours : « Je ne savais pas que nous étions sur une propriété privée », assorti d'une série de battements de cils. Cela dit, elle n'avait jamais été terriblement douée pour passer de la pommade aux gens, et elle espérait de tout cœur pouvoir s'en sortir autrement.

Quand les visages de Gray et de ses trois compagnons émergèrent de la brume nocturne, les cousins poussèrent un soupir de soulagement audible. Tom se sentait même légèrement stimulé par ce cycle d'inquiétude inutile et de soulagement soudain.

« C'est juste les quatre mecs qu'on a rencontrés tout à l'heure ! s'exclama Julie en donnant à sa sœur une tape malicieuse sur le bras. Purée, tu m'as fichu une trouille bleue, Robin. »

Robin s'esclaffa du même rire cristallin, et les postures des trois cousins se relâchèrent. Alors que les quatre hommes se rapprochaient, Antonio Richardson bondit vers le parapet et se hissa dessus à la force des bras, criant un salut amical aux gens rassemblés autour du feu de camp sur la berge. Il y eut un échange bref et sympathique de la berge au pont et vice versa. Les campeurs proposèrent au groupe massé là-haut, désormais plutôt nombreux, de se joindre à eux. Tom, Robin et Julie savaient que cette invitation s'adressait aussi à eux, tout en gardant l'impression d'être des observateurs.

« On va descendre, annonça Richardson. Vous avez des sacs de couchage en rab ? »

L'un des campeurs leva les pouces vers lui, et Richardson se mit à rire, puis se détourna du parapet pour rejoindre ses amis.

Tandis que Tom, Robin et Julie obliquaient vers l'ouest pour retourner au Frelon qui les attendait côté Missouri, leurs quatre camarades de fraîche date leur emboîtèrent le pas en bavardant amicalement. Aucun d'entre eux ne leur expliqua pourquoi ils se trouvaient encore ici, pourquoi ils n'étaient pas partis une demi-heure plus tôt comme prévu. Mais les trois cousins n'étaient pas nerveux. Jusque-là, tous leurs échanges étaient restés aimables et sans histoires.

Ce fut seulement lorsque les deux groupes approchèrent du centre du vieux pont, à l'endroit où la structure faisait un coude brutal très haut au-dessus du fleuve, que Julie commença à se sentir mal à l'aise, à véritablement remarquer pour la première fois l'isolement de leur situation. Les quatre hommes étaient de plus en plus taciturnes, et Julie avait noté que le silence s'installait. Elle sortit une Marlboro Light de son paquet souple king size et l'alluma, les traits brièvement illuminés par la lueur orange de son briquet. À un certain point de la promenade, Clemons et Winfrey s'étaient habilement placés à l'avant du groupe, alors que Gray et Richardson restaient en arrière, fermant la marche.

Profitant du moment où elle avait mis ses mains en visière autour de sa figure pour allumer sa cigarette, Julie murmura à son cousin : « Je n'aime pas ça, Tom. Ces mecs nous suivent ou quoi ? »

Robin marchait juste devant eux, à un ou deux mètres sur la gauche, les mains enfoncées dans les poches de son vieux blazer marron, examinant de son mieux les graffitis à la faible lumière. Tom se mit à gamberger frénétiquement tout en essayant de ne pas paniquer. Il n'avait pas vu d'autres voitures en se garant sur Riverview Drive. Peut-être que ces types attendaient de voler la leur avant de les abandonner sur place.

« Qu'est-ce que tu veux faire ? » chuchota Julie.

Mais Tom ne voyait pas d'issue. Réussir à s'enfuir tous les trois en courant paraissait irréalisable. Il secoua la tête.

« Je sais pas, répondit-il. On continue simplement à avancer, j'imagine, on reste vigilants. »

Espérant que l'union ferait la force s'ils se rapprochaient les uns des autres, Julie appela Robin pour lui glisser très doucement quelque chose à l'oreille. Robin croisa le regard de sa sœur en ouvrant de grands yeux effrayés, acquiesçant sans un mot. Quelques mètres derrière eux, Gray surprit ce dialogue furtif et sentit qu'il était temps d'agir.

L'angoisse croissante des trois cousins ne les avait pas préparés à la violence choquante de l'attaque qui allait s'abattre sur eux. En un éclair, une main lourde s'était posée sur l'épaule de Tom, et cette voix, celle qu'ils avaient été si soulagés d'entendre du côté Illinois du pont, déclara soudain d'un ton menaçant : « Viens par ici, il faut que je te parle une seconde. »

La main obligea Tom à faire volte-face et il leva la tête vers le visage grimaçant de Gray, qui mesurait quinze bons centimètres de plus que lui. Gray le tira par le bras, l'entraînant à reculons, côté Illinois, et le séparant ainsi de ses cousines, qui, il s'en rendait compte maintenant, étaient également prises en main par les autres.

Julie perdit l'équilibre au moment où l'un des types lui attrapa les bras par-derrière, et sa cigarette lui échappa, laissant une brutale traînée d'étincelles orange dans son sillage. Elle et sa sœur, qui se débattaient en hurlant, furent traînées à l'écart. Robin lançait des coups de pied en arrière dans l'espoir d'atteindre son assaillant, en vain. Puis le monde bascula alors que Tom se retrouvait joue contre béton, le visage écrasé sur le tablier froid du pont, une chaussure enfoncée au creux du cou.

« C'est pas ton jour de chance, mec, lui dit la voix, même si Tom ne voyait plus à qui elle appartenait. T'es dans la merde. T'es dans une sacrée merde. »

Son agresseur ordonna à Tom de rester allongé sans bouger d'un pouce, promettant de lui tirer dessus dans la seconde s'il remuait la tête ou tentait de regarder autour de lui. Tom avait beau avoir la bouche entrouverte, il resta muet. Il se força à obéir en dépit des battements furieux de son cœur dans sa gorge comprimée. Quelques minutes plus tard, le pied s'écarta prudemment de son cou, et Tom fit de son mieux pour respirer profondément tout en restant immobile.

Une autre voix se joignit à celle qui planait déjà au-dessus de lui. Au loin, Tom entendait les hurlements de Julie et Robin qui diminuaient à mesure qu'on les traînait à l'écart. Elles crièrent toutes les deux « Arrêtez ! » et « Laissez-moi tranquille, ne me faites pas de mal, s'il vous plaît ». Tom fut horrifié en se rendant compte de ce qui arrivait à ses cousines. Il releva brusquement la tête juste à temps pour voir une silhouette qui forçait Julie à s'allonger sur le tablier du pont. Le pied de Gray revint immédiatement se poser sur son cou.

« Je vais te buter, enfoiré ! menaça-t-il de nouveau en repoussant le visage de Tom contre la chaussée. Recommence à bouger la tête, et je jure que je te bute, mon gros. »

Quelques minutes plus tard, Tom sentit la pression de la botte sur son cou se relâcher et, par réaction, il laissa ses muscles se détendre, déterminé à rester immobile. Étalé sur le sol, dominé par la silhouette géante de Gray, Tom lutta pour garder son calme. *Essaie juste de rester calme et de réfléchir*, se dit-il. Il avait toujours cru que, lorsque les gens se retrouvaient dans des situations similaires, leur seul espoir de survie était de garder la tête froide. Sauf qu'à présent, il s'apercevait à quel point c'était difficile. Il n'arrivait pas à penser, était à peine capable d'appréhender que ces événements étaient bien réels. Seuls les cailloux incrustés dans sa joue le convainquaient qu'il n'était pas prisonnier d'un cauchemar.

L'un des autres types vint ensuite monter la garde au-dessus de lui pendant que Gray se dirigeait vers les filles. Tom se mit à pleurer en entendant Julie continuer à se débattre et à hurler. Robin était devenue étrangement calme. « Tu veux mourir ? entendit-il l'un d'eux demander à Julie. Enlève ton pantalon ou je te balance du haut de ce pont. Un. Deux. Trois. »

Au son des sanglots de sa cousine, les épaules de

Tom commencèrent à se convulser aussi. Celui qui était venu relever Gray de sa garde s'approcha alors de lui, si près que Tom sentit son haleine chaude et ses postillons pendant que la voix lui parlait.

« J'avais jamais eu le plaisir de dépuceler quelqu'un avant », dit-il.

Tout au long de l'agression, Tom essaya de se concentrer sur les bruits de l'eau, de la circulation sur le pont adjacent, tout ce qui pourrait bloquer les sons étouffés de la torture de sa cousine. Son gardien changea encore, et cette fois-ci, le nouveau venu fut Winfrey, facile à reconnaître parce que c'était le seul Blanc du groupe. Il se mit à l'aise, assis au creux des reins de Tom, et voulut tout de suite savoir s'il avait de l'argent. Quand Tom répondit que oui, Winfrey lui ordonna de vider ses poches très lentement. Tom sortit le peu de liquide qu'il avait d'une poche de sa veste de ski en Nylon, et la clé de la maison de son grand-père d'une autre. Winfrey lui intima de tout poser par terre devant lui, et Tom obéit. De sa position à califourchon sur son dos, Winfrey, qui sentait sans mal la bosse dans la poche arrière du jean de son prisonnier, décida de se servir dans son portefeuille. En l'ouvrant, il paniqua.

« Qu'est-ce que c'est que ce badge, putain ? exigea-t-il de savoir.

— Je suis pompier, répliqua Tom aussi calmement que possible. Je suis pompier, pas flic. »

Cette déclaration rasséréna visiblement Winfrey, qui retira le badge du portefeuille de Tom pour l'examiner à la lueur de la lune avant de le glisser dans sa poche. Il lui prit aussi son permis de conduire et quelques photos avant de remettre le portefeuille désormais vide à sa place. Winfrey semblait apprécier son rôle de sentinelle, savourant la terreur manifeste qu'il provoquait.

« Tu sais, réfléchit-il tout haut en quittant son perchoir sur le dos de Tom pour s'étirer, c'est une bonne chose que mes potes soient pas pédés, sinon ils t'auraient probablement baisé aussi. »

Sur ce, il éclata de rire, presque comme s'il s'attendait à ce que Tom rie avec lui de cette blague si spirituelle.

Tom serra les dents et les poings, mais garda le silence. Il refusait de mordre à l'hameçon, refusait de s'abaisser à répondre à cette monstrueuse remarque. Cependant, en dépit de sa résolution, la bile lui remonta dans la gorge, et son estomac se tordit en un violent spasme. L'espace d'un instant, il craignit de vomir, à l'endroit même où il était allongé, le visage pressé contre le tablier froid du pont, le pied de Winfrey enfoncé dans le dos. Mais Tom se souvint de la menace que représentait l'arme et resta figé sur place.

Au bout de quelques minutes, il entendit des voix, lointaines mais distinctes, qui discutaient de qui tuer d'abord. Et puis un bruit de pas, tandis que Clemons se rapprochait et lui donnait sans prévenir un grand coup de pied dans le flanc. Désormais debout un peu plus loin, Winfrey se moqua de Tom qui se tordait de douleur en hoquetant.

Encouragé par son public, Clemons annonça : « Mec, ça t'a pas fait mal, ça », avant de recommencer plus violemment. Au bout de quatre ou cinq coups supplémentaires, Tom ne réagissait plus. Il savait que ce n'était rien comparé à ce que Julie et Robin venaient de subir. Clemons parut s'agacer du manque de réactions appropriées de sa victime. Il cessa donc pour poser son pied à l'arrière de la tête de Tom, lui écrasant le visage et les lèvres contre le béton.

« Je viens de baiser ta copine, lança-t-il ensuite,

tentant d'adopter une approche plus calculée dans sa torture. Ça te fait quoi ? »

C'était un commentaire cruel, destiné à être le plus blessant possible, et il fit mouche. L'estomac de Tom se convulsa de plus belle. Toutefois, il refusait de donner à Clemons la satisfaction qu'il recherchait.

« Ce sont mes cousines, dit-il, stoïque, sans avoir honte des larmes qui lui roulaient sur les joues.

— Oh, z'êtes tous cousins, donc ! » s'exclama Clemons de sa voix traînante, en riant. Ôtant son pied de l'arrière du crâne de Tom, il assena à sa victime un dernier coup pour faire bonne mesure, puis ordonna : « Lève-toi. »

Clemons et Winfrey le remirent debout et l'accompagnèrent, encore plié en deux, vers l'endroit où il avait vu Julie et Robin pour la dernière fois. Tom, qui n'entendait plus aucun son de leur part depuis pas mal de temps, craignait désormais le pire. Les deux hommes le forcèrent à avancer sur une quinzaine de mètres côté Missouri, puis s'arrêtèrent subitement. À cause de sa posture voûtée, Tom voyait distinctement qu'ils étaient arrivés près d'un des regards découverts. Le graffiti y conduisant était une marelle, et le trou noir béant occupait la place du ciel où l'on saute à la fin du jeu. Par contraste avec les agressions qu'ils avaient tous subies, le caractère enfantin du dessin remplit Tom d'amertume et déclencha en lui une nouvelle vague de terreur et de chagrin. Il ne voyait toujours aucun signe de ses cousines.

L'un des types qui le gardaient maintenant lui cogna le pied en lui demandant quel genre de chaussures il portait.

« Des Nike Air.

— Quelle taille ?

— Quarante-trois.

— T'es un gros lard riche, et tu vas mourir. »

Tout de suite après, des mains l'attrapèrent par la peau du cou, tirèrent l'encolure de son manteau par-dessus sa tête, puis l'obligèrent à s'allonger sur le tablier du pont. Recroquevillé, Tom se mit à trembler de tous ses membres, dans l'attente d'une balle, du BANG sonore qui signalerait sa mort. Mais il n'y eut pas de BANG, et quelques secondes plus tard, il était toujours allongé sur le ventre. L'une des mains était posée à l'arrière de sa tête à présent cagoulée par le manteau.

« Tu sais quoi ? dit une des voix sans visage. Je t'aime bien. Je vais te laisser vivre. Je crois que je vais te laisser vivre. »

Tom percevait à peine les mots et leurs promesses sucrées à travers le battement assourdissant de son cœur et l'afflux de sang dans ses oreilles. Mais soudain une autre voix s'éleva, qui se disputait avec la première. L'une arguait qu'ils devaient à coup sûr le tuer, l'autre soutenait qu'il avait déjà promis au gosse de riche qu'il pourrait vivre. Tom pensa aux malheureux dix-huit dollars qu'il avait donnés à Winfrey et se demanda qui pouvait bien être ce gosse de riche dont ils parlaient.

Le débat fit rage au-dessus de lui, et puis la voix de Winfrey revint, de plus en plus proche, s'adressant à Tom.

« Alors, il se passe des trucs comme ça à Washington ? »

Amical. Tom aurait presque juré que, dans son petit esprit tordu, le gamin lui faisait juste la conversation. Le gamin qui avait aidé au viol de ses cousines. Le gamin qui venait de le dévaliser et qui était sur le point de participer à son meurtre voulait d'abord tailler une petite bavette amicale.

« Il ne m'arrive pas ce genre de truc », rétorqua Tom. C'était tout ce qu'il avait trouvé à dire.

« C'est à *moi* qu'il arrive jamais ce genre de trucs, répondit sardoniquement Winfrey. Ben, t'es à St. Louis, maintenant. Bienvenue en ville. » Et Tom l'entendit bel et bien glousser.

Le débat relatif à la mort de Tom se poursuivit non loin de lui, mais il n'écoutait pas. Et puis, subitement, ce fut le silence, un silence plus assourdissant et plus effrayant que la dispute qui l'avait précédé. Un bras lourd se posa à l'arrière de son épaule, et un ou deux des quatre types manœuvrèrent Tom vers le regard ouvert au milieu du jeu de marelle folle. Tom y voyait partiellement à travers une ouverture dans son manteau, et il était désormais assis, les jambes se balançant dans l'orifice, tandis qu'une des voix lui ordonnait de passer sur le pont du dessous. En descendant sur la passerelle, Tom distingua les petites silhouettes frissonnantes de Julie et Robin, dévêtues, allongées côte à côte sur le pont inférieur au-dessous du regard. Des larmes de soulagement lui montèrent aux yeux et une énorme boule se forma instantanément dans sa gorge, entravant sa respiration déjà hachée. L'une des voix enjoignit à Tom de s'allonger à côté de ses cousines ; il s'exécuta, reconnaissant qu'ils soient tous réunis.

Le peu de lumière ambiante permit à Tom de distinguer la forme de Julie étendue à droite de Robin, toutes les deux sur le dos, paupières closes. Julie psalmodiait doucement un flot continu et presque inaudible de mots bas et réconfortants destinés à sa sœur. Une berceuse pour Robin.

« C'est bientôt fini, répétait-elle. Ça va aller. »

Pendant ce temps-là, au-dessus de leurs têtes, les quatre agresseurs discutaient du sort de leurs victimes. Les trois cousins n'écoutaient pas la conversation feutrée un peu plus haut, ils étaient trop hébétés et ravagés pour être vraiment alertes. Tom gisait sur le ventre, son bras droit étendu contre le flanc droit du petit corps de Robin. Elle tremblait, et le jeune homme fut envahi d'une rage aussi impuissante que féroce.

« Ne t'inquiète pas, Robin, c'est bientôt fini, répétait sans relâche Julie. Ça va aller. »

Et Tom tira lui aussi du réconfort de ces paroles encourageantes de Julie, bien qu'elles soient destinées à sa sœur. Trois ou quatre minutes passèrent ainsi avant que les murmures au-dessus d'eux cessent. Clemons et Richardson apparurent dans la pénombre, se laissant glisser à travers le trou pour atterrir avec des bruits sourds qui résonnèrent sur la passerelle, non loin de l'endroit où les cousins étaient blottis les uns contre les autres.

« Levez-vous », ordonna l'un des deux.

Tom et Julie se levèrent lentement. Entre eux, Robin demeura allongée sur le dos, sans broncher, rigide de peur et de haine. Elle ne bougea pas. Les hommes restèrent à quelques mètres, enveloppés dans la pénombre indistincte du pont.

« On y va. Là-bas, sur le béton », ordonna Clemons. Robin ne semblait toujours pas réagir. On aurait dit que ses oreilles ne fonctionnaient plus, que son esprit refusait d'être complice d'une quelconque torture supplémentaire infligée à son corps.

Tom était sur la dalle de béton, à présent, l'esprit vide. Ses pensées lui semblaient épaisses et lourdes alors qu'il regardait l'eau brune et scintillante s'écouler rapidement au-dessous de lui. Elle n'avait pas l'air d'être si loin : il se dit qu'il pourrait survivre à une chute d'une telle hauteur, et pour la première fois depuis le début de cette épreuve il commença à penser que la fin était proche. Il entendit les deux hommes au-dessus de lui continuer à crier à Robin de se lever, et il se retourna pour aller la chercher, déterminé à l'aider à supporter ces dernières minutes terribles avant le dénouement. Mais au moment de rebrousser chemin, il se sentit ralenti, comme s'il était coincé dans l'un de ces rêves affreux où on essaie de hurler, mais en vain, où on essaie de courir, mais en vain.

Alors que Tom restait face à la passerelle, Clemons saisit le petit corps de Robin et le balança littéralement sur la pile à côté de son cousin. Elle lui parut minuscule, presque en apesanteur, tandis qu'elle dégringolait sur la dalle de béton près de Tom, puis se remettait péniblement sur pied. Elle tituba jusqu'à lui et reprit précairement l'équilibre à ses côtés. Tous ses vêtements avaient disparu et elle était pieds nus, mais elle ne s'en rendait visiblement pas compte. Elle passa ses deux bras autour du coude de son cousin et se pressa contre son flanc pour se réchauffer, se réconforter, pour être momentanément délivrée de sa terreur.

Il l'enveloppa dans ses bras, s'efforçant de lui faire un rempart de son corps. Elle fixait d'un air accablé ses petits orteils qui se détachaient sur le béton rugueux à la lumière froide de cette lune d'avril. Les coupures et les éraflures de ses pauvres pieds ravagés n'étaient rien à côté du reste de ses blessures.

Derrière, Julie atterrit elle aussi sur la pile, uniquement vêtue de la chemise verte à carreaux qu'elle avait portée toute la journée. Elle avait vieilli de plusieurs décennies depuis leur dîner familial quelques heures plus tôt, et Tom fut stupéfait de la trouver si changée.

Elle alla automatiquement se poster à côté de sa sœur, puis la prit dans ses bras pour essayer de la protéger et de la rassurer.

Les trois cousins restèrent alignés ainsi, pantelants, désespérés, à attendre qu'on leur signifie leur sentence de là-haut, dans la pénombre. Tom était le moins éloigné de l'eau, à côté de Robin, et Julie, la plus proche de la passerelle. Clemons demeurait bien à l'abri dans l'obscurité du pont inférieur, et Richardson ne s'aventura à moitié sur la pile que pour manifester sa présence. D'une main, il s'agrippait toujours au pont inférieur en acier.

Accrochés les uns aux autres, les trois cousins émettaient de légers murmures, sans échanger de véritables mots, tout au plus des sons presque inaudibles exprimant leur tendresse. Ce fut la voix de Richardson qui leur aboya d'arrêter de se toucher et leur ordonna de se placer face au vide. La privation de ce dernier maigre réconfort fut presque insupportable à Robin, et son corps sembla s'effondrer sous le poids du désespoir quand elle lâcha le bras droit de Julie et le bras gauche de Tom.

« Et écartez-vous ! » ajouta Richardson.

Les trois cousins s'éloignèrent les uns des autres d'un pas traînant. Et c'est alors que cela arriva.

En dépit de la brutalité de l'heure qui venait de s'écouler, la main qui poussa Julie leur fit à tous les trois un choc. La terreur qui se peignit sur son visage tandis qu'elle basculait du rebord pour plonger dans le précipice fut une vision effroyable. Robin se trouva incapable de crier quand elle vit avec une horreur absolue sa sœur tomber. Quant à Tom, il laissa échapper un son étranglé en se tournant vers Richardson qui, sans la moindre hésitation, frappa violemment Robin dans le dos, l'envoyant trébucher vers l'avant. Elle rejoignit sa sœur en hurlant dans l'eau boueuse en contrebas.

Bouche bée, Tom contemplait en silence l'expression satisfaite de Richardson. Ses yeux s'arrêtèrent sur la face impitoyable qui l'observait en grimaçant à la lueur de la lune, la menace du revolver brillant toujours dans ces yeux froids et imperturbables. Tom était sans voix, déboussolé, terrifié.

Richardson reprit la parole en ricanant : « Saute, sinon… »

Tom n'attendit pas la deuxième option, le revolver. Il ne perdit pas une seconde. Il ne répondit pas, ne respira même pas. Il s'avança sans bruit vers l'eau et s'élança dans les airs, redoutant dans sa chute la balle qui allait lui transpercer l'arrière du crâne.

5

Le Mississippi est le quatrième plus long fleuve du monde. Son bassin hydrographique draine environ quarante et un pour cent des eaux du territoire continental des États-Unis, plus deux provinces canadiennes, soit approximativement deux millions de kilomètres carrés. Chaque seconde, ce puissant fleuve déverse près de sept cent mille mètres cubes d'eau dans le golfe du Mexique, charriant chaque année cent cinquante-neuf millions de tonnes de sédiments. À St. Louis, le nom du vieux pont, Chain of Rocks, se réfère à une authentique enfilade d'énormes blocs de pierre qui jaillissent de son lit, agitant ses eaux vives avec une frénésie tumultueuse. Selon la légende locale, durant les périodes de sécheresse, les Amérindiens traversaient le fleuve en sautant de bloc en bloc. De nos jours, cette même chaîne de rochers fait de la portion du fleuve autour de St. Louis l'une des plus meurtrières du Mississippi. En 1991, il était de notoriété publique chez les autochtones, Julie et Robin Kerry comprises, que ceux qui choisissaient le Chain of Rocks Bridge pour se suicider ne pouvaient pas se rater.

Naturellement, en tant que touriste originaire de Washington, Tom Cummins ignorait tout cela au moment de plonger violemment en agitant les bras et les jambes depuis une pile en béton du côté nord du Chain of Rocks Bridge. Après avoir sauté et bien avant d'atteindre l'eau, il eut suffisamment de temps pour formuler la pensée suivante : *Mon Dieu, cette chute est sacrément longue.* Et ensuite, un instant plus tard, *Merde, je tombe toujours, je n'ai pas encore heurté la surface.*

Quand il entra enfin en collision avec le fleuve, ce fut les pieds devant, et il s'enfonça immédiatement très profond, filant tout droit vers son lit à une vitesse stupéfiante. Sous l'eau, il ouvrit les yeux pour repérer le vert légèrement fluorescent de la surface, qui lui donnait l'impression d'être à des kilomètres au-dessus de sa tête. Il se mit à nager, poussant vers le haut, battant des pieds de toutes ses forces, luttant pour remonter vers l'air qui lui faisait défaut, là-haut. Une fois qu'il eut refait surface, il se concentra brièvement sur sa respiration, remplissant ses poumons douloureux.

La première image qui le frappa alors qu'il cherchait à se maintenir à flot fut celle du pont géant et menaçant au-dessus de lui. Le Mississippi était rapide, se mouvant avec une puissance bien supérieure à ce qu'il avait pensé, et tandis qu'il se débattait pour enlever son manteau, Tom s'aperçut que le courant l'avait déjà emporté sous le pont, et qu'il le regardait désormais depuis le côté sud. C'était un monstre vraiment massif, ce pont, et en se rendant compte sur quelle distance il était tombé, Tom se sentit à la fois terrifié et encouragé. Il n'aurait jamais été capable de sauter s'il avait su précisément à quelle hauteur il se trouvait. Ses agresseurs auraient été obligés de lui tirer dessus.

Le fleuve était envahi de débris omniprésents et, maintenant qu'il avait réussi à s'orienter et qu'il était convaincu d'avoir survécu, Tom entreprit de scruter sa surface à la recherche de ses cousines. Il était entouré de rondins et de branches qui bougeaient autour de lui avec une rapidité effrayante, et dans l'obscurité, ballotté par le vif courant, il crut apercevoir Robin à quelques mètres sur sa gauche. Le courant forma une crête entre eux, et lorsqu'il regarda de nouveau à l'endroit où il l'avait vue, elle – ou le rondin qui lui ressemblait – avait disparu. À ce moment-là, Julie surgit derrière lui, à trois ou quatre mètres environ sur sa droite, et il la vit très bien, en dépit de l'eau qui lui fouettait rudement les joues. Il l'appela à grands cris, buvant une bonne tasse de l'eau froide du Mississippi pour sa peine, ce qui n'empêcha pas Julie de l'entendre et de tourner vers lui son visage d'une pâleur de lune, frappé de terreur dans l'onde mousseuse.

« Mon Dieu, où est Robin ? » hurla-t-elle.

Mais Tom ne pouvait pas lui répondre. Il était en train de perdre sa bataille pour rester à flot. Le courant était tout bonnement trop fort pour lui. Il fallait qu'il enlève ses baskets. Il tenta de s'en débarrasser à coups de pied, sans succès. Quand il essaya de se servir de ses mains, il se mit à couler. Il eut un instant de panique totale et abjecte, convaincu qu'au bout du compte la mort serait l'ultime résultat des événements de la soirée. Il cria, cependant qu'il sombrait et que l'eau enveloppait sa tête telle une cagoule fluide. À cinquante centimètres ou un mètre de la surface, il cessa de chercher à retirer ses baskets et remonta vers la lumière. Il respirait dorénavant plus calmement, comme si cet instant de panique avait été exactement la soupape émotionnelle dont il avait besoin pour trouver l'énergie de continuer. Son esprit se vida ; dans le fleuve, il n'y avait guère de place pour un processus mental rationnel. Il devait s'en remettre à son corps pour que celui-ci effectue le travail de survie, et il dut mobiliser toute sa force physique pour surnager.

Il savait confusément que Julie était là, trois ou quatre mètres plus loin, et supposait de la même façon plus ou moins inconsciente que Robin se trouvait elle aussi quelque part dans les parages, luttant bec et ongles contre le fort courant, échappant à sa vue à cause de la distance et des débris. Il se débattit pour se retourner, puis se laissa porter en nageant maladroitement le dos crawlé, se cognant à l'aveugle aux débris au cours de sa progression au milieu des remous. Tout son être était concentré pour rester à flot. Il n'avait même pas encore envisagé d'atteindre la rive. Entre les flap-flap constants de l'eau dans ses oreilles, il distingua la voix de Julie, en larmes, mais pas hystérique. Encourageant. Puis sa propre réponse.

« Il faut *qu'on nage, qu'on nage, qu'on nage, qu'on nage, qu'on nage* ! » beugla-t-il d'une voix qui parut étrangère et distante à ses propres oreilles. Entre lui et la rive côté Missouri, juste après l'endroit où il pensait que se trouvait Julie, il repéra l'une des tours de prise d'eau appartenant à la Compagnie des eaux de St. Louis. Il ignorait ce que c'était, mais il s'agissait d'une structure imposante, stable et bien éclairée, et dans son esprit, elle symbolisait la sécurité. « Nage vers les lumières, Julie. *Nage, nage, nage, nage, nage !*

— Je suis en train de me noyer, Tom ! » Julie avait hurlé sa réponse avec une hystérie croissante.

Tom fit son possible pour sortir la tête hors du fleuve et lui cria : « On n'est pas en train de se noyer ! *Tu n'es pas en train de te noyer*. On va réussir à atteindre la berge. *Nage, Julie !* »

Et elle nagea. Après cet échange, Tom s'employa

à ne pas la perdre de vue, vérifiant sans cesse la surface pour la retrouver dès qu'il était soulevé par les hautes eaux du courant capricieux. Elle luttait toujours, se rapprochant de lui alors qu'ils continuaient à avancer à vive allure, portés par le puissant courant. À mesure que les minutes s'égrenaient, Julie se rapprochait de plus en plus, mais ils ne gaspillèrent pas leur énergie en paroles, leurs corps ayant besoin de toutes leurs forces pour mener la bataille contre l'eau. Ils n'étaient conscients de la présence de l'autre que de manière subliminale. Et puis Tom leva la tête et vit qu'elle était plus près que jamais, approchant à une vitesse surprenante. Il distingua brièvement ses yeux, où il lut une fatigue intense. Julie Kerry ne voulait pas mourir, mais son corps commençait à lâcher. Vaincue par l'épuisement et le choc, traumatisée, sa frêle enveloppe physique abandonnait la partie, refusant de nager plus loin.

Dans un ultime et vaillant effort pour se maintenir à flot, elle plongea vers son cousin Tom, encerclant vigoureusement son cou de ses petits bras. Ils disparurent sous l'eau, coulant à pic, entraînés par la masse de leurs deux corps emmêlés, immobiles. En quelques instants, ils furent à un mètre cinquante au-dessous de la surface, et Tom manqua d'air. Il n'avait pas eu le temps de remplir ses poumons avant de couler, et il en avait besoin maintenant. Sur le point de prendre une inspiration, il s'aperçut de ce qu'il était en train de faire. Il savait qu'il se noyait, mais Julie continuait à s'agripper à lui, ses petits bras tétanisés par l'effort et la peur.

Tom batailla pour placer ses mains aux creux des coudes de sa cousine, qui formaient un angle près de ses épaules. D'un seul mouvement rapide, il tendit les bras, la poussant au-dessus de sa tête vers la surface et se libérant par la même occasion. Ils émergèrent tous les deux.

« Il faut qu'on continue à nager ! cria-t-il par-dessus le vacarme du fleuve. *Nage, Julie !* »

Et donc, elle se remit à nager. Le courant avait creusé la distance entre les deux cousins dès qu'ils avaient refait surface, mais, conscient que Julie était encore dans les parages, Tom faisait son possible pour ne pas la perdre de vue. Il se retourna encore une fois sur le dos, balayant les alentours du regard pour surveiller les progrès exténués de Julie dès que le courant le soulevait assez haut et lui offrait une certaine visibilité. Bien que manifestement épuisée, elle continuait à barboter, portée par les flots. Au bout de deux ou trois minutes, Tom profita d'une vague qui le soulevait pour chercher l'endroit où il avait vu Julie en dernier, et elle s'était volatilisée. Saisi d'une hystérie immédiate, il se débattit en agitant sauvagement bras et jambes, hurlant le nom de sa cousine, tandis que ses joues, déjà trempées par l'eau du fleuve, étaient inondées de larmes.

« *Julie !* hurla-t-il. À l'aide ! À l'aide ! *S'il vous plaît, est-ce que quelqu'un peut nous aider ?* »

Le cerveau de Tom refusait encore de croire que l'une ou l'autre de ses cousines se soit noyée. Il ne voulait même pas envisager cette possibilité. *On est juste séparés*, se répétait-il sans relâche. *C'était inévitable que nous soyons séparés dans des eaux aussi tumultueuses.* En conséquence, il continua à décrire des cercles, espérant contre toute attente repérer de nouveau Julie. Mais il sanglotait en tournant en rond dans l'eau, et avec chaque minute qui s'écoulait sans qu'il voie sa cousine, ses espoirs et son cœur sombraient davantage vers le fond du Mississippi. Il cessa de nager pour se laisser flotter sur le dos, donnant libre cours à son chagrin et à son hystérie.

« Je n'y arriverai pas », dit-il tout haut, remarquant pour la première fois à quel point il était gelé. Il frissonnait dans l'eau glacée, et son corps tout entier lui faisait mal, rigide de froid et de peur. « *Je n'y arriverai pas, putain !* » répéta-t-il.

Il était épuisé, terrifié et prêt à abandonner. Tandis qu'il restait allongé, ballotté au gré du courant, le corps ravagé et l'esprit prêt à plier devant le fleuve, il fut peu à peu assailli par les étranges images fugaces de sa vie. L'eau avait désormais recouvert son visage, et il dérivait lentement vers le fond, de plus en plus bas, mais dans sa tête défilaient vite et distinctement les instantanés qui, mis bout à bout, constituaient sa vie. D'abord, les gars de son équipe au boulot, dehors, devant la caserne de pompiers un jour de soleil, nettoyant les gros camions au jet en rigolant ensemble. Ensuite, sa famille qui faisait un barbecue dans le jardin, pendant que leur chien Blarney reniflait partout dans l'espoir de récupérer quelques restes. Et puis Julie, qui chatouillait Jamie sur le sol de leur salon, des manuels scolaires et des cahiers abandonnés sur le canapé derrière elles. Tom était notoirement absent de toutes ces images, et c'est ce qui lui redonna de l'énergie. Il aimait sa vie. Il aimait sa famille et ses amis, et il n'était pas prêt à mourir. Le bout de ses doigts fendit la surface dès la première tentative. Il n'avait pas sombré très profond, et à présent il était envahi d'une nouvelle poussée d'adrénaline. Il allait s'en sortir.

Alors, pour la première fois, Tom étudia réellement sa position. Il était toujours beaucoup plus proche de la rive côté Missouri, mais il avait l'impression qu'elle était à des kilomètres, et le pont rétrécissait rapidement sous ses yeux. Il repartit en dos crawlé, nageant ainsi durant ce qui lui parut être des années. Toutes les cinq minutes, il regardait vers la rive et perdait de nouveau espoir. On aurait dit qu'il ne faisait aucun progrès. Certain qu'elle était plus éloignée qu'au début, il lâchait prise. Mais alors les flashs de son passé lui revenaient, et il se remettait à battre des jambes et des bras à grand renfort d'éclaboussures, déterminé à lutter pour arriver au bord.

Lorsqu'il atteignit enfin la rive, pas loin d'une heure après être tombé à l'eau, il se retrouva confronté à un obstacle totalement nouveau. Si la berge ne mesurait qu'un mètre cinquante à un mètre quatre-vingts, elle descendait presque à la verticale dans le fleuve, et le désespoir de Tom redoubla quand il mesura la distance des yeux. Un fouillis de débris entremêlés s'était accumulé autour, si bien qu'il dut d'abord naviguer au milieu du bois flotté visqueux avant de s'attaquer à l'ascension glissante de la paroi. Il se bagarra avec des racines et des roseaux, dégringolant encore une fois dans l'eau avec un grand plouf dès qu'il choisissait une mauvaise prise. Il lui fallut vingt minutes et plusieurs essais infructueux avant de parvenir enfin à gravir la pente trop lisse. Arrivé au sommet du promontoire boueux, il s'allongea sur le ventre, la joue appuyée contre la terre sale en guise d'oreiller, et pleura. Jamais il n'avait ressenti un épuisement aussi intense et absolu, et il s'y abandonna complètement. Lorsque son cerveau se remit en marche après ces quelques moments d'absence, ses premières pensées furent pour Julie et Robin.

Il faut que je trouve de l'aide, se dit-il en frissonnant, jetant un coup d'œil à la berge escarpée et à l'onde tumultueuse à l'arrière-plan. *Il faut que je trouve de l'aide, et vite.*

Tom se remit alors en position verticale, avant d'entreprendre de se frayer un chemin à travers les arbres. Il s'était cassé la hanche droite en tombant, son corps était globalement meurtri et cabossé, et il était en état de choc, mais il n'en savait rien. Et donc, heureux du confort relatif que procurait la marche sur un sol sec, il cessa de ressentir toute douleur ou de s'inquiéter de son corps. Il franchit rapidement d'un pas lourd le rideau d'arbres, le dos soigneusement tourné au fleuve, allant dans la direction où il pensait trouver une route. Ses yeux s'étaient désormais habitués à la faible lumière, mais ses bras fatigués pendaient mollement sur ses flancs, si bien que, durant sa progression, les branches fouettaient et égratignaient son visage humide et couvert de boue.

Tom émergea de la lisière des arbres après moins de cent mètres pour aboutir dans un champ. Non loin de là, il y avait des entrepôts, ainsi qu'un étang. En contournant celui-ci, il découvrit des rails de chemin de fer bordés d'une clôture sur un côté. Il suivit un moment les rails jusqu'à ce qu'il se retrouve sur Riverview Drive, à l'entrée de l'usine de la Compagnie des eaux de St. Louis. Si la route était éclairée, il n'y avait ni passants ni voitures. Tom arpenta misérablement la chaussée, pressé de trouver des gens et de l'aide. Au bout de quelques minutes, plusieurs voitures passèrent, mais leurs conducteurs effrayés ignorèrent le jeune homme désespéré et boueux qui agitait frénétiquement les bras en faisant des bonds et en leur criant de s'arrêter. Quand un semi-remorque se profila devant lui, Tom se planta au milieu de la route, ferma les yeux, et leva les mains en l'air. Le conducteur ralentit, puis s'arrêta, plissant les paupières de curiosité devant cet adolescent couvert de gadoue, éclairé par le faisceau lumineux de ses phares. Reconnaissant, Tom s'approcha de la vitre du chauffeur et tendit le cou vers l'homme à l'intérieur. Son esprit était en surrégime, fourmillant de pensées et de mots. Il s'aperçut qu'il n'avait pas la moindre idée de ce qu'il devait dire.

« Nous avons besoin d'aide, commença-t-il simplement d'une voix étranglée et torturée. Ils ont violé mes cousines. Ils nous ont balancés du haut du pont. S'il vous plaît, elles ont besoin d'aide. Nous avons besoin d'aide. »

Visiblement déconcerté, le chauffeur resta bouche bée de confusion, presque sceptique.

« D'accord. Attendez ici, je vais chercher la police », dit-il.

Après l'avoir remercié, Tom gagna le bord de la route pour attendre la cavalerie. Alors que les feux arrière du camion disparaissaient de sa vue et qu'il se retrouvait de nouveau seul dans le clair de lune silencieux, il se rendit soudain compte qu'il était sur Riverview Drive. Que, debout au bord de Riverview Drive, il constituait une cible rêvée, non loin de l'endroit où leurs quatre agresseurs étaient sans doute garés. Ils pourraient passer par là à n'importe quel moment, constater qu'ils n'avaient pas fini le travail, et l'achever avec cette balle qu'ils lui avaient précédemment promise. D'ailleurs, avec un peu de malchance, il aurait très bien pu par inadvertance leur faire signe tout à l'heure. La respiration accélérée par la paranoïa, il se réfugia à l'ombre de la clôture, surveillant la route et se dérobant avec effroi aux phares de chaque véhicule qui passait. Il se mit à scruter les environs à la recherche d'un endroit plus abrité des regards jusqu'à l'arrivée de la police. L'herbe était assez haute, humide de rosée, mais dc toutc façon, Tom, déjà trempé, était prêt à se contenter de cette cachette, tout insuffisante soit-elle. Il se tapit soigneusement dans la végétation sous un panneau de stop géant accroché à la clôture. À quelques mètres de la route bien éclairée, il se sentait dorénavant plus en sécurité, blotti dans l'ombre de la barrière.

Plusieurs minutes et plusieurs voitures passèrent tandis qu'il restait caché là, et il commença à se demander si le camionneur ne l'avait pas laissé tomber pour continuer sa route jusqu'à Tulsa, Albuquerque ou ailleurs. Il guetta donc un autre véhicule. Lorsqu'il en vit arriver un, il piqua un sprint depuis sa cachette dans l'herbe et projeta son corps dans le faisceau des phares. Il répéta son incroyable histoire au second camionneur effrayé, et l'homme répondit gentiment, proposant à Tom de monter pour qu'il le conduise à un endroit où il pourrait téléphoner. Tom expliqua qu'il attendait déjà la police et qu'il ferait sans doute mieux de rester là ; le conducteur offrit donc d'aller directement jusqu'à une cabine pour appeler à sa place. Après l'avoir remercié, Tom retourna près de la barrière retrouver la bande aplatie que son corps avait déjà imprimée dans l'herbe humide et s'y tapir de nouveau.

Une fois qu'il se fut assuré que Robin, Julie et Tom avaient tous plongé dans le Mississippi, probablement pour y trouver la mort, Richardson rejoignit Clemons sur la passerelle, et ils remontèrent tous deux à travers le trou d'homme sur le tablier du pont, où ils retrouvèrent Gray et Winfrey, qui les attendaient.

« Je les ai balancés sans mollir », annonça joyeusement Richardson, quêtant du regard un geste de félicitations de la part de Gray. Celui-ci hocha la tête en souriant, puis lui donna une tape dans le dos comme s'il venait d'accomplir une sorte de rite de passage.

« C'était très courageux de ta part, Tony, dit Gray au gamin, qui lui sourit en retour. Bon, allez, on se casse. »

Gray suggéra qu'ils aillent jusqu'à Alton, Illinois, pour grimper sur la roche géante que les autochtones appellent la « Chaise », où ils pourraient rester un peu assis à observer le fleuve. Il leur restait encore un joint, et le temps, quoique froid, était plutôt agréable. Gray avait abandonné Eva depuis un moment : il y avait des heures qu'elle l'attendait pour qu'il la ramène à la maison. Il savait qu'elle allait lui passer un savon dès qu'il finirait par rentrer, et cette idée se muait peu à peu en crainte.

Winfrey commença à paniquer pendant que les autres discutaient nonchalamment du programme de leur fin de soirée. Il n'avait pas *vraiment* cru que ses nouveaux amis avaient l'intention d'assassiner ces trois personnes. Il avait participé aux viols en montant la garde et en maintenant les filles plaquées à terre, leur couvrant la bouche et les yeux alors qu'elles hurlaient. Il avait même apprécié la poussée d'adrénaline, la cruauté pure et la dynamique de toute cette situation. Mais, se disait-il, il avait *bien* été le seul des quatre à refuser de violer physiquement les filles, argument sur lequel il insisterait plus tard auprès de sa petite amie. Ce n'était pas tant par bonté d'âme ni par trouille qu'il s'en était abstenu, mais plutôt parce qu'il possédait apparemment une barrière intérieure inconsciente et innée qui l'empêchait de violer. Une barrière que la plupart des gens normaux devaient posséder aussi, pensait-il, tout en essayant de ne pas trop s'avouer à quel point ses compagnons devaient être dangereux pour être dépourvus de cette caractéristique humaine de base. Maintenant que le méfait était accompli pour de bon, Winfrey se laissa envahir par un effroi bien réel. Et quand les autres parlèrent d'aller à la Chaise, Winfrey redouta d'« aller à la chaise », mais au sens figuré. Sans véritablement se soucier du sort de Julie et Robin, qui étaient en train de se noyer dans le fleuve au-dessous d'eux, il commença à se tracasser à propos de sa culpabilité dans cette histoire. En résumé, il perdait les pédales.

« Je suis pas dans le coup, se répétait-il inlassablement. Je suis pas dans le coup. J'ai rien fait. »

Les autres se contentèrent de se moquer de lui, et bientôt, ils furent tous les quatre en train de courir sur le pont vers le côté Missouri et leur voiture, dopés par l'adrénaline qui envahissait leurs veines et par leur instinct de conservation, qui les incitait à s'enfuir sans plus tarder du lieu de leurs crimes odieux. Sur la route, ils s'arrêtèrent pour acheter des cigarettes, de l'essence et des sandwichs. Richardson paya ces articles avec l'argent qu'ils avaient volé à Julie et Robin. Il lança un paquet de cigarettes à Winfrey, puis distribua les sandwichs. Winfrey se rassit sur le siège du passager dans la voiture de Gray, allumant sur-le-champ la première d'une série de clopes, les mains tremblantes, et continua à marmonner : « Je suis pas dans le coup. » Son estomac gronda légèrement tandis qu'il regardait les autres grignoter leurs sandwichs au jambon en bavardant, assis sur le capot de la voiture. Leur pique-nique terminé, ils reprirent la route pour se rendre à Alton, gravirent la Chaise, et allumèrent un joint. De leur point de vue, perchés sur cet immense rocher au clair de lune, ils contemplèrent le courant agité du Mississippi.

« Ils arriveront jamais jusqu'à la rive », déclara doucement Clemons en tirant sur le joint. Sa voix était dénuée d'émotion.

« Ouais, c'est sûr qu'ils vont pas s'en sortir », renchérit Gray, qui ajouta en se tournant vers Winfrey : « Tu vois, Danny, tu aurais dû baiser un coup. On n'a rien à craindre. »

À la pensée de leurs trois victimes, désormais toutes mortes et inoffensives, un sentiment malsain de puissance mêlée de soulagement s'empara de Winfrey.

Vers 2 heures du matin, sur Riverview Drive, les officiers de police Sam Brooks et Don Sanders étaient en route pour l'usine de traitement des eaux. Ils avaient éteint sirène et gyrophare. Ils répondaient à deux appels étranges – sans être inhabituels – de camionneurs signalant un homme suspect sur Riverview Drive qui avait raconté une histoire abracadabrante à propos de l'Old Chain of Rocks Bridge. Alors qu'ils rapprochaient lentement leur voiture de patrouille de la clôture qui protégeait la Compagnie des eaux de St. Louis, Tom Cummins rampa avec précaution hors de sa cachette dans l'herbe pour s'avancer dans la lumière de leurs phares. Les patrouilleurs s'alarmèrent immédiatement de son état.

Il avait les épaules couvertes de boue, qu'on retrouvait aussi sur le devant de sa chemise et de son jean. Ses baskets trempées étaient incrustées de vase, et ses mains tremblantes, fripées à cause de leur séjour dans l'eau. Le regard vitreux, il s'approchait des policiers d'un pas incertain en boitant visiblement. À l'évidence bouleversé, le jeune homme tenta de les convaincre qu'il fallait venir en aide à ses cousines de toute urgence. En quelques minutes, il se mit à frissonner violemment et à claquer bruyamment des dents tandis que Brooks et Sanders l'aidaient à monter à l'arrière de leur voiture de patrouille en demandant avec inquiétude des renforts par radio. D'après les faits qu'ils avaient glanés à la hâte, ils comprirent que cet événement était le plus significatif qui soit jamais arrivé au cours d'une de leurs rondes.

Peu après leur arrivée sur les lieux, les officiers Brooks et Sanders furent rejoints par ce qui parut aux yeux de Tom la moitié des effectifs des services de police de St. Louis. Après avoir tenté de le mettre à l'aise à l'arrière de leur voiture, les deux coéquipiers le reconduisirent au pont, où il y avait déjà beaucoup d'activité. À mesure que le véhicule qui le transportait approchait de l'édifice, Tom ressentit une réticence inattendue, un regain de terreur. Il savait qu'il n'avait pas de raison d'avoir peur : de nombreuses voitures de police, une équipe de secours et une ambulance s'étaient déjà massées à l'entrée du pont à leur arrivée. Néanmoins, inexplicablement, il ne parvint pas à calmer son angoisse au moment où les policiers ralentirent pour s'arrêter un peu plus loin sur Riverview Drive. Celui qui occupait le siège passager se retourna vers Tom, assis sur la banquette arrière.

« Ça va ? » s'enquit-il.

Au moment même où Tom répondait d'un hochement de tête, une vague de froid envahit son corps, et il se remit à frissonner et à claquer des dents de plus belle. L'officier de police sortit rapidement de la voiture de patrouille pour rejoindre au trot l'ambulance garée non loin de là. Quelques instants plus tard, il revint avec une épaisse couverture en laine. Il ouvrit la portière arrière du véhicule pour envelopper Tom dans le lainage gris, le serrant bien autour de ses épaules et le coinçant sous son menton. Ce geste de gentillesse tout simple fit monter les larmes aux yeux du jeune homme, qui se rencogna dans son siège, gêné. Le petit acte de compassion du policier avait encore accentué son chagrin. Le contraste entre cette attention et les actes de cruauté dont il avait été témoin cette nuit-là amplifia son traumatisme, rendant son horreur encore plus réelle et plus atroce. Malgré la grosse boule qui lui obstruait la gorge, Tom se força à respirer.

« Il faut qu'on les trouve », dit-il doucement à personne en particulier, en regardant dans le vide par la vitre arrière de la voiture.

Les deux policiers échangèrent des coups d'œil inquiets. Ils n'étaient pas sûrs de savoir s'il parlait de ses cousines ou de leurs agresseurs, mais les chances de retrouver les unes comme les autres à ce stade paraissaient plutôt minces.

6

Tink et Kathy Cummins dormaient à poings fermés dans la chambre située à l'arrière de chez leurs grands-parents sur Fair Acres Road. Confortablement blotties dans leurs lits jumeaux, elles digéraient encore leur poulet sauté et rêvaient. Les coups sonores frappés à la porte de la petite maison ne réussirent pas à les réveiller complètement. C'est seulement lorsqu'elles entendirent des voix bizarres au salon qu'elles se redressèrent toutes deux, le cœur battant à tout rompre. Le mot « incident » s'était immiscé dans leur sommeil, les obligeant à reprendre brutalement conscience. Tink jeta un coup d'œil affolé à Kathy tandis qu'elles sautaient en même temps de leurs lits. Kathy consulta la pendule : 5 h 32. Tink attrapa le short qu'elle avait abandonné à son chevet quelques heures auparavant, le remonta en vitesse sur ses hanches, puis suivit sa sœur dans le salon.

L'entrée et le salon grouillaient de monde. Deux imposants policiers se tenaient debout dans l'embrasure de la porte, flanqués de Grand-Père Art, la main encore sur la poignée. Quant à Grand-Mère Polly, elle se tenait derrière son fauteuil bleu favori, dont elle triturait inconsciemment le dos revêtu de velours. Kay et

Gene, eux, clignaient des yeux pour chasser la fatigue en posant aux policiers les questions qu'ils parvenaient à formuler dans leur demi-sommeil.

« Je suis désolé, nous ne pouvons pas répondre à davantage de questions pour l'instant. Il faut vraiment que vous vous habilliez pour nous suivre. Il y a eu un incident de nature indéterminée au Chain of Rocks Bridge, expliqua de nouveau le plus grand des deux, et votre fils Tom y est mêlé. C'est tout ce que nous savons avec certitude.

— C'est impossible, commença par dire Gene. Mon fils est en train de dormir dans le van… » Mais sa voix mourut. Il referma la bouche d'un coup sec comme si son cerveau en cours de réveil enregistrait enfin peu à peu les quelques faits qu'on lui présentait.

« Un incident », répéta-t-il. Puis, se tournant vers sa femme : « On ferait mieux de s'habiller. »

Le sang de Tink se glaça dans ses veines et la pièce se mit à tanguer sous ses pieds. Un *incident*. Elle, elle savait qu'ils étaient partis sur le pont. Elle aurait dû moucharder.

« Ils vont bien ? s'informa Kathy, inquiète, mais plus pragmatique que sa sœur aînée. Est-ce que Tom va bien ?

— Je suis sincèrement désolé de ne pas avoir plus de réponses à vous fournir, répliqua l'officier de police. Tout ce que je peux vous dire, c'est que lui et ses deux cousines sont impliqués dans un incident de nature indéterminée sur le pont. »

Gene, qui s'était figé tout net, se retourna pour lui faire face. « Ses cousines ? demanda-t-il en avisant les mines coupables de ses filles.

— Julie et Robin, précisa Tink.

— S'agit-il d'un accident de voiture ? interrogea Gene.

— Pas d'accident de voiture, Mr. Cummins. Je ne suis pas sûr du tout de ce que recouvre cet incident, reprit le policier. Mais d'après mes informations, je crois que votre fils va bien, je n'ai simplement pas plus de détails. Il était avec deux de ses cousines, c'est tout ce que je sais. Je suis sûr qu'on vous donnera toutes les précisions nécessaires dès notre arrivée sur place. »

Gene confia à ses interlocuteurs qu'il connaissait bien le vieux pont et qu'il n'aurait pas besoin qu'on leur montre le chemin. En partant, les deux hommes soulevèrent leur casquette à l'intention de Grand-Père Art, qui les remercia avant de refermer la porte.

« Je viens avec vous, annonça doucement Tink en tournant les talons pour aller chercher ses chaussures.

— Non, dit très vite son père. Vous allez rester ici toutes les deux et vous préparer pour le voyage du retour pendant que je règle ça avec votre mère. Nous partons dans quelques heures, et dès qu'on rentrera ici avec Tom, je veux que vous soyez prêtes à prendre la route. »

Gene n'avait pas la moindre idée de la situation qui l'attendait à son arrivée sur le pont. Toutefois, il savait que la police ne frappait pas à votre porte avec de *bonnes* nouvelles à 5 heures du matin. Et donc, quel que soit l'événement qu'il allait devoir gérer là-bas, il préférait garder ses filles à distance respectable.

Tink tenta de discuter un peu, mais le ton de son père indiquait clairement qu'il n'était pas question de débattre de cette décision-là. Elle traversa la pièce pour se laisser choir avec un bruit sourd sur le grand canapé, puis croisa les bras sur sa poitrine d'un air renfrogné.

En quelques minutes, Gene et Kay étaient habillés et prêts à partir.

Grand-Père Art les attendait, debout près de la porte, déjà habillé lui aussi, chaussures et veste comprises.

« On y va, vous deux ? fit-il en commençant à tourner la poignée.

— Oh, tu n'as pas besoin de venir avec nous, P'pa, répondit Kay. On va s'en sortir tout seuls. On trouvera.

— Pas question, insista-t-il. Ces gamins ont des ennuis, et ils ont besoin de nous. Je peux vous être utile. Je connais le fleuve et ce pont comme ma poche. »

Le regard de Kay oscilla entre son mari et son père. Elle était très émue par le désir de son père de les aider. Il avait été malade l'année précédente, et récemment soigné pour un cancer du côlon ; elle s'inquiétait à son sujet. À vrai dire, ces vacances avaient essentiellement été centrées sur lui : une visite à son père en mauvaise santé. Terrifiée par ce qu'ils pourraient trouver en arrivant sur le pont, elle répugnait à l'exposer à un quelconque événement qui puisse lui causer un choc. Mais il était là, totalement oublieux de son propre bien-être, déterminé à être un roc pour elle et sa famille. Elle contempla ses deux filles, assises, pétrifiées, sur le canapé. Se rapprochant de son père, elle lui posa une main sur le coude et lui murmura à l'oreille.

« P'pa, je crois vraiment que les filles ont besoin que tu restes avec elles », déclara-t-elle.

Grand-Père Art leva les yeux vers ses deux petites-filles et acquiesça en silence.

« Si on a besoin de toi, je t'appellerai, ajouta Kay. Je te le promets. »

Après avoir acquiescé encore une fois, son père se retourna pour enlever sa veste. Kay l'embrassa sur la joue et le remercia tandis qu'il accueillait sa gratitude en marmonnant et lui faisait signe de partir. Elle ouvrit la porte d'entrée sur le jardin encore sombre et sortit. Gene lui emboîta le pas, mais pivota en atteignant la porte.

« Je suis sérieux, préparez-vous à partir, toutes les deux, lança-t-il à ses filles, avant d'ajouter plus gentiment : Je sais que vous êtes inquiètes. J'appellerai pour vous donner des détails dès que nous aurons compris ce qui se passe. » Après un dernier regard vers les visages maussades de ses deux ados, il sortit d'un pas déterminé rejoindre sa femme en fermant la porte derrière lui.

« Je n'arrive pas à croire qu'ils ne nous aient pas laissées venir », grommela Tink au moment où le battant se refermait avec un clic. Elle sentit que sa sœur hochait la tête à côté d'elle, sans pour autant fournir de réponse audible. En jetant un coup d'œil à Kathy – sa petite sœur, principale rivale, et défenseuse la plus acharnée –, elle constata que celle-ci avait les joues rouges, les paupières qui battaient et les lèvres tremblantes. Elle était terrifiée.

« Kathy ? dit Tink alors que les premières larmes commençaient à rouler sans bruit sur les joues de sa cadette. Ça va aller, promit-elle. Ils vont s'en sortir. »

À ce moment-là, pour la première fois de toutes leurs années de vie commune, Tink tendit le bras pour le passer autour des épaules de Kathy, qui se soulevaient déjà. Elle n'était pas habituée à être celle qui console ; elle n'était pas certaine d'en avoir la force. Mais, pour l'heure, elle n'avait manifestement pas beaucoup le choix. Kathy s'effondra dans ses bras, et les deux sœurs pleurèrent ensemble à gros sanglots.

***

Chez les Kerry, sur Petite Drive, Ginna se tenait devant la fenêtre du salon, scrutant la rue sombre au-dehors. Elle était inquiète, l'œil hagard. D'une main, elle soulevait machinalement les rideaux, et de l'autre, elle balançait ses clés de voiture. Elle était habillée de pied en cap, son sac à main pendu à son épaule. Physiquement, elle était immobile, mais son esprit battait fiévreusement la campagne. Il *fallait* qu'elle aille sur ce pont ; c'était tout ce que les policiers avaient pu lui dire. Ils avaient employé les mots « incident », « Julie et Robin », et « impliquées », sans être en mesure de répondre à ses questions. Elle avait tout de suite appelé quelqu'un pour lui demander de venir garder Jamie. Voyant que des phares se rapprochaient, puis s'éteignaient, Ginna ouvrit la porte d'entrée avant de se précipiter dehors dans l'air froid de cette heure d'avril qui précédait l'aube.

Peu après le retour de Tom sur le pont, les policiers l'avaient transféré de l'arrière de leur véhicule de patrouille à l'intérieur plus confortable d'une ambulance. Là, il enleva ses vêtements mouillés, qui furent vite récupérés par la police comme pièces à conviction, puis s'enveloppa dans l'un des volumineux blousons de course jaunes des pompiers, gardant la couverture sur les genoux. L'odeur universelle de feu de bois qui émanait de la veste lui rappelait son travail et la maison ; c'était réconfortant. Mais, en dépit de cette petite consolation, Tom était de plus en plus désespéré et abattu à chaque minute qui passait. Il y avait des heures qu'il avait regagné la terre ferme, et Julie ou Robin n'avaient toujours pas donné signe de vie.

Le pont fourmillait de personnes et d'activité. La brume suspendue dans les airs était teintée en rouge et bleu par les lumières des véhicules d'urgence qui avaient convergé sur les lieux. Des équipes de télévision cognaient à la porte arrière de l'ambulance où Tom était assis, se mordant les lèvres. Il aperçut les coiffures bouffantes et soignées, le rouge à lèvres et les tailleurs impeccablement ajustés des journalistes. Les hommes et les femmes en uniforme de policiers ou de pompiers, les policiers en civil, les secouristes, les photographes de scène de crime, et même les cameramen aux tenues débraillées paraissaient tous jouer un rôle important sur place, accomplir une tâche louable. Sauf que les journalistes avaient l'air gauche et malsain à la lumière du petit matin, et que leur présence le faisait frissonner. La seule image qu'ils obtiendraient pour leurs flashs d'information matinaux serait un gros plan de lui pris à une centaine de mètres au moment où l'un des secouristes avait ouvert la porte arrière de l'ambulance pour vérifier son état. Tom y était courbé, les coudes sur les genoux, sa tête aux cheveux sales entre les mains.

Lorsque Gene et Kay arrivèrent au Chain of Rocks Bridge quelque part entre 5 heures et demie et 6 heures, ils furent accueillis par une vingtaine d'officiers de police dans ce qui avait tous les attributs d'une authentique scène de crime. Gene n'était pas homme à paniquer facilement. Après tout, c'était un officier de marine, un vétéran de la guerre du Viêtnam, un pilote, un pompier, un secouriste, et le père de trois adolescents. Les champs de bataille ne lui étaient pas étrangers. Néanmoins, toutes les épreuves auxquelles il avait été confronté en quarante-six ans n'étaient rien en comparaison de cet horrible instant de sa vie. Une fois le gros van bleu garé, il étudia brièvement les lieux avant d'en sortir avec Kay pour s'approcher du policier le plus âgé en vue. Gene tendit la main au lieutenant et se présenta.

« Bonjour, je suis Gene Cummins, le père de Tom. Pouvez-vous me dire ce qui se passe, s'il vous plaît ? Où est mon fils ? »

Le policier leva le nez de son carnet à spirale pour serrer la main de Gene.

« Mr. Eugene Cummins ? demanda-t-il.

— Oui.

— De Gaithersburg, Maryland ?

— Oui. Pouvez-vous me dire ce qui se passe, s'il vous plaît ?

— Vous avez un fils nommé Thomas Patrick Cummins ?

— Oui. Il est ici ? Où est-il ?

— Il a dix-neuf ans ?

— Oui… »

Gene jeta un coup d'œil circulaire aux alentours pendant que l'homme parlait, ce qui ne lui ressemblait pas du tout. On lui avait toujours appris à se tenir droit et à regarder son interlocuteur dans les yeux. C'était grossier de scruter les lieux durant une conversation, et Gene avait toujours été un homme honorable, un homme aux manières impeccables. Pour l'heure, ses instincts parentaux l'emportaient toutefois sur son sens du décorum, alors qu'il évaluait ce qu'il voyait, toujours sans parvenir à apercevoir son fils.

« Vous êtes en vacances ici à St. Louis, cette semaine, monsieur ? En visite dans votre famille, d'après ce que je comprends ?

— Oui, c'est exact. Où est mon fils, s'il vous plaît ? »

Debout à côté de son mari, Kay contemplait en silence la scène qui était en train de se dérouler comme si elle était extérieure à son propre corps, telle une observatrice invisible. Elle ne pouvait pas intervenir. Elle se sentait à peine capable de suivre cette salve de questions sans réponses.

« Votre fils sera là dans une minute, monsieur. Avez-vous deux nièces nommées Julie et Robin ?

— Oui, elles sont là aussi ? Elles sont avec Tom ? » Gene continuait à poser ces questions logiques bien que, jusque-là, le policier ait paru réticent ou incapable de les entendre.

« Pouvez-vous me donner leurs noms complets et leurs âges, s'il vous plaît ? » poursuivit ce dernier.

Cette fois-ci, Gene ne répondit pas : il était silencieux, distrait, examinant avec une détermination croissante les environs à la recherche d'indices susceptibles de lui indiquer où se trouvait Tom. Kay le fit à sa place.

« Julie Ann Kerry et Robin Ann Kerry. Julie a vingt ans, et Robin dix-neuf. Je peux vous donner leurs dates de naissance exactes si vous le souhaitez, mais *où sont nos nièces* ? Où sont nos enfants ? exigea-t-elle de savoir.

— Votre fils va arriver dans une minute, Mrs. Cummins. Reconnaissez-vous cette voiture bleue de l'autre côté de la route ? » reprit-il en désignant avec son stylo-bille l'endroit où le petit Frelon de Julie était garé, abandonné dans l'aube humide et brumeuse. Kay tourna la tête pour regarder derrière elle dans la direction pointée par le stylo.

« Oui, répliqua-t-elle. C'est la voiture de ma nièce, la voiture de Julie. »

Sa langue lui semblait pâteuse, et sa confusion était

à son comble. Ils n'avaient obtenu aucune réponse depuis leur arrivée, seulement des questions de plus en plus étranges et terrifiantes. Son mari et elle scannaient désormais furieusement les lieux à la recherche de Tom et des filles. Mais il n'y avait toujours aucun signe d'eux. Perdant finalement ce qu'il lui restait de patience, Gene braqua de nouveau son regard sur le policier qui leur faisait face.

« *Où est mon fils ?* insista-t-il. *Tom est-il en vie ?*

— Oui, Mr. Cummins, votre fils est en vie », confirma l'homme en levant enfin les yeux de son bloc-notes.

Gene se remit à respirer, le cœur battant avec une vigueur renouvelée. « Tom est vivant. Au moins, on sait qu'il est vivant », murmura-t-il, pour lui-même ou pour Kay, dont les jointures et le visage prenaient rapidement une pâleur maladive.

« Où est-il ? poursuivit Gene du même ton insistant.

— En ce moment même, je crois qu'il est à l'arrière d'une ambulance, et qu'on le conduit sur une scène de crime à deux ou trois kilomètres en aval du fleuve. Il semblerait qu'il ait été témoin d'un incident.

— Quel genre d'incident ? Qu'est-ce qui se passe ici, *exactement* ? » insista encore Gene.

Le policier se racla la gorge en rangeant son stylo dans sa poche de poitrine. Il tourna quelques pages de son bloc-notes pour revenir en arrière, puis se racla de plus belle la gorge avant de commencer à lire. Les paroles sortirent de sa bouche à une vitesse affreuse, et Kay s'agrippa au bras de son mari pour ne pas perdre l'équilibre en les écoutant. Elle n'arrivait pas à se concentrer sur les mots : elle n'en retenait qu'un sur quatre ou cinq, et ceux-là lui parvenaient aux oreilles comme un tir de balles saccadé.

« Environ… arrivé au pont… abordé… quatre hommes… contraints… volés… battus… »

Aux mots « viol en réunion », la main de Kay vola vers sa bouche. Son estomac fit un bond et elle était sûre qu'elle allait vomir, mais rien ne vint. Il n'y avait rien d'autre que le flot continu et écœurant des paroles du policier devant eux, qui faisait son travail.

« Jeté… eau… Tom… rive…

— Tom a nagé jusqu'à la rive, l'interrompit Kay en se focalisant sur cette phrase. Tom a nagé jusqu'à la rive, Tom a nagé jusqu'à la rive. Et les filles ? Où sont Julie et Robin ? »

Le policier cessa sa lecture et referma son bloc-notes. Il prit une profonde inspiration, marqua une pause. « Nous les cherchons, madame, répondit-il. Pour l'instant, elles ne… euh… vos nièces n'ont pas été retrouvées.

— Oh, mon Dieu, dit Kay tout bas, les yeux soudain envahis de larmes silencieuses.

— Nous intensifierons nos recherches dès le lever du soleil et nous aurons sans doute davantage de chances de les localiser à ce moment-là », expliqua l'homme.

Maintenant qu'il voyait l'horreur sans partage dont étaient saisis ces gens, qu'il voyait leur angoisse se déployer devant lui, il paraissait désireux de dire quelque chose pour les réconforter.

« C'est juste qu'il faisait vraiment trop noir, poursuivit-il. Mais à la lumière du jour, nous aurons plus de chance, c'est sûr. »

Il n'était pas convaincant. Il ne croyait pas lui-même ce qu'il disait. L'espace d'un bref instant, Gene resta muet. Il devint livide et se tut, tandis que son cerveau interprétait le fait que, bien que Tom soit arrivé sur la rive quatre ou cinq *heures* plus tôt selon ce policier, Julie et Robin « n'avaient pas été retrouvées » pour l'instant. Alors, il comprit, et il eut l'impression de recevoir un coup de poing en pleine figure : ses deux nièces – les deux filles vives et magnifiques de sa sœur – étaient mortes.

***

Pour Gene et Kay, l'heure suivante s'écoula dans un tourbillon d'agitation frénétique et irréelle. L'un des policiers voulut voir le badge de pompier de Gene. Celui-ci ne comprenait pas comment cet inconnu savait seulement qu'il était pompier. S'était-il présenté comme tel ? Il ne s'en souvenait plus.

« Votre badge est-il identique à celui que portait votre fils, Mr. Cummins ? » s'informa le lieutenant.

Portait. Pourquoi tout était-il au passé ici ? Gene n'avait toujours pas posé les yeux sur Tom.

« Oui, il est très similaire à celui que porte Tom, répliqua Gene. À part que le sien n'indique pas AUMÔNIER. Sinon, en gros, ils sont pareils.

— Ça vous ennuie si j'y jette un coup d'œil ? » s'enquit le policier.

Gene extirpa son volumineux portefeuille de sa place habituelle dans la poche arrière de son jean et l'ouvrit d'une main, exposant son badge de pompier rutilant. Dans les rayons obliques du soleil matinal, on aurait dit une promesse. Le lieutenant appela sans tarder un photographe de scène de crime qui vint se poster tout près de Gene, et le flash de son énorme appareil photo lui explosa grossièrement à la figure. Il prit plusieurs clichés de différents angles de Gene debout, tenant son badge à bout de bras pour échapper au monstrueux flash. Gene était devenu un participant actif du processus de collecte des preuves.

Un autre policier s'approcha de Kay muni d'un sac en plastique contenant un trousseau de clés, comme s'il s'apprêtait à réaliser une sorte de tour de magie élaboré. Il lui demanda si elle pouvait les identifier. Il s'agissait des clés de la maison de ses parents sur Fair Acres Road, où sa famille et elle séjournaient.

« Comment les avez-vous eues ? questionna-t-elle timidement, certaine de ne pas aimer la réponse.

— Nous les avons trouvées sur le pont, près de l'endroit où les jeunes ont été forcés de le quitter, précisa-t-il.

— Forcés de le quitter », répéta Kay, incapable de trouver un sens à ces mots.

Lorsque Ginna arriva, peu après, Kay fut la première personne qu'elle repéra. Ginna se précipita vers sa belle-sœur et se mit à parler aussitôt. Elle avait des dizaines de questions à poser, et Kay se vit incapable de répondre à une seule d'entre elles.

« Je ne sais pas, je ne sais pas, je ne sais pas », s'entendit-elle marteler à Ginna.

Et elle souhaita de tout son cœur que ce soit vraiment le cas.

Quand l'ambulance arriva enfin sur les lieux en faisant crisser les graviers sous ses pneus épais, Gene et Kay filèrent jusqu'à sa porte arrière comme des flèches. Ils attendirent avec impatience, réprimant leur envie irrépressible de tourner les poignées métalliques de la portière à double battant, de l'ouvrir d'un grand coup et de s'engouffrer à l'intérieur. Ils n'eurent pas besoin de patienter longtemps. Quand elle s'entrouvrit, Gene et Kay levèrent les yeux vers le visage tourmenté de leur premier-né, leur fils, affalé sur un brancard. La seule vue de ses parents suffit à Tom pour être submergé d'émotion. Il se mit à sangloter sans retenue et se cacha le visage en tremblant. Aussitôt, Gene et Kay furent dans l'ambulance à côté de lui, l'enlaçant tendrement de chaque côté et tentant en vain de le consoler.

Tom eut besoin de plusieurs minutes pour exposer à ses parents les événements principaux de son épreuve. Il crispait et décrispait ses orteils boueux en parlant, et sa mère les fixait, ainsi que la terre incrustée dans ses oreilles. Elle avait envie de le ramener à la maison pour le laver comme à l'époque où il était tout bébé. Durant son récit, elle ne cessa pas de le serrer dans ses bras et de lui caresser les cheveux aux moments où il craquait et se remettait à sangloter sur son épaule. Gene et Kay étaient à peine capables de concevoir l'horreur de son cauchemar, ce que Julie et Robin avaient dû subir, ce dont Tom avait été témoin et à quoi il avait survécu. Celui-ci secoua la tête et regarda dans le vide en face de lui, presque en transe.

« Maman, dit-il pour conclure son histoire, ces quatre hommes devraient être exécutés pour leurs actes. » À présent, il parlait doucement, sans malveillance, d'une voix qui paraissait plus triste et effrayée qu'en colère. « Ils étaient tellement mauvais, c'était le mal *en personne*. Ils méritent de mourir. »

Les larmes commençaient à sécher sur sa peau sale, et Tom se tut après avoir relaté sommairement l'intégralité de l'histoire à ses parents. Tous restèrent quelques minutes assis en silence, tandis que Gene et Kay lui donnaient de petites tapes rassurantes. Le coup qui retentit à la porte de l'ambulance fit sursauter Tom. Gene tendit la main pour tourner la poignée.

Sa sœur Ginna se tenait de l'autre côté, hors d'haleine, figée dans unc sorte d'hébétude, se protégeant les yeux de la vive lumière du jour et scrutant impatiemment l'intérieur du véhicule. Elle se décomposa dès qu'elle vit que ses filles n'y étaient pas, mais s'efforça de ramener ses traits à un semblant de normalité.

« Je ne sais pas vraiment ce qui se passe, dit-elle d'une voix faible, choisissant chaque mot avec soin. On dirait que personne n'est capable de me fournir la moindre réponse. »

Son esprit ne l'autorisait pas encore à envisager le pire. Bien sûr, la police lui avait appris que Julie et Robin n'avaient pas encore été retrouvées, mais un espoir impossible s'était niché dans son cœur : ils s'étaient trompés, elle allait ouvrir la porte de cette ambulance et y découvrir ses filles assises à côté de Tom à boire du café pour se réchauffer.

« Ça vous ennuie si on discute quelques minutes, Tom et moi ? demanda-t-elle à Kay.

— Bien sûr que non », répondit sa belle-sœur en se glissant par-dessus les jambes de Tom. Elle l'embrassa au passage, lui saisit la main et le regarda brièvement dans les yeux pour lui exprimer par cet échange succinct, autant que possible, tout son amour maternel. Gene et elle descendirent de l'ambulance, et Ginna y grimpa pour prendre leur place. Une fois qu'elle fut assise à côté de son neveu, Gene referma les portes pour leur laisser un peu d'intimité. Kay et lui essayèrent de ne pas penser à ce que Tom allait être obligé d'avouer à Ginna maintenant : on avait fait du *mal* à ses filles, ses deux magnifiques filles, de la pire manière dont on puisse faire du mal à la fille de quiconque. Kay s'efforça d'ignorer les grimaces torturées de son aîné au moment où Gene referma la porte à double battant.

La veille au soir, Gene avait déjà rangé sa valise dans le van, ne gardant que sa trousse de rasage et les vêtements qu'il avait choisis pour le voyage du retour. Il s'en souvint, et lui et Kay retournèrent à leur véhicule prendre des affaires sèches pour Tom. Ils revinrent à l'ambulance avec un jean si grand qu'il faudrait du gros Scotch pour le maintenir en place, et une chemise boutonnée à carreaux qu'en temps normal Tom n'aurait même pas voulu porter pour dormir.

Ginna ressortait de l'ambulance quand ils arrivèrent. Son visage était blême, son regard vide. Elle ne pleurait pas. Ses traits étaient complètement dénués d'expression. Elle passa devant son frère et sa femme sans paraître les reconnaître, comme si son cerveau s'était miséricordieusement accordé une pause nécessaire.

Lorsque Kay l'appela, elle se retourna vers sa belle-sœur sans la voir. Au bout d'un moment, elle se remit à marcher vers sa voiture, déterminée à rentrer chez elle au plus vite pour rapporter des vêtements propres et secs à ses filles qui manquaient à l'appel.

Tom avait à peine enfilé les frusques sèches bien trop grandes et les chaussures de son père que deux policiers en civil s'approchèrent de l'ambulance et se présentèrent comme Gary Stittum et Raymond Ghrist, enquêteurs spécialisés dans les homicides. Ils demandèrent à Tom s'il voulait bien les accompagner sur le pont pour leur expliquer le déroulement des événements étape par étape. Tom s'empressa d'acquiescer.

« Je ferais absolument n'importe quoi pour vous aider, dit-il.

— Uniquement si je peux venir avec lui », intervint Gene.

Durant l'heure qui suivit, Tom arpenta le tablier du pont dans toute sa longueur, signalant les endroits importants et répétant son histoire. Les lieux étaient désormais constellés de repères encerclant ce que Tom voyait comme d'innombrables pièces à conviction : une étiquette de bouteille de bière, un peu de monnaie, un mégot de cigarette, un emballage de caramel mou, et, la plus accablante, un préservatif ouvert.

Les inspecteurs écoutaient avec attention, encourageant Tom à grand renfort de hochements de tête tout en prenant des notes dans leurs petits carnets à spirale. Gene jouait le rôle de l'observateur silencieux, sans quitter son fils d'une semelle pour autant. Les policiers étaient respectueux ; ils semblaient sympathiques et amicaux. Ils sous-entendirent fortement qu'ils n'acceptaient Gene sur la scène de crime que par courtoisie professionnelle, due au statut de pompier du père et du fils. D'un signe du menton, Gene indiqua qu'il appréciait ce geste.

Lorsque le groupe regagna la rive côté Missouri, tout le monde alla chercher du café dans la camionnette auxiliaire installée sur les lieux, avant de se diriger vers Kay, qui attendait impatiemment. Visiblement mécontente qu'ils ne l'aient pas emmenée et l'aient séparée de Tom, alors que celui-ci était encore si fragile et traumatisé, elle tendit les bras vers lui à leur approche.

« Tom, nous aimerions que tu viennes avec nous au poste faire une déposition, pour faciliter l'enquête en cours », annonça Stittum en prenant une gorgée de café fumant.

Tom approuva de la tête. Ses doigts encerclaient son gobelet en papier chaud. Il était déterminé à accomplir tout ce qui était en son pouvoir pour aider à coincer les monstres responsables de ces actes horribles.

Gene les interrompit.

« Je crois que nous allons le ramener à la maison d'abord. Laissez-le au moins se doucher et enfiler des vêtements à sa taille. Il en a sacrément bavé. »

Tom secoua la tête.

« Je veux rester les aider, Papa. Je veux être là où ils pensent que je serai le plus utile.

— On pourra te conduire là-bas ensuite, plaida Kay. Tu n'as pas envie de te reposer et de te débarbouiller un peu ? Tu seras plus à même d'apporter ton aide une fois retapé. »

Ce conciliabule familial fut abruptement abrégé par l'un des inspecteurs. « Mr. Cummins, Mrs. Cummins, déclara Ghrist, vous pouvez rentrer chez vous vous changer si vous le souhaitez. Faites ce que vous avez à faire. Par contre, il faut que votre fils vienne avec nous. »

Devant l'inquiétude qui à ces mots s'était peinte sur les traits des Cummins, Ghrist ajouta : « Nous voulons juste éviter d'altérer ses souvenirs en l'éloignant de la scène de crime pour le moment. S'il est exposé à un environnement familial normal, il se peut qu'il commence à occulter des détails importants. »

Kay examina longuement le visage de Tom, qui fit un signe de tête affirmatif.

« Je *veux* y aller et les aider », assura-t-il à ses parents.

Ils acquiescèrent à leur tour.

« Et donc, vous ne le placez pas en garde à vue ? demanda Gene, exigeant que les choses soient parfaitement claires avant d'accepter.

— Oh non, pas du tout, rien de ce genre, fut la réponse de l'inspecteur.

— Dans ce cas, je viendrai tout de suite après, dit

Gene. Je vais passer à la maison en vitesse te prendre des vêtements propres, et je te retrouve au poste. »

Tom opina, puis ses parents l'enlacèrent un instant avant de se diriger vers le van.

Sur Fair Acres Road, les sœurs Cummins faisaient de leur mieux pour obéir aux ordres paternels, quoique à contrecœur. Lorsque le téléphone sonna vers 7 heures, elles abandonnèrent toutes les deux leurs occupations pour se précipiter dans la cuisine. Grand-Mère Polly, qui avait déjà décroché, lâchait des « oui, oui » réguliers pendant que ses petites-filles restaient plantées là, visages anxieux tournés vers elle. Au terme d'une courte conversation, elle raccrocha doucement sans avoir dit formellement au revoir.

« Bon, vos parents sont sur le chemin du retour, annonça-t-elle, la main encore posée sur le téléphone.

— Et Tom, alors ? réclama très vite Kathy.

— Il doit aller au commissariat central. Ils ont besoin de prendre sa déposition.

— Quel genre de déposition ? interrompit Tink. Et Julie et Robin ? »

Grand-Mère Polly leva vers elles ses grands yeux humides et se mordit la lèvre inférieure.

« Eh bien, c'est là-dessus que porte la déposition. Ils ne savent pas où se trouvent Julie et Robin en ce moment. Tom va aider la police à les retrouver », expliqua-t-elle.

Tink s'agrippa au plan de travail pour ne pas perdre l'équilibre tandis que sa grand-mère lui frottait les épaules tout en entourant Kathy de son bras libre. Ce n'était pas possible. Il y avait quelque chose qui n'allait vraiment, vraiment pas du tout. Comment les filles pouvaient-elles avoir *disparu* ? Elles venaient juste de dîner avec Julie et Robin quelques heures plus tôt. À la table de jeu, Tink, assise à côté de Julie, avait pu admirer les muscles bien développés des mollets de joueuse de football de sa cousine.

« Mais elle était encore là il y a si peu de temps ! Elles étaient encore là, marmonna Tink en ouvrant les mains pour désigner l'espace vide devant elle. Comment peuvent-elles avoir disparu ? »

Le caractère immédiat d'un souvenir tactile comme celui-là – la jambe de Julie à côté de la sienne sous la table – l'empêchait d'accepter le terme « disparues ». Il y avait à peine quelques heures qu'elle avait enlacé sa cousine Robin pour lui dire au revoir. Elles avaient toutes les deux versé quelques larmes sarcastiques, et la tresse de Robin lui avait effleuré le cou pendant qu'elles restaient accrochées l'une à l'autre en riant. L'angoisse envahit la cuisine ensoleillée telle une ombre. Les choses allaient être bien pires qu'aucune d'entre elles ne l'avait initialement imaginé.

« Allons, ne vous inquiétez pas, leur conseilla Grand-Mère Polly. Je suis sûre que tout va s'arranger. Pourquoi n'allez-vous pas prendre votre douche ? Et moi, je vais préparer le petit déjeuner. Je suis sûre que votre mère et votre père vous expliqueront un peu mieux la situation à leur retour. » Elle donna une tape affectueuse à chacune de ses petites-filles, puis hocha tristement la tête.

« J'y vais la première », dit doucement Tink à sa sœur.

Kathy était toujours silencieuse, étudiant le plan de travail en Formica comme si elle pouvait y trouver des réponses, comme si c'était une boule de cristal. Tink descendit à pas lourds l'escalier du sous-sol, ouvrit la porte de la grande salle de bains réaménagée et y pénétra. Elle tira la cordelette pendue au mur pour allumer l'ampoule électrique au-dessus du reflet de son visage malheureux dans le miroir propre. Cette pièce était si grande que Tink pensait qu'il devait s'agir d'une ancienne chambre d'amis transformée en salle de bains, et que, dans une vie antérieure, la douche avait été un dressing.

Frissonnante, elle frotta sa peau hérissée de chair de poule tout en se déshabillant à la lueur orangée de l'ampoule nue. Elle laissa ses vêtements froissés en tas près du lavabo avant de se tourner vers la douche. Là, l'odeur humide du sous-sol moisi imprégnait tout, supplantant même le parfum de baies épicées de son shampoing et de son après-shampoing. Tink écouta le son de l'eau qui dégoulinait sur son corps, éclaboussant le sol sous ses pieds glacés et gargouillant à mesure qu'elle s'écoulait bruyamment dans le siphon au-dessous d'elle. Elle tomba à genoux sur le revêtement en pierre mouillé et baissa la tête sous le flot d'eau tiède, se berçant en sanglotant sur le sort de ses cousines disparues.

À leur arrivée à la maison de Fair Acres Road vers 7 heures et demie, Gene et Kay Cummins furent accueillis par une avalanche de questions inquiètes. Ils répondirent aux interrogations de leurs filles par un silence hébété et solennel. Tink et Kathy le remarquèrent toutes les deux, arrêtant simultanément leur interrogatoire avec le désir inconscient de repousser les inévitables révélations à venir. L'information qu'elles avaient attendue avec une telle impatience durant tout le début de la matinée leur paraissait soudain moins attrayante. L'expression de leurs parents leur indiquait que ces révélations n'allaient pas calmer leurs craintes, mais plutôt les confirmer.

Gene, anormalement taciturne, s'attela avec détermination aux tâches qu'il s'était fixées. Il avait comme objectif de prendre des vêtements propres pour Tom et de se rendre au commissariat central dès que possible. Le fumet des œufs brouillés que préparait sa belle-mère sur la cuisinière filtrait jusqu'aux pièces de l'étage supérieur. Il atteignit Gene dans le salon de télévision, où il était courbé sur le sac marin de son fils dans lequel il fourrageait à la recherche d'une tenue complète.

« Pourquoi ne mangerais-tu pas des œufs brouillés avant de filer, mon chou ? lui proposa sa belle-mère quelques minutes plus tard avec un gentil sourire, sa spatule suspendue au-dessus de la poêle de mixture jaune et visqueuse. Tu vas avoir besoin de prendre des forces.

— Juste du café », grommela Gene, pénétrant en trombe dans la cuisine et ouvrant un placard pour attraper un mug de taille respectable.

Polly baissa les yeux vers la poêle et remua les œufs en silence. Quant à Gene, il avala son café en quelques gorgées précipitées, tourna les talons, puis se dirigea vers la porte d'entrée.

Il passa devant ses filles, assises en silence sur le canapé, fixant la télévision d'un œil vide. Leur frère était là, sur l'écran, une image prise quelques heures plus tôt avant qu'il n'ait revêtu les frusques trop grandes de Gene. Dans ce flash info, il portait encore le blouson jaune vif des pompiers. Ses cheveux hirsutes se dressaient en tous sens, et il fusillait la caméra du regard, détournant la tête, visiblement dégoûté de cette intrusion. Le journaliste disait quelque chose à propos de deux filles disparues, et une image fugitive de Ginna surgit : elle avait l'air terriblement accablé et se tordait les mains.

Gene se pencha pour embrasser la tête de ses filles avant de se dépêcher de sortir. Ensuite, Kay referma la porte et alla s'asseoir avec elles afin de répondre aux questions qu'elles n'avaient plus envie de poser.

Toujours absorbée dans la préparation des œufs, Grand-Mère Polly jeta un coup d'œil inquiet à Grand-Père Art, installé à la table de la cuisine avec son journal du matin. Pour le bien de tout le monde, il cherchait à préserver un semblant de normalité. Après plus de cinquante ans de mariage, elle savait que lui aussi avait peur, mais qu'il maintiendrait une sérénité de façade, continuant à lire et à déambuler d'un pas traînant dans la maison dans l'espoir que son calme finirait par déteindre sur les autres.

La vapeur dégagée par les œufs montait jusqu'au visage de Grand-Mère Polly, qui entendait la voix étouffée de sa fille murmurer à l'adresse de Tink et Kathy dans la pièce voisine. Peu après, d'horribles manifestations de douleur jaillirent des deux adolescentes, et la voix de leur mère persista, douce et basse, tentant de les réconforter. Leurs cris s'amplifièrent, devenant plus terribles durant quelques minutes, puis le silence s'installa peu à peu. Il y eut un léger bruit de pas dans le couloir moquetté alors que Tink passait en courant devant la cuisine pour aller vomir dans la salle de bains.

La nouvelle d'un viol en réunion était affreusement difficile à absorber pour deux filles de quatorze et seize ans.

7

Le Dr. Richard Ofshe, professeur à l'université de Californie à Berkeley et lauréat du prix Pulitzer, est l'un des experts américains les plus en vue en matière de psychologie sociale. Ses domaines de recherche privilégiés incluent le contrôle social coercitif dans les interrogatoires de police. Il a été accrédité en tant qu'expert dans ce domaine au cours de plus de vingt-cinq procès au civil et au pénal. En 1992, à l'occasion d'un article intitulé « La persuasion coercitive et le changement d'attitude » paru dans *The Encyclopedia of Psychology*, il écrit :

Les programmes de persuasion coercitive apparaissent sous des formes variées dans la société contemporaine. Ils dépendent de la participation volontaire initiale des cibles. On y parvient généralement parce que la cible suppose l'existence d'un objectif commun qui la rapproche de l'organisation, ou que son implication lui apportera un certain bénéfice.

Le matin du 5 avril 1991, un jeune homme effacé tel que Tom Cummins était aussi parfaitement à sa place dans la catégorie définie comme « cible » par Ofshe qu'à l'arrière de la voiture de patrouille banalisée. Tom supposait sans nul doute que ses buts – retrouver Julie et Robin, appréhender leurs agresseurs – concordaient avec ceux des inspecteurs Stittum et Ghrist.

De leur côté, les deux hommes faisaient de leur mieux pour encourager ces sentiments. Ils ne cessaient de lui répéter que son aide était inestimable. Grâce à sa participation, ils arriveraient tous les trois – les deux policiers et le courageux jeune pompier – à retrouver Julie et Robin. Tout ce que la ville de St. Louis comptait d'uniformes était avec eux. Ils s'uniraient en un effort confraternel entre départements : la police menant les interrogatoires et l'enquête, les pompiers dirigeant les recherches sur le terrain. C'était formidable que Tom soit pompier, insistaient Stittum et Ghrist. Son expérience concrète des situations traumatisantes n'était pas répandue au sein du public, et ils étaient sûrs qu'elle serait un atout inestimable pour l'enquête.

Le jeune homme se sentit donc un tout petit peu mieux en bavardant avec les deux inspecteurs. Ils étaient coincés dans les bouchons de l'heure de pointe sur le chemin du commissariat central, et Tom avait hâte d'avancer, d'arriver en ville. Il commençait à croire qu'il avait peut-être vraiment quelque chose à offrir, qu'il n'était peut-être pas *complètement* inutile et impuissant. Et peut-être qu'alors, s'il se montrait courageux, infatigable et perspicace, s'il faisait tout ce qu'il fallait et tout ce qu'on lui demandait, peut-être qu'alors ils retrouveraient Julie et Robin. N'y avait-il pas une île ou deux sur cette portion du Mississippi ? Sinon, n'était-il pas possible que les filles soient agrippées à des débris quelque part au bord du fleuve à l'heure qu'il était, incapables d'escalader la berge escarpée et glissante comme lui ? Pour la première fois depuis des heures, son épuisement et son angoisse étaient supplantés par un minuscule frémissement d'espoir.

L'inspecteur assis sur le siège du passager s'était retourné vers Tom au cours de la conversation, et celui qui conduisait l'observait sans cesse dans son rétroviseur. Ils l'interrogèrent sur ses vacances de la semaine précédente, les moments qu'il avait passés avec Julie, son milieu familial. Tom leur expliqua que son père avait appartenu à la Marine, qu'ils avaient beaucoup déménagé, et que Julie et lui n'étaient devenus des amis proches que depuis un an environ. Ils l'encouragèrent à parler d'elle, ce qu'il fit sans réserve, avec la franchise que Julie l'avait aidé à cultiver en lui-même. Et, en accord avec sa nouvelle humeur optimiste, il parla d'elle avec la légèreté du temps présent.

Une fois qu'il n'eut plus rien à dire, ses deux interlocuteurs le lancèrent sur le sujet de son travail d'apprenti pompier. Ils voulurent savoir dans quelle sorte de caserne il travaillait et quelle était l'ambiance dans son équipe. Ils lui posèrent des questions sur la police de Washington. Collaborait-elle plus ou moins étroitement avec les pompiers ? Comptait-il des amis parmi les policiers ?

« On va faire le maximum pour retrouver tes cousines et coincer ces salauds, assura Stittum à Tom, profitant d'un blanc dans la conversation. On est vraiment atterrés par tout ça. Sans compter que tu es presque l'un des nôtres. » Il accompagna ce commentaire d'un hochement de tête avant de se retourner vers le pare-brise.

À travers la vitre, Tom contempla les passagers des autres véhicules arrêtés à côté d'eux, et se recroquevilla sur son siège, mal à l'aise, relevant soigneusement le col de la chemise en flanelle de son père contre son cou. Le langage du Midwest ne lui était pas totalement inconnu, mais il était souvent désarçonné par la bizarrerie d'une tournure ou d'une prononciation. La manière dont l'inspecteur avait dit « presque l'un des nôtres » résonnait étrangement dans sa tête, et le vinyle de la banquette couinait au rythme des mouvements de son postérieur flottant dans son jean trop grand.

L'inspecteur assis côté passager concentrait à présent son attention sur la radio, qu'il avait allumée en sautant volontairement les chaînes d'information, à la recherche de musique. Comme il n'y avait pas grand-chose à part les habituelles émissions des heures de pointe, vite lassé, il ne tarda pas à l'éteindre.

Le regard de Tom s'arrêta sur sa main posée sur ses genoux, et il nota que son index droit était coincé dans le revers de sa manche gauche, dont il frottait la flanelle avec insistance. C'était une habitude qu'il avait adoptée depuis sa petite enfance pour se rassurer. Sa mère le taquinait souvent à ce sujet. Elle appelait ce geste « frotti-frotter ». « Si tu continues à frotti-frotter cette taie d'oreiller, il n'en restera plus rien », plaisantait-elle dès qu'elle le prenait en flagrant délit. Mais cette habitude était devenue si enracinée en lui qu'en général il ne s'en apercevait même pas. Gêné de s'être surpris à frotti-frotter le revers de sa manche, il s'arrêta aussitôt, ôtant brusquement sa main de là pour la porter à son visage. Néanmoins, il finit par remettre exprès son doigt sur le tissu doux et recommença à frotter dans l'espoir de bloquer les larmes qui lui étaient inexplicablement montées aux yeux.

Pendant que leur frère était assis à l'arrière de la voiture de patrouille qui l'emmenait au commissariat central, Tink et Kathy Cummins revenaient d'une promenade pour sortir leur chien dans le quartier de leurs grands-parents. Tink avait enroulé le bandana rouge, offert par Julie la veille au soir, autour de son poignet droit, et la laisse de Blarney autour du gauche. Elle ignorait pourquoi elle portait le foulard ainsi. D'habitude, elle mettait les bandanas dans ses cheveux. Mais celui-ci sentait comme Julie, et elle avait envie de préserver cette odeur. Lorsqu'elles rentrèrent, le téléphone était en train de sonner et, comme à l'accoutumée, ce fut Grand-Mère Polly qui répondit. Kathy était affalée sur le canapé bleu, sur le point de retirer ses chaussures d'un coup sec, quand Grand-Mère Polly apparut dans l'embrasure de la porte de la cuisine.

« Les filles, leur lança-t-elle, Jamie est en ligne. Laquelle de vous deux veut la prendre ? »

Kathy haussa les épaules en désignant sa sœur d'un signe de tête.

« J'y vais », déclara Tink avant de se baisser pour détacher la laisse de Blarney.

Jamie passait une sacrément mauvaise matinée. Elle voulait savoir si Kathy et Tink pouvaient venir lui tenir compagnie.

« On sera là dans dix minutes », promit Tink d'une voix pleine d'une autorité plutôt nouvelle pour elle.

Kathy transmit l'information à leur mère à travers la porte du sous-sol. Enveloppée dans une serviette bien serrée sous les aisselles, Kay ouvrit la porte, puis remonta sans tarder les marches à la suite de sa benjamine jusqu'à la cuisine dorénavant ensoleillée.

« On n'a même pas de voiture ici, les enfants, dit-elle à ses filles, toutes les deux visiblement déterminées à rejoindre Jamie sur-le-champ. Et on a un million de coups de fil à passer aux oncles et tantes, avant qu'ils ne découvrent tout ça aux infos...

— Il y a un téléphone chez Tante Ginna », objecta Kathy d'un ton détaché. Elle avait déjà remis ses chaussures.

« Et, bien sûr, vous pouvez prendre ma voiture », renchérit Grand-Père Art.

Kay referma la bouche et leva les yeux au plafond, considérant ses options. Elle passa une main dans ses cheveux trempés, secouant sur le sol carrelé de la cuisine maternelle les lourdes gouttes d'eau dont étaient imbibées ses boucles noires.

« Oui, d'accord, décida-t-elle. Ça vous fera probablement du bien à toutes les deux et à Jamie d'être ensemble en ce moment. Mais laissez-moi au moins m'habiller d'abord. Je ne peux pas y aller dans cet état. » Et en un rien de temps, elles furent en route.

Lorsque la composante féminine de la famille Cummins arrêta le véhicule devant l'allée de Ginna, Petite Drive était si calme qu'on l'aurait presque crue abandonnée. Il était près de 8 heures du matin, et la plupart de ses résidents étaient partis au travail ou à l'école pour la journée. Tink et Kathy sortirent de la voiture avant même que Kay ait enclenché la position « Parking », et, après avoir frappé discrètement à la porte, elles la poussèrent et pénétrèrent à l'intérieur. Jamie était assise en tailleur devant l'imposante télévision du salon. Elle serrait la télécommande de la console Nintendo dans ses mains, les yeux rivés sur l'écran.

« Salut, dit-elle à ses cousines sans les regarder.

— Salut toi-même », répliquèrent les deux autres à l'unisson. Kathy laissa la porte entrouverte pour leur mère, puis s'assit par terre à côté de Jamie tandis que

Tink se laissait tomber sur le confortable canapé bas derrière elles.

En arrivant au commissariat central, Stittum, Ghrist et Tom empruntèrent côte à côte le long couloir en linoléum, et l'un d'entre eux appuya sur le bouton 4 du vieil ascenseur déglingué. Une fois à l'étage dans le bureau de l'équipe des homicides, les deux inspecteurs proposèrent à Tom un autre café, qu'il accepta volontiers.

Au bout de quelques minutes, Gene les rejoignit, et on indiqua à Tom les toilettes, où il se changea rapidement, enfilant les vêtements propres apportés par son père avant de s'asperger le visage d'eau. Ses yeux commençaient à lui brûler à cause du manque de sommeil, l'eau du fleuve et le café qu'il avait ingurgités lui donnaient l'impression d'avoir la langue en carton. Il regretta de ne pas avoir demandé à son père de lui apporter une brosse à dents. Sans même prendre la peine de vérifier son reflet dans le miroir, il ouvrit la porte d'un grand coup, ses nouveaux vêtements soigneusement boutonnés et zippés, pour aller rejoindre les autres. Ces derniers étaient en grande conversation devant un bureau en désordre au moment où il s'engouffra dans la pièce. Sa tenue de rechange semblait avoir conféré à Tom une énergie et une détermination accrues.

« Allons-y », dit-il.

Gene n'aurait pas l'autorisation de rester dans la salle d'interrogatoire au cours de l'entretien, mais les inspecteurs le laissèrent passer brièvement les lieux en revue pour s'assurer qu'il n'y avait rien d'anormal. Ils soulignèrent de nouveau qu'en général ils ne faisaient pas ce genre de faveur aux membres de la famille d'un témoin ; c'était uniquement à cause du statut de pompier de Gene qu'ils le lui avaient proposé. L'un des deux conseilla à Tom de se mettre à l'aise avant de lui annoncer qu'ils reviendraient bientôt procéder à l'entretien. Sur ce, ils le laissèrent seul.

Dès que la porte se fut refermée avec un clic, Tom s'effondra sur la chaise en métal dur devant la table vide de la pièce, et laissa son trop-plein de larmes accumulées couler sans bruit. C'était son premier instant de solitude et de repos depuis qu'il s'était accroupi, haletant de terreur, sous le panneau Stop devant l'usine de traitement des eaux de St. Louis, quelques sombres heures plus tôt. Il étendit ses bras sur la table et les examina. Tink avait écrit son prénom en majuscules bleues sur son avant-bras la veille au soir, pendant leur partie de poker, et il était toujours là. Tom était surpris que l'eau ne l'ait pas effacé, et la vue de l'encre sur sa peau le stupéfia. Sa lèvre inférieure se mit à trembler au moment où il touchait les lettres TINK sur son bras. Avec une soudaineté qui lui donna presque le tournis, il se rendit compte à quel point sa vie opérait une mutation dramatique autour de lui. Quelques heures à peine s'étaient écoulées depuis cette soirée en compagnie de ses sœurs et de ses cousines, où ils avaient joué à divers jeux en se titillant mutuellement. Et maintenant, il devait lutter pour repousser les images de ce que Julie et Robin avaient enduré sur ce pont. Il devait évacuer le fait qu'elles étaient toujours portées disparues, qu'elles n'avaient peut-être pas survécu à leur calvaire. Il posa sa tête sur la table en repoussant ces idées. En l'espace d'une poignée de secondes, il fut endormi, le visage calé au creux du berceau de ses coudes, les chevilles légèrement croisées sous la table.

Quand Stittum et Ghrist revinrent dans la pièce, quarante-cinq minutes à une heure plus tard, Tom se réveilla en sursaut. Il releva la tête d'un coup sec, désorienté. Les marques de détresse ne tardèrent pas à réapparaître lorsqu'il se souvint de l'endroit où il se trouvait et de la raison de sa présence. Par bonheur, son sommeil avait été profond et sans rêves – le sommeil de ceux qui sont authentiquement épuisés physiquement comme émotionnellement.

Les inspecteurs s'installèrent face à Tom, et l'un d'eux posa un petit magnétophone à cassettes portatif sur la table qui les séparait de lui. Tom le considéra d'un air suspicieux, sans trop savoir pourquoi cet objet le mettait mal à l'aise. Il secoua la tête pour tenter de réveiller son cerveau encore embrumé de sommeil. Il détendit ses bras contractés d'avoir soutenu sa tête et leva les mains pour se les passer sur la figure et dans les cheveux. Après deux ou trois bâillements et quelques étirements, Tom se réveillait peu à peu, mais il était encore silencieux, interrogeant les inspecteurs du regard sur la marche à suivre. Il était à l'aise avec ces flics. Il avait le sentiment que c'étaient des mecs bien, des mecs intelligents, et clairement la seule voie offrant une possibilité de retrouver ses cousines.

« Tu as besoin de quelque chose avant qu'on démarre ? demanda l'un d'eux à Tom. Un peu plus de café, une autre visite au petit coin ?

— Non, ça va, dit Tom en prenant une profonde inspiration.

— D'accord. Bon, il n'y a pas de quoi être nerveux, expliqua l'inspecteur. Cette procédure est absolument et cent pour cent standard. On l'utilise dès que possible avec tous les témoins potentiels d'homicides. Ce sera une aide importante à notre enquête, alors réponds simplement aux questions aussi précisément que tes souvenirs te le permettent, et avertis-moi juste dès que tu te sens mal à l'aise ou que tu as besoin d'une pause. »

Tom acquiesça en ignorant de son mieux le mot « homicide ».

« Maintenant, dès qu'on va lancer la cassette, je vais être obligé de te lire tes droits, poursuivit l'inspecteur. Il ne faut pas que tu te laisses intimider. Ça ne veut pas dire que tu es en garde à vue, ça ne veut pas dire que tu es suspect, ça ne veut pas dire que nous t'arrêtons. C'est simplement la loi, pour protéger tous ceux qui font une déposition enregistrée. Encore une fois, cent pour cent standard, tout comme le fait que je sois obligé de te dire tout ça. Je suis sûr que tu connais déjà la procédure. Je veux juste te rassurer. Je sais que tu as passé une nuit affreuse. »

Tom acquiesça de plus belle et se sentit un peu bête de hocher si souvent la tête.

« Bon, on y va », approuva-t-il.

Le compte rendu de la cassette débute ainsi :

Q : Nous sommes le 5 avril 1991, je suis l'inspecteur Raymond Ghrist, G-H-R-I-S-T. Je suis assis en compagnie de l'inspecteur Gary Stittum, S-T-I-T-T-U-M, dans la salle d'interrogatoire numéro deux de la brigade des homicides, et en face de moi se trouve Thomas Cummins ; pour les besoins de cet enregistrement, il est 9 h 02, et maintenant, Thomas, nous en avons parlé avant de commencer, je vais te lire tes droits comme prévu.

R : Oui, monsieur.

Q : D'accord. Je te rappelle que tu as le droit de garder le silence, que tout ce que tu nous diras peut être et sera utilisé dans un tribunal. Est-ce que tu comprends ?

R : Oui, monsieur.

Q : D'accord. Tu as droit à un avocat, est-ce que tu comprends ?

R : Oui, monsieur.

Q : Si tu n'as pas les moyens d'engager un avocat, on en désignera un pour toi. Est-ce que tu comprends ?

R : Oui, monsieur.

Q : Tu comprends qu'on désignera un avocat pour te défendre sans que tu aies rien à payer ?

R : Oui, monsieur.

Q : D'accord. Si tu consens à nous parler aujourd'hui, à l'inspecteur Stittum et à moi ici présents, en l'absence de toute autre personne, tu peux arrêter de répondre aux questions à tout moment. Tu comprends ?

R : Oui, monsieur.

Q : Et à tout moment durant cette conversation, si tu as l'impression que tu as besoin d'un avocat, tu peux en demander un. Tu comprends ?

R : Oui, monsieur.

Q : D'accord. Es-tu prêt à nous faire une déposition concernant un incident survenu lors de la soirée du 4 avril jusqu'au petit matin du 5 avril ?

R : Oui, monsieur.

Tom trouvait déconcertant d'entendre ces mots qu'il avait entendus de si nombreuses fois, à la télévision, au cinéma, ou même au travail. Ils étaient prononcés d'un ton si différent des occasions précédentes, un ton calme, amical et obligeant. Cependant, les mots en eux-mêmes étaient alarmants. Il respira un grand coup et reprit son histoire depuis le début.

Les inspecteurs l'interrompaient de temps en temps

en lui demandant de plus amples explications ou des clarifications sur certains points, mais en gros c'était la voix de Tom qui dominait largement sur la cassette audio, la voix lasse et malheureuse de Tom, racontant les événements de la soirée dans toute leur horreur devant ces étrangers qui l'encourageaient en hochant la tête de l'autre côté de la table. Il commença par leur parler de Julie, par essayer de leur montrer à quel point leur amitié était puissante, atypique et précieuse. Tom la définit comme « un lien vraiment très fort entre nous ». Cette description occasionna un échange de haussements de sourcils chez les inspecteurs, mais Tom ne le remarqua pas. La question suivante de Ghrist le surprit.

Q : Mais tu n'as jamais eu de rapports physiques intimes avec elle ?
R : Non, monsieur.

Tom avait répondu catégoriquement, un peu perturbé par la formulation.

Q : Tu n'as jamais eu de rapports sexuels avec elle à aucun moment ?
R : Non. Absolument pas.

Tom avait beau être légèrement contrarié, voire dégoûté, par cette suggestion, il passa outre. Les inspecteurs l'avaient prévenu avant l'entretien qu'ils seraient peut-être obligés de lui poser des questions inconfortables. Ils lui avaient assuré que c'était uniquement pour écarter toutes les éventualités. Après tout, cette déposition allait servir de base au dossier de police officiel de l'affaire. De plus, songea-t-il, ces gars-là étaient des professionnels, ils savaient ce qu'ils faisaient. Après mûre réflexion, il supposa que l'inspecteur Ghrist avait *déjà* rencontré des cousins germains qui avaient eu des rapports sexuels. C'était sans doute pour cette raison qu'il avait posé la question. N'empêche. Beurk.

Tom continua sa déposition avec autant de circonspection et de précision que possible, dans un état d'épuisement de plus en plus marqué. Il se creusa méticuleusement les méninges pour relater le moindre détail dont il parvenait à se souvenir, frissonnant en rapportant les plus écœurants, mais poursuivant malgré tout.

À l'extérieur de la salle des homicides, dans un bureau voisin, Gene Cummins s'installait pour attendre son fils. Il se sentait encore un peu perdu, mais comme les policiers étaient des plus courtois, il estimait qu'en dépit de l'horreur de la situation, au moins, on s'occupait bien de lui. Ils l'avaient placé derrière le bureau vide de quelqu'un et lui avaient proposé de se servir du téléphone. Tout en buvant sa quatrième tasse de café de la matinée, il se torturait les méninges pour décider s'il devait ou non prévenir ses parents en Floride ou attendre d'avoir des informations plus définitives avant de les inquiéter. Après tout, il était l'aîné, raison pour laquelle il avait insisté pour appeler lui-même. Il entretenait une relation très spéciale avec son père, et si Gene Senior devait réellement apprendre une nouvelle terrible au sujet de ses petits-enfants, Gene Junior pensait qu'il était normal que ce soit de la bouche de son premier-né. Toute la famille avait approuvé sans réserve : personne ne voulait s'en charger. Tandis qu'il restait assis en pesant le pour et le contre, un policier nota au passage qu'il devait être masochiste.

« Le café du commissariat central est infect. Autant boire le contenu d'un bac de goudron, plaisanta-t-il.

— Pas du tout, rétorqua Gene du tac au tac. Si vous êtes amateur de goudron, essayez donc un jour le café de la Marine. »

Gene sourit tout seul en continuant à siroter le breuvage qui refroidissait. Il se remémorait un sketch qu'il faisait aux enfants petits. Ils étaient assis autour de la table du petit déjeuner, penchés sur leurs bols de céréales, leurs sacs à dos négligemment jetés par terre à côté de leurs chaises, et lui faisait irruption dans la pièce en traînant les pieds. Il portait encore ses lunettes, à peine sorti du lit, en T-shirt et caleçon, et ses trois enfants l'entendaient arriver. Tous posaient leur cuiller, attendant avec impatience l'arrivée cocasse de leur père dans la cuisine. Les paupières closes, il avançait à pas lourds vers le coin du plan de travail où sa cafetière programmable réchauffait son café. Il tendait la main vers son mug habituel, posé à l'endroit habituel, puis versait le liquide dedans, les paupières toujours hermétiquement closes. Ensuite, seulement après avoir avalé à grand bruit sa première gorgée de café noir non sucré, il secouait avec vigueur la tête et ouvrait les yeux d'un seul coup comme si c'était le café qui l'avait réveillé. La première fois, c'était à deux doigts d'être vrai, mais les petits avaient hurlé de rire. Il appréciait tant leur hilarité que sa pénible quête de café matinal était devenue un rituel chez les Cummins. Rituel qui s'était espacé ces dernières années. Ils grandissaient si vite !

Mais, en ramenant ses pensées vers le présent, il fut submergé de chagrin pour Ginna et secoua la tête, incapable d'imaginer ce qu'elle pouvait bien ressentir. Après avoir posé son mug sur le bureau devant lui, il joignit les mains et courba un instant l'échine, remerciant Dieu d'avoir préservé sa famille et priant pour que Julie et Robin reviennent saines et sauves.

Dans la pièce voisine, Tom, plutôt confiant, trouvait que l'entretien se passait bien. Dès qu'il avait surmonté le choc passager des questions sur ses éventuelles relations sexuelles avec Julie, il avait trouvé son rythme de croisière et répondu très sérieusement à toutes les demandes des inspecteurs. D'ailleurs, il était étonné et quelque peu impressionné par l'acuité de sa mémoire, étant donné qu'il n'avait quasiment pas dormi depuis vingt-quatre heures maintenant.

Et pourtant, il avait beau se concentrer, il n'arrivait pas à fournir le moindre nom. Il savait qu'ils avaient été échangés durant la conversation initiale avec les quatre hommes, mais à ce moment-là, Tom ne leur avait pas accordé la moindre importance : ils étaient entrés par une oreille et ressortis par l'autre.

En revanche, il se souvenait que le plus grand de leurs agresseurs leur avait dit venir de Wentzville. Tom était particulièrement content de s'être rappelé ce détail. Il avait retenu le nom de cette ville pour une seule raison, expliqua-t-il aux inspecteurs : sa tante Lisa et sa famille y habitaient. Ils étaient allés lui rendre visite pour déjeuner la veille. D'après Tom, Wentzville était une petite bourgade, et cette information devait être extrêmement importante. Quel coup de chance que ce nom l'ait marqué ! se disait-il.

Les relations de Tom avec Ghrist et Stittum restèrent aimables et professionnelles tout au long de l'entretien. Il continua à les appeler « monsieur ». Une habitude un peu vieux jeu, sans nul doute, mais qui lui avait été irréversiblement inculquée avec succès par son père.

Criminal Interrogation and Confessions, de Fred Edward Inbau, John E. Reid et Joseph P. Buckley, est le manuel de conduite des interrogatoires de police le plus populaire aux États-Unis. C'est aussi l'ouvrage le plus souvent cité par le célèbre avis du juge en chef Warren, de la Cour suprême, à propos du cas Miranda[1]. Ce manuel avertit les enquêteurs que : « Tout suspect qui se montre excessivement poli, au point d'appeler à maintes reprises la personne qui l'interroge "monsieur", tente peut-être de flatter cette personne pour gagner sa confiance. »

Toutefois, même si Tom l'avait su, il n'en aurait probablement pas beaucoup modifié son comportement pour autant, parce qu'il était convaincu de ne pas être considéré comme suspect. Dans cette affaire, il était manifestement une victime : ça sautait aux yeux. Émotionnellement, c'était une véritable boule de nerfs. Ses lèvres et ses mains tremblaient quand il parlait, et il devait prendre de profondes inspirations pour arriver à finir ses phrases les plus difficiles. Il était traumatisé, sale et épuisé. L'idée que Stittum et Ghrist puissent réellement le soupçonner, *lui*, d'un quelconque méfait ne lui avait même pas traversé l'esprit. Il ne fut donc pas terriblement choqué par les dernières questions de l'entretien. Le compte rendu indique que c'était Ghrist qui l'avait conclu ainsi :

1. *Miranda* v. *Arizona* : arrêt de la Cour suprême américaine rendu le 13 juin 1966, selon lequel un suspect en garde à vue doit être informé de son droit à garder le silence.

Q : D'accord. Maintenant, je vais te poser une ou deux autres questions, et ensuite, on s'accordera une pause. As-tu fait quoi que ce soit à ces deux filles ?
R : Non, monsieur.
Q : D'accord. Ce que je veux dire par là, c'est : as-tu d'une quelconque manière fait du mal à ces deux filles ?

Tom secoua fermement la tête. Ces questions n'étaient pas accusatrices. Et le ton et l'attitude de Ghrist restaient particulièrement bienveillants. Les inspecteurs se contentaient d'enregistrer sa déposition. C'était la procédure habituelle, comme ils l'avaient expliqué et réexpliqué.

R : Non, monsieur.
Q : D'accord. As-tu à un moment quelconque eu des relations sexuelles avec l'une ou l'autre de ces filles hier soir ?
R : Non, monsieur.
Q : Jamais ?
R : Non, monsieur.
Q : D'accord. Accepterais-tu de nous fournir des échantillons que nous puissions comparer plus tard ? Par là, je veux dire des cheveux, de la salive, etc. ?
R : Oui, monsieur.
Q : Parce que, comme nous venons de te le dire et comme nous te l'avons expliqué avant l'entretien, nous cherchons à découvrir ce qui s'est passé. Nous n'avions pas entendu parler de toi avant aujourd'hui.
R : Oui, monsieur.
Q : Et tu nous racontes une histoire que nous essayons de vérifier.

R : Oui, monsieur.
Q : Tu comprends ?
R : Oui, monsieur, je comprends.

Le compte rendu de la cassette indique que l'entretien se termina à 10 h 30 du matin. Tom avait été interrogé pendant une heure et demie. Au moment où les inspecteurs arrêtèrent leur machine, il poussa un gros soupir. Il était content de sa participation. Il était certain de s'être souvenu de détails utiles. Les deux policiers s'étirèrent en souriant.

« Écoute, c'était super, merci de ton aide, mec, dit Stittum en tendant la main au-dessus de la table pour serrer celle de Tom.

— Si tu veux bien te mettre à l'aise ici encore quelques minutes, on va consulter notre chef et on revient te voir tout de suite après. »

Tom hocha la tête en tentant de réprimer un bâillement tandis que les deux hommes se levaient pour sortir.

L'un des deux eut un petit rire en voyant que Tom n'arrivait pas à s'empêcher de bâiller.

« On dirait que tu as besoin d'un autre café. Ou d'un soda, peut-être ? » demanda Stittum.

Tom fit signe que non. « Ça va », répondit-il.

Et quelques secondes après leur départ, il se rendormit sur la table.

Un peu après 10 heures du matin, Jacquie Sweet, vingt-six ans, la benjamine des six frères et sœurs de Gene et Ginna, était debout, penchée sur son bureau particulièrement encombré de la salle de composition du *Columbia Daily Tribune* du Missouri. L'heure du bouclage journalier était prévue à 11 h 48 et, comme d'habitude, l'atmosphère était tendue. Quand l'unique téléphone de la pièce sonna, Jacquie ne le remarqua même pas jusqu'à ce que quelqu'un crie son nom. Elle soupira avec irritation, attrapa sa bouteille d'eau minérale entamée, puis se dirigea vers le bureau sur lequel trônait le téléphone.

« Jacquie Sweet, cracha-t-elle d'un ton qui signifiait pourquoi-me-dérangez-vous-bon-sang-vous-ne-savez-pas-que-je-suis-en-bouclage.

— Jack ? C'est Sheila », fit la voix de sa sœur à l'autre bout de la ligne. Jacquie lâcha son stylo et enleva ses lunettes. Elle devint immédiatement livide et son estomac fit un bond. Ses frères et sœurs ne l'appelaient jamais au journal.

« Qu'est-ce qui se passe, Sheila ? Il y a un problème avec Papa ? » interrogea Jacquie. Elle se frotta le front avec la main qui tenait ses lunettes, et celles-ci lui cognèrent le visage.

« Non, non, Papa va très bien, la rassura Sheila. Jack, je crois que tu ferais mieux de t'asseoir. »

Le temps que Sheila ait terminé de relater ce qu'elle avait pu reconstituer des horreurs de la nuit, Jacquie tremblait silencieusement au milieu de ses collègues en effervescence. La pièce se mit à tourner en une sorte de kaléidoscope de couleurs nauséeuses au moment où Sheila éclata finalement en sanglots et passa l'appareil à sa belle-sœur Kay.

« Jack, je veux que tu m'écoutes très attentivement, commença celle-ci. Je sais que ça fait beaucoup de choses à absorber. Ne monte pas tout de suite dans ta voiture. Il faut que tu te reprennes un peu avant. Il se peut que tu doives rester ici plusieurs jours. Rentre d'abord chez toi et prépare des vêtements. Débrouille-toi pour que quelqu'un s'occupe de tes chiens. Ton mari peut quitter son travail ? »

Jacquie opina.

« Hm-mmm.

— Très bien. Emmène-le, reprit Kay. Tu vas avoir besoin de lui. Et ne te tracasse pas à essayer d'appeler qui que ce soit. Sheila et moi, on est chez Ginna, et on contacte tout le monde d'ici. Oh, et on n'a encore rien dit à ta mère et ton père. On les garde pour la fin. En espérant avoir de bonnes nouvelles d'ici là. »

Jacquie opina de nouveau et prit avant de parler une gorgée d'eau minérale pour chasser la boule qui s'était formée dans sa gorge. Elle dit au revoir à sa belle-sœur, puis raccrocha. L'espace d'un instant, elle resta pétrifiée sur sa chaise, incapable de bouger. Tous plongés dans leur travail, ses collègues avaient cessé de prêter attention à son bizarre coup de téléphone. Elle se remit debout d'un pas chancelant, cherchant à tâtons une cigarette sur la table avant que ses jambes ne trouvent la force de l'emmener jusqu'à la porte. Les deux heures de trajet en voiture jusqu'à St. Louis allaient être les deux plus longues de sa vie.

Quand la porte de la salle d'interrogatoire numéro deux s'ouvrit d'un grand coup presque quarante-cinq minutes après que Stittum et Ghrist avaient pris congé, Tom était toujours profondément endormi, affalé sur la table. Une flaque de salive s'était formée près de sa figure. Il se réveilla en sursaut au bruit du battant qui se refermait brutalement. En levant la tête, il découvrit avec surprise que les deux inspecteurs qui venaient d'entrer n'étaient pas Stittum et Ghrist.

L'un des deux nouveaux arrivants se présenta en lui tendant la main :

« Inspecteur Richard Trevor. »

Tom réprima un bâillement, luttant contre la tentation de se frotter les yeux pour chasser le sommeil au lieu de serrer la main tendue.

« Et voici mon équipier, l'inspecteur John Walsh. »

Tom serra la main du deuxième homme et commença à se demander pourquoi aucun des inspecteurs ne ressemblait à un policier. Il n'était pas sûr de savoir à quoi un inspecteur était *censé* ressembler exactement, mais ces gars-là avaient tous l'air d'être des dentistes, des développeurs de logiciels, ou d'appartenir à une profession de ce genre.

« D'après ce que j'ai compris, tu as parlé à Gary et Ray un peu plus tôt. Ils ont dû rentrer chez eux : il y a des heures que leur service aurait dû se terminer. J'espère donc que ça ne te dérange pas que nous intervenions. Nous allons reprendre les choses en main à partir de maintenant, et nous aimerions revenir sur certains détails de ta déposition avec toi. Nous allons procéder à un deuxième enregistrement. Rien de majeur, il ne durera pas aussi longtemps que le premier. Nous voulons juste confirmer et clarifier certains détails, dans la mesure où nous n'étions pas là pour le premier. »

Tom acquiesça en se frottant le visage à deux mains.

« D'accord. Bien sûr. Pas de problème », répliqua-t-il en tentant toujours de sortir de sa torpeur.

À 11 h 25, Tom entama sa deuxième déposition enregistrée. Il réexpliqua son histoire « depuis le début », selon les termes de l'inspecteur Trevor. En gros, c'était le même entretien que la déposition enregistrée. Une fois celui-ci terminé, Trevor remercia de nouveau Tom de continuer à les aider et aborda les étapes suivantes :

Q : Nous apprécions ton aide.
R : Je vous aiderai autant que je pourrai. De n'importe quelle façon.
Q : Ce que j'aimerais savoir, c'est… si tu te souviens de ces gens.

Trevor se référait aux quatre assaillants. Tom hocha la tête avec un frisson, songeant qu'il n'oublierait jamais un seul détail de ces quatre visages, même s'il en mourait d'envie.

Q : Nous aimerions que tu établisses un portrait-robot. Tu sais, en te mettant au travail avec un dessinateur spécialisé. J'aimerais qu'on fasse ce qu'on a déjà fait avant : éliminer simplement tout ce qu'on peut à ce stade.
R : Oui, oui.
Q : On va demander au dessinateur de faire un petit croquis, tu vois. Ça te pose un problème ?
R : Non.
Q : D'accord.
R : Comment pensez-vous qu'ils vont s'y prendre pour dessiner un portrait-robot ?

Tom commençait à se sentir excité à l'idée d'apporter une aide plus concrète à l'enquête. Sa frustration de devoir répéter la même histoire à l'infini finissait par lui faire perdre patience. Un portrait-robot serait sûrement un pas en avant, il ouvrirait un champ de nouvelles possibilités. Son moral s'améliora légèrement à cette perspective.

Q : Je ne sais pas comment ils travaillent. Ils sont tous différents. Aurais-tu omis quoi que ce soit que tu aurais envie de nous dire maintenant ?

R : Non. Vraiment pas… non.

Q : Je veux dire, y a-t-il des choses sur lesquelles personne ne t'a interrogé ?

Tom réfléchit sérieusement avant de répondre à cette dernière question.

R : Non, parce que je… j'ai vraiment… j'ai vraiment essayé de couvrir le moindre petit détail.

Le compte rendu de la seconde déposition enregistrée de Tom montre que l'entretien se termina à 12 h 40. Les inspecteurs le remercièrent encore une fois pour la constance de sa coopération et lui assurèrent que son aide était absolument essentielle à leur enquête.

« J'ai parlé un peu plus tôt d'éliminer tes échantillons des pièces à conviction, annonça Trevor après l'arrêt de l'enregistrement. Tu comprends ce que ça signifie ?

— Je crois, dit Tom.

— En gros, ça signifie que nous allons prélever tous les échantillons nécessaires sur toi – cheveux, sang, empreintes digitales, etc. –, afin de pouvoir éliminer ces échantillons des pièces à conviction de la scène de crime », réexpliqua-t-il.

Tom opina.

« Ouais, je comprends.

— Tu es d'accord, alors ? insista Trevor.

— Bien sûr, répliqua Tom d'un ton légèrement sarcastique. Je n'ai pas grand-chose d'autre sur le feu.

— Très bien. » L'inspecteur sourit. « Dans ce cas, on t'emmène à l'étage. »

Eva *n'était pas* contente de Marlin Gray. Elle avait été franchement furieuse qu'il l'ait laissée poireauter toute la soirée et qu'il ne soit rentré chez eux qu'à 5 heures du matin. Quand ils se levèrent, bien après 11 heures, il lui raconta qu'il avait été impliqué dans une bagarre sur le Chain of Rocks Bridge. Il avait gagné une montre dans la bataille, poursuivit-il fièrement avant de balancer celle de Tom sur le couvre-lit à côté d'elle. Elle la ramassa et l'examina sans grand intérêt apparent avant de décider de la porter.

« Ce n'est pas une excuse, tu sais, le chapitra-t-elle en sortant du lit pour se mettre à farfouiller dans la chambre à la recherche d'une tenue présentable. J'étais inquiète pour toi. »

Gray sourit et lui adressa son regard penaud le plus attendrissant. « Allez, bébé, roucoula-t-il. Je veux pas me disputer avec toi. Je suis là maintenant, et tout va bien. » Il l'attira de nouveau sur le lit pour un long baiser.

« D'accord, concéda-t-elle avec un sourire joyeux. Par contre, *ne recommence pas*. »

Il se pencha pour lui voler un autre baiser, mais elle se tortilla afin d'y échapper et se leva.

« Pas le temps pour ça aujourd'hui, pépia-t-elle. Allez, lève-toi, on a des trucs à faire. »

Sauf que Gray ne se leva pas. Il s'adossa à son oreiller en observant Eva qui naviguait à travers la pièce pour rassembler leurs vêtements à laver. Elle porta la montre quelques minutes, mais l'enleva ensuite pour aller se doucher. Après avoir mangé un morceau sur le pouce, Gray et Eva se rendirent en voiture chez leurs amis les Troncalli, et c'était désormais Gray qui portait la nouvelle montre. Eva tira derrière elle le lourd ballot de linge sale en remontant péniblement l'allée devant chez les Troncalli. Elle était reconnaissante à Robert et à son épouse Kendra de les laisser utiliser leur lave-linge et leur sèche-linge. Autrement, Eva aurait été obligée de passer son après-midi de congé dans une laverie automatique. Cet arrangement était idéal. Dès qu'Eva avait fourré le linge dans la machine, les deux couples s'asseyaient pour bavarder ou regarder la télévision en attendant la fin du cycle.

Troncalli était installé devant les informations de midi au moment où Eva et Gray firent leur entrée ; Kendra s'activait dans la cuisine à grand bruit d'assiettes et de couverts. Eva fila directement dans la buanderie alors que Gray s'asseyait dans le fauteuil inclinable.

« Hé, dit Troncalli en guise de salut une fois que Gray fut installé.

— Hé, répondit Gray.

— Tu as vu cette merde à la télé ?

— Quoi ?

— Deux filles ont été tuées au Chain of Rocks Bridge hier soir. Et apparemment, leur cousin était avec eux, mais il a survécu. »

Gray leva un sourcil, surpris sans être inquiet. Il respira profondément avant de se laisser de nouveau aller dans le fauteuil. « Oui, dit-il en souriant de toutes ses dents. C'était moi. »

Troncalli jeta un coup d'œil éclair à son ami qui souriait toujours. Il était habitué aux commentaires incongrus de Gray, à son sens de l'humour tordu, à son désir d'être sous les feux de la rampe. « Marlin, commença-t-il d'une voix légèrement exaspérée, comme s'il avertissait un élève de maternelle de remettre le cookie interdit dans sa boîte, tu ne devrais pas dire des choses pareilles. Un de ces jours, quelqu'un va surprendre tes paroles et mal les interpréter.

— Oh, détends-toi », fit Gray en riant sous cape.

Malgré tout, tandis que le flash concernant Tom Cummins passait, ce fut non sans une légère nervosité que Marlin Gray fit glisser sa nouvelle Swatch verte pour l'enfouir bien profond dans les coussins du fauteuil de ses hôtes.

On prit d'abord les empreintes de Tom, avant de l'autoriser à aller aux toilettes et à se débarbouiller pour retourner à la brigade des homicides. Dès qu'il fut réinstallé dans la salle d'interrogatoire numéro deux, une enquêtrice du laboratoire médico-légal arriva, munie d'un peigne et d'un sachet en plastique. Elle était en train de passer le peigne dans les cheveux de Tom qui luttait pour rester éveillé lorsque le visage de Gene s'encadra dans la petite fenêtre grillagée de la seule porte de la pièce.

En apercevant son père, Tom s'illumina. Jusqu'ici, il n'aurait jamais cru voir arriver le jour où la simple vue de Gene lui remonterait le moral. Ce dernier sourit à son fils en poussant la porte.

« Comment ça va, tu tiens le coup ? » s'enquit-il en s'asseyant face à Tom, sur l'un des sièges précédemment occupés par l'un des inspecteurs. Il ajouta : « Tu as faim ? et lui tendit une feuille de papier où figurait le menu d'une boutique de sandwichs à emporter de l'autre côté de la rue.

— Oui, j'ai la dalle, répondit Tom en parcourant des yeux les différentes options. Je crois que je vais prendre un sandwich au thon », dit-il avant de rendre avec précaution le menu à son père.

Il essayait de ne pas bouger pour faciliter le travail de la femme qui lui passait son peigne dans les cheveux. Pressant ses lèvres l'une contre l'autre en regardant son père, il ne trouva rien d'autre à lui dire. *Nos vies ont changé pour toujours ? Merci d'être ici avec moi. Pourquoi je ne suis pas mort ? Je n'en ai pas fait assez pour aider les filles ?* Aucune de ces pensées ne parvint à se frayer un chemin jusqu'à ses lèvres, et ce n'était pas plus mal, parce que aucune n'aurait pu exprimer l'énormité de ce qu'il ressentait. Pour la première fois de sa vie, Tom avait la sensation d'être un homme en présence de son père. C'était un sentiment qu'il avait avidement recherché tout au long de son adolescence, et maintenant qu'il était là, il ne désirait plus qu'une chose : redevenir un gamin. La responsabilité impliquée par ce qui lui était arrivé ces douze dernières heures et ce qu'on allait attendre de lui à l'avenir l'écrasa soudain, et ce fut comme si toute la misère du monde venait de s'abattre sur ses épaules.

« Va pour le thon », approuva Gene, qui tendit la main pour presser brièvement le bras de son fils, avant de quitter la pièce.

Les sandwichs arrivèrent en moins d'une demi-heure, et Tom et Gene les mangèrent ensemble, côte à côte dans la salle d'interrogatoire numéro deux en compagnie d'un autre inspecteur. À la petite table, la conversation languissait. Les deux hommes étaient trop épuisés et affamés pour parler. Après ce repas, Trevor et Walsh revinrent dans la pièce exiguë pour émettre la suggestion d'un test polygraphique. Tom jouait avec l'emballage roulé en boule de son sandwich au thon pendant que les inspecteurs expliquaient au père et au fils l'importance de ce test, et pourquoi il serait utile.

« Encore une fois, je tiens à vous répéter à tous les deux que c'est une procédure complètement standard, tout à fait habituelle, reprit l'inspecteur. Ce test servira à établir que Tom est un témoin crédible, c'est tout. »

Devant la moue dubitative de Gene, le policier concentra ses arguments sur lui.

« Écoutez, Mr. Cummins, enchaîna-t-il, je sais que votre fils est épuisé et que vous avez hâte de le ramener à la maison ; c'est bien compréhensible. Nous voulons être absolument sûrs qu'il n'ait rien oublié et qu'il n'a pas mélangé certains détails. Une fois que vous l'aurez emmené hors d'ici, une fois qu'il sera rentré chez vous et qu'il aura retrouvé l'environnement familial, ses souvenirs de l'événement seront altérés. Il est possible qu'il efface certains des moments les plus traumatisants, et il s'agit sans doute des détails les plus importants. Il faut vraiment que nous établissions sa crédibilité tant que tout cela est encore frais dans son esprit. Ça ne prendra pas longtemps, et ce sera la dernière chose que nous lui demanderons aujourd'hui. Ensuite, vous serez libre de le ramener à la maison. On peut attendre demain pour les portraits-robots. Qu'en dites-vous ? »

Gene regarda son fils et se mit à secouer la tête.

« Papa, intervint Tom, je n'ai pas de problème avec ça. Je veux les aider autant que possible et je n'ai pas de raison de ne pas passer ce test. Je n'ai rien à cacher. Je veux le faire.

— Bon, si tu es sûr, répliqua Gene avec prudence.

— Je suis sûr », confirma Tom.

Le temps que Jacquie arrive chez Ginna sur Petite Drive, toute la fratrie avait été prévenue, et ceux qui n'étaient pas déjà là roulaient vers St. Louis.

Quant à Ginna, elle était rentrée chez elle en milieu de matinée, et avait fourré deux jeans, deux paires de chaussures, deux pulls et deux paires de chaussettes dans un sac à dos avant de repartir sur-le-champ vers l'Old Chain of Rocks Bridge. Elle revint avec son sac à dos encore plein en début d'après-midi pour découvrir que sa maison se remplissait de frères et sœurs désireux de la soutenir. Les Cummins n'avaient jamais été particulièrement réputés pour leur bonne entente. Il y avait beaucoup d'amour dans cette famille, mais à huit sous le même toit, les personnalités s'affrontent fatalement. Et pourtant, ce jour-là, en dépit de l'intensité de l'émotion qui régnait chez Ginna, ou peut-être à cause d'elle, il n'y eut aucun grincement de dents. Chacun se vit attribuer une tâche, et tout le monde travailla en harmonie.

Kay et Sheila étaient chargées du téléphone, prenant et recevant les appels difficiles. Tink et Kathy avaient pour mission d'occuper Jamie, ce qui avait l'avantage de les occuper elles aussi par la même occasion. L'une des sœurs de Ginna lui tenait compagnie en l'aidant à trier ses photos de famille. En effet, la police avait requis des photos récentes de Julie et Robin pour faciliter les recherches.

La première virée ravitaillement incomba à Jacquie. Elle réquisitionna l'un des enfants et s'éclipsa environ une heure à l'épicerie pour revenir le coffre bourré de sacs en papier kraft. Il y avait tant de main-d'œuvre sur place que la voiture fut déchargée en un voyage.

Jamie, Tink et Kathy continuaient à monopoliser la télévision du salon avec la console Nintendo, et c'était probablement une bonne chose dans la mesure où elles empêchaient de voir les nouvelles aux informations, qui devenaient de plus en plus angoissantes.

En réalité, il n'y *avait* aucune nouvelle, mais ce statu quo ne paraissait pour autant pas décourager les journalistes, massés autour de la scène de crime en nombre toujours croissant. Dans cette affaire, un seul fait était évident : pas de nouvelles était synonyme de *mauvaises* nouvelles. Cet après-midi-là, à 14 heures, plus de douze heures s'étaient écoulées depuis que Julie et Robin avaient disparu dans le Mississippi. Et elles n'avaient toujours pas donné le moindre signe de vie.

En entrant dans la pièce, Jacquie se baissa pour frotter le dos de Tink, allongée par terre, la télécommande de la console entre les mains.

« Ta mère m'a raconté que tu n'avais rien mangé aujourd'hui, Tink, fit-elle doucement. Que dirais-tu d'un muffin aux myrtilles ? »

Tink secoua la tête.

« Non, merci.

— D'accord, mais je vais tout de même le laisser là, au cas où tu en aurais envie après ton jeu », continua Jacquie en posant soigneusement le gâteau sur le tapis devant sa nièce.

Tink poursuivit sa partie, mais à la longue, l'odeur sucrée de muffin aux myrtilles bien collant finit par lui chatouiller les narines. Elle baissa les yeux vers le gâteau posé près de son coude, et son estomac se souleva. Jetant la télécommande à côté d'elle, elle se leva d'un bond et courut jusqu'à la salle de bains, soulagée d'échapper à la senteur insistante et sucrée du muffin, et encore plus soulagée que la pièce soit miraculeusement libre.

Elle alluma la lumière, vérifia son reflet livide dans

le miroir, puis s'effondra à genoux à côté de la cuvette pour évacuer la bile qui jaillissait de son estomac. Quand elle eut terminé, la sueur perlait à la racine de ses cheveux, et elle appuya son front sur son bras droit, toujours agrippé au siège des toilettes.

D'ordinaire, Tink avait un peu la phobie des microbes, et en se rendant compte qu'elle était bel et bien en train d'embrasser la cuvette des toilettes, elle eut l'impression de recevoir un coup de poing. Tâtant la porcelaine froide et incurvée de sa main gauche, elle comprit soudain que ce n'était pas un rêve. Ni un cauchemar. Elle n'allait pas se réveiller. Le goût amer qui persistait dans sa bouche, sa frange emmêlée et poisseuse de sueur sur son front en étaient la preuve. Julie et Robin étaient parties. Elle resta prostrée quinze minutes sur le sol de la salle de bains à sangloter.

8

La salle du test polygraphique se trouvait à un autre étage, dans une autre aile du bâtiment, et Tom fut encore une fois séparé de son père pendant qu'on le questionnait. Il eut la bonne surprise de constater que cette nouvelle pièce était nettement plus confortable que la salle d'interrogatoire numéro deux. Le détecteur de mensonge était installé dans un bureau agréablement meublé, posé sur une table jouxtant un fauteuil en vinyle au siège et aux accoudoirs capitonnés.

Le policier qui devait lui faire passer le test était sympathique. Lui aussi était en civil, et Tom n'était même pas sûr qu'il soit policier. Il se présenta par son prénom au lieu de dire *inspecteur machin truc*, comme tous les autres membres de la brigade des homicides, qui avaient paru ravis d'utiliser leur titre officiel. Il commença la conversation en disant à Tom à quel point il était désolé pour tout ce qu'il avait subi. Les murs et le bureau de la grande pièce étaient couverts de photos, et l'examinateur en donna à Tom un petit aperçu en lui désignant ses préférées et en lui montrant celles de ses filles. « Je n'imagine même pas ce que je ferais s'il arrivait quoi que ce soit à l'une d'entre elles, dit-il. Tes pauvres cousines… Je suis vraiment désolé pour toi. »

Tom acquiesça sans toutefois savoir quoi répondre. Les condoléances étaient une nouveauté pour lui. Il ne savait pas encore exactement comment réagir.

« Sur cette photo, on est tous de sortie sur le bateau familial l'été dernier. Elle a été prise au lac des Ozarks. Les enfants adorent y aller. On y passe toujours un très bon moment », commenta pensivement l'homme.

Il sembla soudain s'apercevoir que, la veille encore, Tom était lui aussi en pleines vacances familiales, des vacances qui avaient horriblement et tragiquement mal tourné. « Oh, comme c'est indélicat de ma part ! » s'excusa-t-il.

Mais Tom lui coupa la parole. « Non, ça va. Vous avez une famille charmante. »

Après l'avoir remercié, l'homme le conduisit jusqu'au fauteuil en vinyle et à l'engin qui trônait sur la table. Il passa plusieurs minutes à lui en expliquer le fonctionnement. Un bandeau entourant son torse enregistrerait sa respiration. Un second serait attaché à son doigt pour mesurer sa transpiration. Et pour finir, un brassard passé autour de son bras indiquerait à la fois sa tension artérielle et son rythme cardiaque. Toute fluctuation importante ou rapide de ces mesures signalerait qu'un mensonge avait été prononcé. Tom dit qu'il comprenait.

« Comme nous ne voulons pas que les questions elles-mêmes te donnent un choc au moment de répondre, ce qu'on va faire, c'est passer en revue ensemble la liste des questions avant que je te soumette au test, prévint l'examinateur. Il y en aura dix à douze en tout. Certaines seront extrêmement simples. Nom, âge, des choses de ce genre, pour établir un niveau de référence, en quelque sorte. Et ensuite, intercalées entre ces questions, je vais t'en poser de plus difficiles, celles qui entrent dans le vif du sujet comme "As-tu d'une quelconque manière fait du mal à tes deux cousines ?" et, quand tu y répondras, je veux que ce soit lentement et sans élever la voix. Durant l'examen, tu dois garder les yeux ouverts et te détendre, respirer aussi profondément que possible. Je ne veux pas que l'acte physique que constitue la réponse aux questions soit enregistré par la machine. Fais-le juste lentement et méthodiquement. Compris ? »

Tom hocha la tête.

« Maintenant, avant de démarrer, poursuivit son interlocuteur en fixant sur Tom tous les capteurs avec du Velcro, nous devons calibrer le système. En d'autres termes, j'ai besoin de voir comment la machine réagit à toi, en particulier dès que tu dis un mensonge. Alors voilà ce qu'on va faire. »

Il ramassa un jeu de cartes posé sur le coin de son bureau bien rangé et prit les dix premières.

« Je voudrais que tu choisisses une de ces cartes, que tu la regardes, et que tu la remettes dans la pile. Ensuite, je vais te montrer chaque carte individuellement et te demander : "Est-ce que c'était celle-là ?" Je voudrais que tu répondes "Non" chaque fois. Après coup, je pourrai te dire quelle carte était la tienne parce que la machine va m'indiquer à quel moment tu as menti.

— D'accord, répondit Tom. Ça a l'air plutôt facile. »

Quelques minutes plus tard, il fut absolument stupéfait de voir l'examinateur identifier sa carte secrète. Tom n'avait pas perçu de changement physique dans son corps durant son mensonge, et pourtant l'homme avait identifié sa carte sans hésitation. Jamais Tom n'aurait soupçonné qu'un type franc et direct comme celui-là, un père de famille propriétaire d'un bateau dans les Ozarks et d'un bureau au fauteuil en vinyle, marquerait un jeu de cartes afin d'induire un faux sentiment de sécurité chez un témoin. Tom croyait donc dur comme fer que le polygraphe était infaillible. Et il était plus impatient que jamais de commencer.

Ce que l'examinateur ne lui avait jamais dit pendant sa description du fonctionnement du test, c'était que le taux de fiabilité de la machine allait de quarante-huit à quatre-vingt-dix pour cent selon les études, et qu'on avait observé un taux de faux positifs élevé dans un appareil sur quatre. Il n'avait pas non plus mentionné à Tom que, parmi les facteurs contribuant au manque de fiabilité du détecteur de mensonge, la privation de sommeil était de loin le pire, et qu'aucune personne ou presque souffrant d'une privation de sommeil caractérisée ne pouvait décemment réussir ce test.

Tom ferma donc les yeux comme on le lui avait indiqué et se mit à respirer profondément, inspirant par le nez et expirant par la bouche. La première chose qu'il remarqua alors fut à quel point l'atmosphère était plus calme dans cette partie du bâtiment que là-haut dans la salle des homicides, si fréquentée et envahie de cris. Pourquoi ne l'avait-il pas noté plus tôt ? La machine bourdonnait tranquillement sur la table à côté de lui, et le son de sa respiration profonde ne tarda pas à le mettre dans un état semi-conscient. Le volume et la soudaineté de la première question le firent sursauter et le réveillèrent complètement.

« T'appelles-tu Thomas Patrick Cummins ?

— Oui », bredouilla Tom.

Tout redevint calme, mais ses battements de cœur lui résonnaient dans les oreilles. Il envisagea d'arrêter le test, d'avouer qu'il s'était endormi avant la première question. Cependant, il n'était pas sûr du protocole et ne savait pas si ce serait approprié. Il s'efforça donc de ne pas s'inquiéter d'avoir sursauté à la première question et de se distraire en pensant à autre chose. Aurait-il des problèmes s'il ouvrait les yeux ? En les gardant ainsi fermés, il ne réussirait tout simplement pas à rester éveillé. Il y avait désormais trente-quatre heures qu'il était debout. L'intervalle entre les deux questions n'avait pas duré plus de quinze ou vingt secondes, mais il fut suffisamment long pour que Tom s'assoupisse encore.

« As-tu assassiné tes cousines ? »

Cette fois-ci, la question lui fit réellement peur. Ce n'était pas non plus uniquement une réaction mécanique au fait d'être tiré du sommeil. Il y avait quelque chose dans le ton de l'examinateur. Quelque chose d'accusateur. Tom essaya de réguler sa respiration. Il nota que la paume de sa main droite était trempée de sueur, et il était certain que le petit capteur de transpiration attaché à son doigt absorbait beaucoup de liquide. Il s'exhorta à se calmer, à prendre une profonde inspiration et à répondre à la deuxième question.

Sa réponse fut : « Non. »

Il avait le sentiment d'avoir repris le contrôle de lui-même. *Ce gars-là doit savoir à quel point je suis fatigué*, songea-t-il. Sa tête ballotta au fur et à mesure des secondes qui passaient en attendant la question suivante. Quelques instants plus tard, il s'était rendormi, et le reste de l'examen se déroula dans les mêmes conditions. Lorsque ce fut terminé et qu'il eut répondu à la dernière question, Tom mesura l'ampleur de la catastrophe avant même d'ouvrir les yeux. Il consulta du regard son interlocuteur de l'autre côté de la machine, cherchant un peu de réconfort.

« Bon, on dirait qu'on a un vrai putain de problème », cracha le policier.

Tom ouvrit la bouche pour parler, mais ne trouva rien à dire. Il observa l'examinateur, qui avait jeté son bloc-notes et son stylo sur la table avant de se lever, contournant la machine pour se pencher vers lui, à quelques centimètres de sa figure, cramoisi de rage.

« Tu m'as bien entendu. J'ai dit qu'on a un vrai putain de problème ! hurla-t-il. Je veux que tu dises la putain de vérité *maintenant*, *bordel.* Tu peux raconter ce que tu veux aux mecs de l'étage si ça te chante, mais tu ne peux pas mentir à la machine, et tu ne peux pas me mentir à moi, bordel, espèce d'enfoiré de tas de merde. Je *vais* te faire cracher la vérité, alors tu ferais bien de commencer à te mettre à table maintenant. »

Tom tremblait de peur, et la machine se mit à bourdonner et à grincer un peu plus fort sur la table adjacente. Des larmes jaillirent au coin de ses paupières, et toutes ses velléités d'être un homme, d'être courageux et de se rendre utile s'évanouirent. Il éclata en sanglots comme un gamin.

« Je… je ne sais pas ce que vous voulez dire, gémit-il. Je vous jure que je dis la vérité. Ils nous ont fait du mal… ils nous ont fait du mal à tous les trois… et ensuite, ils ont jeté Julie et Robin dans le fleuve. Je le jure. Je voulais juste vous aider. »

L'inspecteur toisa Tom avec une grimace de dégoût et repoussa les accoudoirs en vinyle du fauteuil en se détournant brusquement.

« Tu me rends malade, lança-t-il avant de retourner s'asseoir à l'autre bout de la table. Maintenant, on va recommencer, ordure. Sauf que cette fois-ci, tu vas me dire la vérité. »

Chez Ginna, sur Petite Drive, l'humeur générale était de plus en plus au désespoir. Jamie, Tink et Kathy, qui avaient mal aux pouces à force de jouer à la Nintendo des heures d'affilée, avaient décidé de passer un moment à taper dans un ballon de football américain, dans le jardin devant la maison. Bien que la journée soit devenue chaude et ensoleillée, les trois cousines s'étaient débrouillées pour éviter de sortir. Bizarrement, le caractère festif des rayons du soleil semblait encore accentuer leur chagrin. Une fois dehors, les filles s'assirent toutes les trois sur le pas de la porte, léthargiques. Tink faisait rebondir le ballon sur le ciment entre ses genoux.

« Julie est vraiment super forte au foot, vous savez, déclara Jamie à voix basse.

— Ouais, je sais », approuva Tink, écrasant les larmes qui perlaient au coin de ses paupières et entourant étroitement de son bras l'épaule de sa petite cousine.

Gene avait appelé la maison à intervalles réguliers tout au long de la journée pour informer sa femme de l'évolution de la situation au commissariat central, mais en gros il n'y avait rien de neuf. Jacquie, Sheila et Kay étaient dans la cuisine lors du dernier appel de Gene. Il passait visiblement la majeure partie de son temps assis à attendre que Tom ait terminé de répondre à une liste de questions qui ne cessait de s'allonger. Tom était épuisé, c'était clair, mais aussi déterminé à apporter son aide, et Gene ne parviendrait en aucun cas à le convaincre de rentrer s'il pensait encore pouvoir être d'une quelconque utilité à la police. Kay était d'accord, ils devaient soutenir leur fils et le laisser agir à sa guise. Ce qui ne l'empêchait pas de s'inquiéter pour lui, et une partie d'elle-même avait envie d'insister pour qu'il quitte le poste et rentre à la maison. Sheila et Jacquie échangèrent des coups d'œil inquiets durant la conversation.

« Je peux te parler seule à seule une minute ? » chuchota Jacquie à Sheila.

Sheila hocha la tête et se leva. Elle se pencha pour enlacer brièvement Kay, l'embrassant sur les cheveux avant de suivre sa petite sœur hors de la pièce. Trouver un coin tranquille dans la maison n'était pas une mince affaire. Jacquie parcourut le long couloir d'un pas traînant jusqu'à la chambre de Robin, où elle attendit Sheila, puis referma la porte derrière elles.

« Il y a affreusement longtemps que Tommy est au commissariat, hasarda Jacquie, quêtant des signes d'approbation sur les traits de sa sœur à mesure qu'elle parlait. Sheila, je crois qu'on devrait lui trouver un avocat.

— Tout à fait d'accord, confirma Sheila. Mais bon, c'est une situation tellement inconfortable… Je ne veux pas que Kay et Gene croient que *nous* le soupçonnons de quelque chose. Engager un avocat pour Tommy pourrait faire paniquer tout le monde. »

Les deux plus jeunes sœurs de la fratrie Cummins restèrent debout en silence dans l'étroite pièce, bras croisés sur la poitrine, entourées des ailes de toutes les créatures en céramique et en papier de Robin, qui recouvraient chaque mur et chaque surface. Il n'y avait rien d'autre à dire. Le sujet que tout le monde évitait avait fini par être abordé.

« Je crois qu'on doit le faire, décida Sheila.

— Tu as raison », renchérit fermement Jacquie.

À ce moment-là, Sheila se décomposa en regardant au-dcssus de l'épaule de sa sœur par la fenêtre de la chambre donnant sur la rue. Jacquie se retourna pour voir ce qui se passait.

« Oh ! mon Dieu », s'étranglèrent-elles toutes les deux, et avant même que Jacquie ait eu le temps de faire volte-face, Sheila ouvrit tout grand la porte de la pièce et se mit à courir dans l'étroit couloir. Elle enjamba lestement quelques membres de la famille assis par terre dans le salon et tourna la poignée de la porte d'entrée. Débouchant dans la lumière aveuglante du soleil, elle traversa au pas de charge la pelouse où Tink, Kathy et Jamie se tenaient pressées les unes contre les autres, encerclées par un journaliste et son équipe télé, leur ballon de football immobilisé quelques mètres plus loin, sur l'herbe.

« Et comment tenez-vous le coup ? Les filles qui sont mortes étaient vos sœurs, c'est bien ça ? disait le journaliste en agitant un micro devant le visage confus de la petite Jamie.

— Mortes ? » répéta-t-elle.

Tink était debout derrière sa cousine, les bras passés autour de ses épaules, aussi horrifiée que stupéfaite. Elle ne savait pas comment réagir. Quant à Kathy, elle tentait de s'interposer entre les cameramen et Jamie, mais ils étaient tenaces, et elle avait du mal.

« Rentrez dans la maison, les filles ! » hurla Sheila en achevant de traverser le gazon en trombe.

Soulagées, les trois cousines se tournèrent vers leur tante avant de détaler à l'intérieur.

« C'est quoi, votre problème ? vociféra Sheila à l'intention de l'équipe. Vous ne croyez pas que cette petite fille en bave suffisamment en ce moment ? Vous voulez nous citer dans votre journal du soir ? Eh bien, que pensez-vous de cette phrase : foutez le camp d'ici et laissez ma famille tranquille ! »

Sheila était bien contente que ses deux petits garçons ne soient pas là pour l'entendre jurer ainsi, mais une colère de cette ampleur était totalement nouvelle pour elle. Et l'âpreté de ses paroles n'exprimait pas le dixième de la fureur brute qu'elle ressentait véritablement.

« Vous n'êtes que des malades. Comme vous n'avez pas assez d'images sur le pont ni de cadavres à montrer au journal de 18 heures, vous venez accoster une gamine sur la pelouse devant sa maison alors qu'elle est en train d'essayer d'appréhender la tragédie la plus dévastatrice qui puisse jamais s'abattre sur une famille. Nous sommes effondrés, là. Laissez-nous tranquilles. *Partez, partez, foutez le camp d'ici maintenant !* »

À présent, elle hurlait en agitant les bras au-dessus de sa tête en direction de l'équipe télé qui battait précipitamment en retraite. Jacquie l'avait suivie sur la pelouse avant de refermer la porte sur les filles, se bornant à rester sur le seuil quand elle avait vu que Sheila n'avait pas besoin d'aide pour chasser les importuns.

Sheila avait envie d'aller chercher une grosse pierre pour la balancer sur la vitre arrière de la camionnette blanche de l'équipe télé, qui démarra en faisant crisser ses pneus. Ses épaules s'affaissèrent tandis que le véhicule s'éloignait, et elle fut gagnée par l'épuisement nerveux qui suit ce genre d'éclat. Le picotement des larmes ne survint qu'une fois la camionnette hors de vue, mais elle resta debout en silence à fixer la route.

« Ben, je ne crois pas qu'ils vont revenir de sitôt », commenta Jacquie, toujours sur le perron.

Sheila pivota pour gagner à toute vitesse le pas de

la porte, où Jacquie l'enveloppa de ses bras, séchant les larmes de sa grande sœur avec sa manche.

« *Partez, partez, foutez le camp d'ici maintenant !* répéta Jacquie en imitant sa sœur tandis qu'elles riaient et pleuraient toutes les deux front contre front pendant un moment. Eh bien, je crois qu'on a au moins trouvé une cinglée avec des envies de meurtre, en tout cas.

— Bon Dieu, Jacquie, c'était nul, se désola Sheila. J'ai complètement pété les plombs ?

— Tu étais parfaite, corrigea Jacquie. Absolument parfaite. Et je ne crois pas qu'ils pourront se servir d'une seule de ces images : elles étaient bien trop truffées de jurons. »

Les deux sœurs se remirent à rire et passèrent quelques minutes à reprendre leurs esprits et à sécher leurs larmes avant de rentrer dans la maison.

À l'intérieur, Tink et Jamie s'étaient remises de leur quart d'heure de célébrité pour se retrancher de nouveau dans leur jeu vidéo, malgré leurs pouces douloureux. Plus secouée que les deux autres, Kathy était allée se réfugier dans un coin tranquille pour être seule et réfléchir un peu. Le rez-de-chaussée était plein à craquer : il y avait des gens partout. Kathy traversa la cuisine à pas de loup et manœuvra la porte du sous-sol, qui s'ouvrit avec un craquement. En bas, il faisait sombre. Elle poussa un soupir de soulagement, embrassant du regard tous les adultes absorbés dans leurs bavardages pour s'assurer que personne ne l'avait remarquée, avant de se glisser dans l'escalier et le long du mur, refermant la porte derrière elle. Elle tâtonna dans le noir pour trouver l'interrupteur, puis descendit avec précaution les marches menant à la chambre de Julie.

Il y avait à peine quelques mois que Julie s'était installée dans cette pièce. Le sous-sol n'était pas terminé, et seul le coin qu'elle occupait possédait une belle porte en bois neuve, un sol joliment carrelé de blanc, et du Placoplatre masquant les poutres et les planches de la charpente. Elle n'avait pas perdu de temps pour imprimer sa personnalité dans les lieux.

Kathy entra et alluma la lumière. Elle savait que Julie ne se serait pas formalisée de sa présence. Elle envisagea d'écouter de la musique, mais comme elle ne se sentait pas à l'aise à l'idée de fouiller dans les cassettes de sa cousine, elle évita tout bonnement la chaîne stéréo et alla s'allonger sur le lit. Elle resta ainsi, mains derrière la nuque et jambes étendues, à étudier les murs. Avec une soudaineté écœurante, elle sut qu'elle se souviendrait pour toujours de cette journée, le restant de sa vie. Elle désirait de tout son cœur absorber le moindre détail de l'existence de Julie et Robin. En silence, elle s'assit en tailleur sur le lit, décidée à cataloguer mentalement le contenu de la pièce et à le mémoriser.

Des piles et des piles de pages de poésie s'accumulaient sur le bureau de Julie, qui en avait partagé fièrement des extraits avec Kathy et Tink lorsqu'elles étaient venues lui rendre visite un peu plus tôt dans la semaine. Kathy se leva et s'approcha du petit bureau ; elle voulait relire certains des poèmes de sa cousine. Ce faisant, elle fut stupéfaite de constater à quel point la signification des mots de Julie avait changé en un seul jour :

Elle se souvient des mains importunes
De l'étranger
De la sécurité qui est désormais une menace
Du ciel froid, blanc de neige

Ses mains devant elle
Devenant celles d'une vieille femme
Les feuilles recouvrent le jardin autour de la maison
Le vent, un frisson glacial

Elle t'aime à sa manière incertaine
Férocement
Désespérément
Peut-être est-ce juste la peur
Qui s'accroche à son dos
Raidit ses épaules
Peut-être est-ce juste la solitude
L'abandon de l'espoir

Mais elle pense à toi souvent
Elle t'aime férocement, avec une part de doute
Se demande si elle te reverra un jour,
Même si parfois
Elle ne supporte pas de penser à toi
Elle rêve de lits de fleuves, de rochers et de ponts
Et se remémore tristement une symphonie perdue.

Kathy frissonna en absorbant ces mots, et décida qu'avec ce seul poème elle avait atteint sa limite quotidienne. Elle évita de lire ceux qui étaient scotchés aux murs, à côté des slogans politiques et des posters de Greenpeace. Ses yeux se posèrent sur le centre névralgique de la pièce : le panneau d'affichage en liège qui pendait au-dessus du bureau, en ordre bien que surchargé. Sur le panneau, un autocollant bleu roi à placer sur les pare-chocs, fixé avec une punaise, proclamait en grosses lettres capitales GEORGE BUSH EST UN TRAVESTI. Kathy gloussa malgré elle. Des colliers de perles rouges, orange et jaunes que Julie avait probablement enfilées elle-même étaient accrochés aux coins supérieurs du panneau. Mais au milieu de ce fouillis, le détail qui attira ensuite le regard de Kathy fut une fiche bristol toute simple ornée d'un dessin à l'encre représentant une bougie entourée de fil de fer barbelé.

Cette bougie était un symbole qui résonna en Kathy. La première fois qu'elle l'avait vue, c'était dix ans auparavant, et c'est encore aujourd'hui l'un de ses souvenirs d'enfant les plus frappants. En cette magnifique journée du printemps de l'année 1981, Papa avait rageusement fait taire toute la famille pendant le journal télévisé du soir. Les yeux écarquillés, la jeune Kathy s'était tournée vers l'écran pour observer les manifestants silencieux et solennels, portant chacun une grosse pancarte à l'image de cette bougie entourée de barbelés. À l'époque, elle ne savait pas ce qu'était Amnesty International, ou ce que les mots *grève de la faim* signifiaient. Elle n'avait pas compris pourquoi son père avait pleuré en leur disant à tous que c'était une journée de deuil terrible pour les foyers catholiques et irlandais partout dans le monde. Mais alors le présentateur à la mine sévère avait rapporté que, au terme de soixante-six jours de grève de la faim dans une prison anglaise, Bobby Sands, chef de file du mouvement des droits civiques, était mort.

Elle se souviendrait toujours de ce nom, Bobby Sands. Dès qu'elle avait été assez grande, elle avait effectué des recherches sur lui à la bibliothèque locale et lu le récit de sa vie. Elle avait appris comment il avait gagné cette bougie entourée de barbelés. Et voilà que, sur le panneau d'affichage au-dessus du bureau de Julie, elle retrouvait cette même image puissante. Kathy avait fait le rapprochement toute seule. Bien qu'elle n'ait pas encore quinze ans, elle eut soudain l'impression d'être une très vieille femme, courbée sous le poids de la sagesse. À partir de ce jour-là, elle associerait pour toujours cette bougie symbole d'Amnesty International avec les décès particulièrement marquants et le chagrin insoutenable qui les accompagne.

Le second test polygraphique de Tom s'était aussi mal passé que le précédent, si toutefois c'était possible. Son soulagement fut immense quand l'examinateur appela la brigade des homicides pour prévenir les policiers chargés de l'enquête qu'ils avaient terminé.

Ce fut le sergent Michael Guzy qui apparut dans la salle du polygraphe quelques minutes plus tard pour ramener Tom aux homicides, à l'étage supérieur. Tom sentit sa peau se hérisser de chair de poule quand il passa devant le bureau où l'examinateur était toujours assis, le fusillant du regard. La haine que cet homme ressentait pour lui était presque palpable.

Le son des pas de Guzy et de Tom résonna dans le long couloir menant à l'ascenseur. Tom était encore secoué, mais une sensation de soulagement physique s'installait peu à peu en lui, et il avait envie de prendre le nouveau policier dans ses bras pour le remercier de l'avoir tiré de là. Il se souvint que Trevor lui avait promis de le libérer après le test polygraphique et, pour la première fois de la journée, il avait réellement hâte de rentrer chez lui. Les choses devenaient angoissantes ici. De plus, il s'était efforcé d'aider la police de son mieux jusque-là. Il était simplement trop épuisé pour continuer.

« Ce type a été vraiment vache avec moi, se plaignit Tom à Guzy lorsque les portes de l'ascenseur coulissèrent pour se refermer. Je ne sais pas quel était son problème, mais il m'a carrément fait peur. Il a vraiment, vraiment, été super vache avec moi. »

Il leva les yeux vers le sergent à côté de lui, qui resta muet et se contenta de hocher vaguement la tête. Tom interpréta cela comme un geste rassurant. Il était tellement soulagé qu'on l'emmène loin de ce fou furieux pour regagner la brigade des homicides où se trouvaient son père et l'équipe d'enquêteurs qui avaient été si gentils avec lui toute la journée, si compatissants et serviables. Les larmes menaçaient encore de couler et, d'ailleurs, il s'aperçut qu'il avait le visage trempé. Se sentant soudain un peu puéril, il passa le reste du trajet à s'essuyer la figure avec sa manche et plus généralement à se ressaisir.

« C'est par ici. » Guzy lui fit signe d'entrer dans une petite pièce dotée d'une fenêtre, d'une table, et de deux chaises.

L'endroit ressemblait à un bureau, à ceci près que Tom n'y voyait aucun objet personnel. En dépit de sa fenêtre sans rideaux et du miroir qui occupait un pan de mur entier, la pièce était exiguë, oppressante. Il scruta rapidement la salle de la brigade des homicides par-dessus son épaule dans l'espoir d'entrevoir son père, mais Guzy lui bloquait presque toute la vue. Il se retourna donc et s'assit sur l'inconfortable chaise en métal placée face au bureau.

« Je crois qu'on a quelques problèmes avec les résultats de ce test polygraphique, annonça le sergent.

— Oui, sans doute, dit Tom. Je suppose que c'est pour ça que le type d'en bas était si vache. Je ne sais pas ce qui s'est passé, mais je n'arrivais pas à rester éveillé et…

— Bon, on va arrêter les conneries, coupa Guzy.

Qu'est-ce que tu as fait à ces deux filles, putain, espèce de malade ? »

Tom s'était interrompu en milieu de phrase, bouche bée. Il y eut un instant de silence dans la minuscule pièce.

« Je… je ne leur ai rien fait. Ce sont mes cousines… » bredouilla-t-il.

Guzy explosa. Il frappa brutalement le petit bureau du plat de ses mains et se leva d'un bond. Il était soudain devenu cramoisi, une veine palpitait sur son front. Comment avait-il réussi à s'énerver aussi vite ? s'étonna Tom. Il avait radicalement changé d'attitude. Même son apparence physique paraissait modifiée. Il avait l'air immense, plus encombrant, et sa peau semblait rougeoyer de fureur.

« J'en ai plus qu'assez de ton petit-numéro-de-gamin-innocent ! cria-t-il. Personne n'est dupe. Tu es un menteur, et nous savons tous que tu es un menteur, alors tu ferais bien d'arrêter cette comédie, sale tordu de merde. »

Guzy avait contourné le bureau pour venir se placer derrière la chaise de Tom en lui hurlant aux oreilles. Le jeune homme avait des antécédents de problèmes auditifs. Il avait eu les tympans percés dans le passé, et il recula pour s'éloigner du sergent. Ses larmes coulaient à présent si fort qu'il ne les sentait même plus. Après avoir jeté un bref coup d'œil au visage contorsionné et palpitant de son tortionnaire, il pivota pour fixer ce qu'il voyait par la fenêtre. Dehors, la journée était ensoleillée ; à travers le voile flou de ses larmes, Tom contempla le reflet scintillant des rayons du soleil sur les surfaces en chrome et en verre des voitures qui passaient. Il aurait aimé être à bord d'une de ces voitures et partir. Avec Julie. Il tenta de se faire tout petit sur sa chaise. « Ce n'est pas moi, déclara-t-il sans conviction à travers ses larmes. Je suis incapable d'un truc pareil. »

Au bout d'un moment, Tom cessa même d'entendre les accusations de Guzy. La voix qui hurlait à côté de lui devint une sorte de sirène puissante et choquante, réduite à l'état de bruit. Le corps de Tom tout entier était ravagé de terreur, de chagrin et d'épuisement, et les seuls mots qu'il réussit à aligner furent : « Ce n'est pas moi, ce n'est pas moi, ce n'est pas moi. »

Autour de l'heure du dîner, lorsque Kay prévint ses deux filles qu'il était temps de repartir chez ses parents, elle rencontra la résistance qu'elle redoutait de la part de Tink et Kathy.

« On veut rester avec Jamie et tous les autres », dit catégoriquement Tink. Mais leur mère fut tout aussi catégorique. « Grand-Mère Polly et Grand-Père Art sont inquiets, les filles, expliqua-t-elle. Ce n'est pas sympa non plus de les laisser seuls. »

Ses deux filles acquiescèrent d'un air morne, leur sentiment catholique de culpabilité l'emportant sans surprise sur leurs désirs personnels.

« On pourra peut-être revenir plus tard, tempéra Kay. D'ailleurs, il faut qu'on parle de plusieurs choses. »

Quitter la maison provoqua quantité d'émotions, et Kay mit presque une demi-heure à traîner ses deux filles jusque dans l'allée. Après avoir enlacé et embrassé tous les membres de la famille à maintes reprises, elles promirent de revenir dès que possible. C'était le tour de Kathy de s'installer sur le siège avant, mais pour la première fois depuis aussi loin que remontaient les souvenirs de Kay, Tink s'abstint de se plaindre. Elle ouvrit la portière arrière et attacha sa ceinture de sécurité en silence. Kay recula pour sortir de l'allée en respirant un grand coup. Elle enclencha le levier de vitesses et fit avancer la voiture aussi lentement que possible. Elles n'étaient qu'à cinq minutes de route de la maison de ses parents, mais il fallait qu'elle fasse durer le trajet. Il y avait des sujets qu'elle devait aborder en privé avec ses filles. Quand sa mère prit la parole, Tink se pencha aussi près d'elle que le lui permettait la contraignante ceinture de sécurité.

« Bon, les filles, voilà ce qui se passe. Votre père a appelé il y a un petit moment pour m'annoncer qu'ils ont proposé à Tom de se soumettre au polygraphe, au détecteur de mensonge », dit Kay.

Kathy ne pensait pas qu'il soit possible de se sentir plus abasourdie ou anéantie qu'elle ne l'était déjà. Pourtant, tandis que sa mère parlait, sa tête se mit à tourner et elle agrippa le tableau de bord en face d'elle, prise de vertiges.

« Pourquoi feraient-ils ça ? interrogea Tink.

— Je n'en suis pas exactement sûre, mais votre père avait l'air de dire que lui et Tom allaient bientôt rentrer. Les policiers leur ont promis que le polygraphe était la dernière chose qu'ils lui demanderaient de faire aujourd'hui. Il sera sûrement à la maison un peu après le dîner. Mais je dois aussi vous prévenir que, par précaution, Sheila a contacté un avocat, un certain Frank Fabbri. Nous allons sans doute engager cet homme pour représenter Tom.

— Un avocat ? s'étonna Kathy. Pourquoi aurait-il besoin d'un avocat ? Il n'a rien fait de mal. Ça ne rime à rien.

— Sauf s'ils croient qu'il a fait quelque chose, intervint Tink en renonçant à garder sa ceinture de sécurité, qu'elle détacha pour approcher son visage de l'espace entre sa mère et sa sœur. Ils ne croient pas un truc pareil, Maman, si ? Ils ne peuvent pas croire un truc pareil. »

Kay secoua la tête, incapable de répondre. Elle n'avait pas encore pleuré devant ses filles. Elle ne pouvait pas pleurer devant ses filles. Il fallait qu'elle soit forte pour elles.

« Oh ! mon Dieu, Maman, se lamenta Kathy. Ils le croient, c'est ça ? »

Kay secoua de nouveau la tête, mais la boule qui lui obstruait la gorge était trop grosse. Elle n'arrivait pas à parler. Les filles fondirent toutes les deux en larmes et Tink rebascula vers l'arrière sur son siège. Kay accéléra un peu, impatiente de finir le trajet ; elle avait besoin d'arriver à la maison et de garer la voiture pour prendre ses enfants dans ses bras.

« Tout ira bien », parvint-elle tout de même à dire.

Mais Tink et Kathy avaient entendu cette phrase toute la journée, et ça n'allait pas du tout. En réalité, rien n'était jamais allé *aussi mal* de leur vie. Julie et Robin avaient disparu, et avec chaque heure qui passait, chaque minute qui passait, il semblait de moins en moins probable qu'elles reviennent un jour. Et voilà que Tom était au commissariat central en train de passer un test polygraphique et que leur mère parlait d'avocats. Il était clair que tout n'irait pas « bien ».

« Tu peux t'arrêter, Maman ? demanda Tink d'une petite voix sur la banquette arrière. Je crois que je vais me remettre à vomir. »

Pendant ce temps-là, dans une pièce attenante à celle de la brigade des homicides, Gene était assis en face de la table de travail encombrée du policier le plus gradé en service ce jour-là, le lieutenant Steven

Jacobsmeyer. Jacobsmeyer avait appelé Gene dans son bureau lorsque Tom était descendu passer le test polygraphique. Gene était assis bien droit, rigide sur sa chaise, les mains négligemment posées sur les genoux. Il acquiesçait d'un air solennel aux paroles de Jacobsmeyer.

« C'est tout simplement… impossible, Mr. Cummins. C'est tout simplement trop *fantastique* pour être vrai. Il aurait fallu que votre fils fasse une chute de près de trente mètres en sautant de ce pont. *Trente mètres*, Mr. Cummins. Inutile de vous dire qu'il est impossible qu'il soit tombé d'une telle hauteur sans avoir subi de blessures plus sérieuses. Sans compter que selon les gardes-côtes, dans cette section du fleuve en particulier, l'eau coule à une vitesse d'au moins cinq nœuds. Allez, vous êtes un gars de la Marine. Faites le calcul. Il n'aurait en aucun cas pu survivre à l'épreuve qu'il décrit. Les gardes-côtes ont aussi mentionné que, dans cette partie du fleuve, le courant tire vers la rive côté Illinois. Si l'on en croit l'histoire de Tom, il a donc émergé sur la mauvaise rive. »

Le visage de Gene était un masque d'incrédulité. Ses narines palpitaient furieusement à mesure qu'il tentait d'absorber toutes les informations dont il était bombardé. C'était un homme à l'esprit vif, depuis toujours. Et il était diplômé en ingénierie même s'il n'avait pas terminé sa thèse. Non, il n'avait pas besoin qu'on lui explique qu'une chute de trente mètres provoquerait probablement la mort, ou qu'une chute de trente mètres occasionnerait à tout le moins quelques fractures osseuses.

« Maintenant, je tiens à souligner encore une fois que nous ne soupçonnons pas votre fils d'avoir *commis* ces crimes en personne, je ne le crois pas plus capable de meurtre que vous. Mais, si vous examinez les faits dans cette affaire, Mr. Cummins, votre conclusion logique doit être qu'il y a quelque chose qui cloche. Quelque chose qui ne colle pas. Il ne nous dit pas la vérité. »

Jacobsmeyer prit un trombone qui traînait sur son bureau et se rencogna dans son siège pivotant. Il ne tenait pas en place, observant la façon dont Gene luttait pour traiter toutes ces nouvelles informations. Jacobsmeyer se tut quelques instants pour le laisser les digérer.

« Lors de notre précédente conversation, vous avez mentionné que votre fils avait déjà souvent menti par le passé. »

Jacobsmeyer laissa cette phrase planer quelque temps dans les airs comme s'il s'attendait à ce qu'elle amène Gene à une quelconque prochaine étape logique. Gene réagit en le contemplant d'un air ahuri.

« Des mensonges à propos de bulletins de notes et de fêtes organisées en l'absence des parents, se défendit-il. C'est de ça que je vous ai parlé. Tous les gamins mentent au sujet de ce genre de trucs à l'occasion. Ce que vous évoquez a une tout autre dimension. Mon fils n'en est pas capable. C'est un bon garçon. Je ne peux pas… je ne… » Gene était à court d'arguments.

« Trente mètres, Mr. Cummins. Réfléchissez-y juste quelques minutes », répliqua Jacobsmeyer d'un ton acide.

Gene commençait à être agacé. Il n'avait pas besoin d'y réfléchir. Il comprenait les implications. Mais ce n'était simplement pas une situation à laquelle un parent était préparé. *D'accord, c'est trente mètres. Et après ? Mon fils est un menteur et un meurtrier ?* Non. Gene secoua la tête.

« Je ne sais pas ce que vous voulez m'entendre dire, répondit-il sèchement.

— Je veux que vous me disiez que vous allez nous aider. » Jacobsmeyer lança un regard suppliant à Gene et se pencha en avant, les coudes appuyés sur le sous-main vert kaki qui recouvrait son bureau. « Mr. Cummins, nous avons vraiment besoin de votre aide. Nous devons découvrir la vérité dans cette affaire. Si nous avons le moindre espoir de retrouver ces filles, ou de localiser de quelconques agresseurs potentiels, nous devons savoir tout ce qui s'est réellement passé là-bas la nuit dernière. Peut-être que tout s'est déroulé comme Tom l'a raconté, jusqu'au point où ces types les ont poussées du haut du pont. Supposons maintenant que Tom ait miraculeusement pu s'échapper, et qu'il ne soit pas tout à fait sûr de ce qu'il est advenu des filles ensuite. Une fois qu'il a réussi à s'enfuir et qu'il est en sécurité, il se met à avoir honte d'avoir abandonné ses cousines et de ne pas s'être davantage remué pour les aider. Alors naturellement, il court vers le bord de l'eau et patauge dans le fleuve, peut-être pour essayer de les trouver. Voyant qu'il n'y arrive pas, il remonte sur la route chercher de l'aide et concocte cette histoire en chemin dans le but de ne pas passer pour un lâche.

« Ou peut-être que c'est encore plus simple que ça. Peut-être qu'il a été si traumatisé par ce qui s'est passé là-haut qu'il a tout effacé. Il ne se souvient de rien, et il a honte de nous le dire. Il a besoin de savoir que, quelle que puisse être la vérité, ça va aller. Mais de notre côté, nous avons *besoin* de connaître cette vérité. »

Gene avançait et reculait mécaniquement les mâchoires en écoutant en silence. Il fixait le carrelage à damiers du petit bureau et considérait les hypothèses de Jacobsmeyer. Le lieutenant resta muet quelques minutes, se rencognant dans son siège et faisant voyager le trombone d'avant en arrière entre les jointures de sa main droite. Il pivota presque imperceptiblement dans son fauteuil.

« Il n'a pas chuté de trente mètres, Mr. Cummins, insista-t-il. Et s'il y a une personne dans ce bâtiment qui puisse lui arracher toute la vérité en ce moment même, c'est vous. Il vous respecte, et il vous écoutera. Il est manifestement pétrifié. Épuisé. Mais je crois qu'il désire très sincèrement nous aider. Il ne comprend sans doute pas qu'en inventant cette histoire pour camoufler un peu plus une vérité embarrassante, il pourrait compromettre la totalité de notre enquête. Plus vite il nous avouera ce qui s'est vraiment passé, plus vite vous pourrez le ramener chez vous ; quant à nous, nous pourrons faire avancer l'enquête dans une direction plus appropriée. À ce stade, vous êtes probablement notre seul espoir de trouver la moindre piste pour élucider ce qui est arrivé à ces filles. »

Gene était silencieux. Il se sentait mal à l'aise : il n'avait pas confiance en cet homme. Il était sûr que Jacobsmeyer soupçonnait davantage Tom qu'il ne le laissait transparaître. Certes, toutes ses hypothèses semblaient plus plausibles que la version des événements fournie par Tom, mais Gene était à peu près certain que le lieutenant ne croyait pas à ses propres théories. Il tentait juste de convaincre Gene, de le mettre en confiance pour qu'il participe à l'interrogatoire de Tom. *Trente mètres*, pensa-t-il. *Cette histoire est sûrement plus complexe que ce que Tom se rappelle ou nous a raconté.*

Il jeta un coup d'œil à Jacobsmeyer, dont l'expression demeurait sévère et patiente. Gene savait que, s'il coopérait, il resterait dans les bonnes grâces de la police. Et que, en retour, on le laisserait accéder à son fils, et par la même occasion maintenir un certain degré de contrôle de la situation, si infime soit-il. Il était déterminé à faire ce qui était préférable pour Tom, à rester intimement impliqué dans le processus. Gene leva les mains de ses genoux, puis, entrelaçant ses doigts dans un geste proche de la prière, les plaça dans son giron. Un éclair de dégoût le traversa à la vue de l'homme assis en face de lui, cet homme qui croyait que son fils était un meurtrier. *Je vais vous prouver que vous avez tort*, songea-t-il, avant de dire : « D'accord. »

Dans son article intitulé « La persuasion coercitive et le changement d'attitude » cité au début de ce chapitre, Ofshe affirme :

Dans des circonstances inhabituelles, les méthodes d'interrogation modernes de la police peuvent comporter certaines des propriétés d'un programme de réforme de la pensée [...]. *Bien qu'ils surviennent rarement en même temps, les ingrédients nécessaires pour provoquer de faux aveux que l'on croit temporairement sont : des soupçons erronés de la police, l'utilisation de certaines procédures d'interrogation communément employées, et un certain degré de vulnérabilité psychologique de la part du suspect* [...]. *Les tactiques employées pour obliger le suspect à changer de position et obtenir des aveux de sa part incluent des manœuvres conçues pour accentuer ses sentiments de culpabilité et de détresse émotionnelle* [...].

Une chose était sûre, la situation dans laquelle se trouvait Tom Cummins en cet après-midi du 5 avril 1991 pouvait être décrite comme totalement inhabituelle. Bizarre, même. Et d'autre part, alors que Tom était assis dans le bureau de Guzy en regardant avec envie par la fenêtre le paysage de l'après-midi dans les rayons faiblissants du soleil, sa vulnérabilité psychologique, son sentiment de culpabilité et son niveau de détresse émotionnelle crevaient tous les plafonds. Bien qu'il n'ait pas dormi depuis plus de trente-six heures, il ne se sentait même plus fatigué ni contrarié. Sa tête retombait simplement sur sa poitrine au moindre instant de calme. Et pourtant, en dépit de son épuisement et de son extrême détresse émotionnelle, Tom ne fléchissait pas.

« Je n'ai rien fait », se répétait-il, seul dans la pièce silencieuse.

En 1988, Ofshe conduisit, avec son collègue le Dr. Richard A. Leo, une autre étude pour la faculté de droit de la Northwestern University. Cette étude s'intitulait « Les conséquences des faux aveux : privation de liberté et erreurs judiciaires à l'âge de l'interrogatoire psychologique », et elle fut publiée dans le *Journal of Criminal Law and Criminology*. Dans cette étude, Ofshe écrivait :

Les interrogateurs deviennent parfois si investis dans la résolution d'une affaire qu'ils utilisent à mauvais escient certaines techniques psychologiques d'interrogatoire pour contraindre le suspect ou le persuader de faire une déclaration qui permette à l'interrogateur d'effectuer une arrestation.

Et il soulignait aussi :

Les policiers américains sont mal formés aux dangers des interrogatoires et des faux aveux. On leur apprend rarement comment éviter de provoquer des faux aveux, comment comprendre ce qui cause les faux aveux, comment reconnaître les formes que prennent les faux aveux ou leurs caractéristiques essentielles. À l'inverse, certains auteurs de manuels de techniques d'interrogation et certains formateurs persistent à croire sans preuve que les méthodes psychologiques contemporaines ne conduisent pas des innocents à avouer, fiction si abondamment contredite par toute la recherche au sujet des interrogatoires de police qu'elle peut être qualifiée de potentiel mythe meurtrier.

Dès les dernières heures de l'après-midi du 5 avril, les services de la police de St. Louis, surveillés de près par la communauté, brûlaient effectivement de conclure l'affaire. Deux jeunes filles aussi belles que douées manquaient à l'appel, et la police était incapable de produire la moindre réponse au sujet de leurs agresseurs. La police n'était même pas en mesure de produire des corps. Les médias avaient gobé avidement l'histoire rocambolesque que Tom avait racontée sur ces quatre brutaux violeurs/assassins, et le sensationnalisme entourant cette affaire atteignait des sommets encore inégalés à St. Louis. Julie et Robin étaient déjà caricaturalement canonisées sur tous les supports d'information. En résumé, cette histoire ressemblait de plus en plus à un cirque où les services de police occupaient le devant de la scène. Tous les projecteurs étaient braqués sur eux. Ils avaient besoin de réponses, et vite.

Lorsque Guzy revint voir Tom dans le petit bureau, il était accompagné d'un nouvel enquêteur. Il s'appelait Christopher Pappas, mais Tom ne se rappelait plus comment il connaissait le patronyme de ce nouveau venu. Les mondanités comprenant les présentations avaient désormais cessé : il avait dû entendre Guzy l'appeler par son nom.

« Tu es prêt à dire la vérité, maintenant ? » demanda Guzy.

Tom opina. De l'autre côté du bureau, l'inspecteur se pencha vers Tom, appuyé sur ses poings. Quant au nouveau venu, Pappas, il était posté derrière Tom, qui sentait les mains de l'enquêteur agripper le dossier de sa chaise. Le jeune homme se pencha légèrement en avant.

« Bon. Alors. Tu n'as pas sauté de ce pont, hein ? » commença Guzy à voix basse.

Tom avala sa salive et fit prudemment signe que si.

« *Bon Dieu de merde !* explosa Guzy en frappant de nouveau le bureau à deux mains. Ça *ne s'est pas* passé comme ça ! C'est impossible que tu aies sauté de ce pont. Nous *savons* que tu mens. Tu rends juste les choses plus difficiles pour tout le monde. Les gardes-côtes nous ont expliqué qu'il est impossible que tu aies pu émerger côté Missouri. »

Pappas mit son grain de sel par-dessus l'épaule de Tom.

« Je parie que tu ne savais pas qu'il y a des valves de prise d'eau dans cette portion du fleuve. Si tu avais su, tu aurais inventé une histoire plus plausible. Si tu avais sauté du pont de là où tu le prétends, tu serais coincé dans un tuyau quelque part à cette heure-ci, avalé tout cru. » La proximité de la voix de l'homme hérissait Tom, mais au moins il ne criait pas.

« Écoutez, je vous ai dit ce qui s'est passé, je ne sais pas ce que je peux raconter d'autre…

— La ferme, l'interrompit Guzy. Ferme ta putain de gueule, enfoiré.

— Je veux voir mon père », déclara alors Tom.

Guzy se mit à rire. Il paraissait vraiment trouver la requête de Tom pleine d'humour.

« Oh, tu veux voir ton papa ! Comme c'est mignon, se moqua Guzy en prenant une voix inhabituellement haut perchée et geignarde. Bon, j'ai bien peur que papa ne puisse rien pour toi, fiston. Tu l'as dans l'os. On sait ce que tu as fait et tu ne vas pas revoir ton précieux papa ni aucun membre de ta famille de tordus pendant très, très longtemps, à moins de commencer à te mettre à table. »

Ravalant un sanglot, Tom secoua la tête, mais garda le silence. Guzy pointa la porte du doigt, et Pappas et lui sortirent d'un pas traînant sans continuer la conversation, laissant de nouveau Tom seul. Quand la porte se rouvrit, ce fut sur Pappas, cette fois accompagné de Jacobsmeyer. Pappas reprit immédiatement son poste derrière la chaise de Tom, tandis que Jacobsmeyer s'asseyait au bord du petit bureau, laissant tomber d'un geste théâtral sa chemise cartonnée à côté de lui. Il prit place directement face à Tom et se pencha tout près de son visage en lui parlant.

« Devine qui est là », lui demanda-t-il.

Tom eut une lueur d'espoir tandis que son esprit passait en revue les possibilités à toute allure. Julie et Robin ? Papa ?

Jacobsmeyer sourit. « Tu sais, les quatre mecs que tu accuses d'avoir violé et tué tes cousines, les quatre mecs que vous avez rencontrés sur le pont ? Ben, c'est notre jour de chance ! On en a retrouvé deux. Bien sûr, leur histoire est un peu différente de la tienne, et ils sont *deux*. Dans une situation où c'est leur parole contre la tienne, nous devons prendre en compte le fait que ton histoire est évidemment physiquement impossible. Lève-toi une seconde, mon gars. »

Tom avait l'impression que son cœur faisait des bonds, cognant contre sa cage thoracique, quasiment prêt à lui remonter dans la gorge. Il battait si fort et si vite que le jeune homme le sentait dans sa peau, dans chaque extrémité de son corps. Les genoux tremblants, il se remit sur pied.

« Tu vois ce miroir là-bas ? » Jacobsmeyer indiqua la glace accrochée au mur derrière lui. « Eh bien, ce n'est pas vraiment un miroir, alors si tu pouvais simplement aller te mettre devant pour laisser ces gentils jeunes gens qui sont de l'autre côté t'examiner attentivement…

— Vous voulez dire que vous avez retrouvé ces mecs ? Et qu'ils sont… ils sont… ?

— C'est ça, ils sont juste de l'autre côté de ce miroir. Et ils nous ont expliqué ce qui s'est réellement passé là-haut. Nous savons que tu es un putain de tordu qui a tué ces deux filles. Va donc te mettre près du miroir et laisse-les te regarder. »

Les pieds fermement plantés dans le sol, Tom se contorsionna, hystérique, refusant de s'approcher de la glace.

« T'inquiète pas, ils ne peuvent pas t'atteindre ici. Bien sûr, si tu ne commences pas à te mettre à table et qu'on est forcés de te laisser rentrer chez toi, je ne peux pas te promettre qu'ils ne vont pas t'attendre dehors. Et je ne leur en voudrais pas du tout. Je pense que tu es un putain de tordu, et ils pensent que tu es un putain de tordu. La seule différence, c'est que moi, je ne peux pas te faire grand-chose parce que je suis policier.

— Vous ne pouvez pas les laisser filer ! explosa

Tom. Si vous les tenez, vous ne pouvez pas les laisser filer, il faut que vous me croyiez. Ils ont *violé* mes cousines. »

Tom avait beau trembler de tout son corps face au miroir, Jacobsmeyer se borna à lever les yeux au plafond devant sa terreur. Ils l'obligèrent à se tourner pour montrer son profil gauche, puis le droit, à un public imaginaire avant de l'autoriser à se rasseoir. Il n'y avait personne de l'autre côté. Clemons, Richardson, Gray et Winfrey étaient toujours dans la nature ; leurs emplois du temps quotidiens n'avaient pas changé d'un iota, et ils étaient tous très occupés à poursuivre le cours de leur vie.

« Eh, qu'est-ce que tu en penses, maintenant, le héros ? Tu es prêt à dire la vérité ? » demanda Jacobsmeyer alors que Tom s'évertuait sans succès à contrôler ses tremblements.

Tom acquiesça.

« Très bien. Voilà ce qui s'est passé à mon avis, reprit le lieutenant en ouvrant la chemise posée sur le bureau à côté de lui. Tu es allé sur ce pont hier soir parce que tu voulais coucher avec Julie, c'est ça ?

— *Non* », protesta Tom. Mais Jacobsmeyer continua comme s'il n'avait pas entendu.

« Tu es allé sur le pont pour coucher avec Julie, et quand elle a refusé, vous vous êtes battus. D'après nos deux "témoins" (le policier accompagna le mot "témoin" d'un grand geste vers le miroir qui recouvrait le mur du fond), "Julie est tombée, et ensuite, Robin a sauté pour essayer de la sauver".

— Non, non, absolument pas, reprit Tom. Ces mecs mentent. Ce sont *eux* les coupables.

— Tu n'avais pas l'intention de faire tomber Julie, mais c'est arrivé, et tu as paniqué », poursuivit le lieutenant en haussant le ton pour se faire entendre de Tom malgré ses protestations.

Tom continua à nier ces accusations à voix basse en secouant la tête, mais Jacobsmeyer enchaîna, énumérant divers scénarios tous plus alambiqués et malsains les uns que les autres, et qui incriminaient tous Tom dans la mort de ses cousines. Le policier finit par s'énerver et jeta la chemise cartonnée par terre.

« Tu sais quoi ? On a essayé de t'aider sur ce coup-là, mais on n'ira nulle part tant que tu refuseras de coopérer ! cria-t-il en toisant Tom avec dégoût. Tu me rends malade », ajouta-t-il avant de sortir de la pièce en claquant la porte.

À Fair Acres Road, c'était l'heure du dîner, mais la perspective de manger n'intéressait personne, surtout pas Tink. Grand-Mère Polly souhaitait désespérément se rendre utile et, comme à son habitude, elle chercha à se réconforter en tentant de nourrir ceux qu'elle aimait. Sa silhouette menue se détachait à contre-jour dans l'embrasure de la porte de la cuisine alors qu'elle regardait la salle à manger de plus en plus noyée d'ombre, où sa fille Kay était assise devant la table, le menton dans la main. Elle s'efforçait de rapporter à sa mère ce qui s'était passé cet après-midi-là, mais visiblement sans parvenir à établir une séquence chronologique des événements. Chaque instant depuis leur brutal réveil à 5 heures du matin avait ressemblé à une sorte de tourbillon surréaliste d'activité. Après s'être essuyé les mains sur son tablier propre, Grand-Mère Polly s'approcha de sa fille pour la prendre dans ses bras.

« Et si on préparait à dîner pour ces gamins,

chérie ? hasarda-t-elle. Ils ont tout de même besoin de manger. »

Kay eut un pâle sourire.

« Excellente idée. Écoute, Maman, je ne sais pas vraiment comment te dire ça, mais je crois que c'est peut-être moi qui devrais préparer le dîner ce soir. Les filles adorent ta cuisine, mais elles sont carrément chamboulées, et j'ai envie d'essayer de rendre les choses aussi familières que possible pour elles. Je pensais cuisiner un plat tout simple et ordinaire, au moins pour tenter de persuader leurs estomacs que la situation est normale. Tink n'a rien avalé de la journée, et elles ont toutes les deux vomi.

— Bien sûr, ma belle, répondit sa mère en serrant les mains de Kay dans les siennes. Fais pour le mieux. Mais uniquement si tu m'autorises à t'aider.

— Merci, Maman. »

Kay alla dans le séjour, où étaient assis son père et ses deux filles, hypnotisés par l'écran de télévision. Il y avait aussi les deux frères de Kay, qui venaient d'arriver et tentaient de détendre l'atmosphère sans paraître insensibles. Toutes les heures, leur tragédie familiale avait été étalée dans une édition spéciale à la télévision, et des annonces invitaient régulièrement les téléspectateurs à « allumer le poste à 18 heures pour un compte rendu détaillé en direct ». Kay consulta brièvement la pendule. Il était environ 17 h 55, et partout à St. Louis, les gens retenaient leur souffle. Elle alla s'installer entre ses deux filles sur le canapé en velours bleu, espérant pouvoir échanger quelques mots avec elles avant l'affreux bulletin d'informations et le bouleversement inévitable qui s'ensuivrait.

« Je vais préparer le dîner, dit-elle. Qu'est-ce qui vous ferait plaisir, les filles ? »

Kathy haussa les épaules, et Tink resta muette.

« Tink ? »

La jeune fille fit non de la tête.

« Hé, il faut bien que tu manges quelque chose. Tu n'as rien avalé de la journée, riposta Kay.

— Je suis incapable d'avaler quoi que ce soit, répliqua sa fille à voix basse. Et en plus, je n'ai pas faim.

— Je préparerai ce que tu veux… tout ce que tu veux. Tu n'as qu'à me dire quoi. »

Tink secoua la tête de plus belle.

« Je ne peux pas. Je vais juste me remettre à vomir.

— Et si je servais des hot-dogs ? Ou des pancakes ? De la glace ? *Tout ce que tu veux*, ma puce », supplia Kay en écartant la frange du front de Tink.

Les yeux de sa fille étaient baignés de larmes, mais elle parvint à les retenir.

« D'accord, je vais essayer, Maman, finit-elle par concéder. Prépare ce que tu veux. »

En fin de compte, le bulletin télévisé n'apporta pas beaucoup de changements. Les médias n'avaient tout bonnement rien à rapporter. On ne sait trop comment, l'un des correspondants des chaînes locales avait mis la main sur une photo de chacune des deux filles et les avait affichées en bandeau au-dessus du programme, en inversant leurs noms – celui de Julie sous la photo de Robin et vice versa. C'était presque trop exaspérant pour mériter un commentaire, mais il n'était pas question que Tink laisse passer cette occasion.

« Ils pourraient au moins se débrouiller pour ne pas se tromper dans leurs noms, s'indigna-t-elle. S'ils insistent pour envahir notre intimité, pour harceler Jamie et donner notre famille en spectacle, le minimum, ce serait de ne pas inverser les noms de Julie et Robin. »

Comme elle avançait dangereusement la mâchoire inférieure, personne n'osa la contredire. Grand-Mère Polly émit quelques *tss-tss* réprobateurs en guise de soutien, et Kay lui caressa les cheveux.

Quant à Grand-Père Art, il renchérit : « C'est tout simplement affreux », sur quoi Kathy s'éclipsa pour aller vomir.

Skip, celui des frères de Kay qui était le comédien de la famille, suivit sa nièce dans le couloir jusqu'à la porte de la salle de bains. Il attendit que les bruits de ses haut-le-cœur se calment à l'intérieur pour frapper bien fort en criant à travers le battant : « Pas la peine de tirer la chasse, c'est juste un gâchis d'eau. C'est ta mère qui cuisine, alors on va tous finir là-dedans après dîner de toute façon. »

Et sa blague fonctionna. Quand Kathy rouvrit la porte, elle avait des larmes de rire dans les yeux et tous les occupants du salon furent pris de gloussements nerveux particulièrement bienvenus.

« On éteint cette connerie, d'accord ? » dit Tink de sa voix la plus normale de la journée.

Grand-Père Art s'extirpa péniblement de son fauteuil pour couper la chique à l'imposant poste de télévision. « Ouais, allons dîner », approuva-t-il.

Lorsque Gene Cummins fut conduit dans la pièce où son fils tremblant était assis devant une nouvelle table vide, il fut saisi d'un pincement de regret d'avoir accepté de participer à cette débâcle. Néanmoins, il s'arma de courage pour la tâche qui l'attendait. Il savait que Tom était incapable de faire du mal à qui que ce soit, et encore moins à Julie et Robin. Bien sûr, il avait des antécédents de mensonges à l'époque où il était gamin, et un nombre non négligeable de preuves suggérait qu'il ne disait pas *entièrement* la vérité en ce moment. Mais quelle que puisse être cette vérité, Gene était sûr à cent pour cent qu'elle n'incriminerait Tom en aucune manière. Il était déterminé à l'obtenir en interrogeant son fils une bonne fois pour toutes, pour prouver à Jacobsmeyer et au reste de ces gars que, même si Tom s'était peut-être senti déboussolé ou honteux, ce n'était certainement *pas* un meurtrier.

Gene prit place à côté de lui, et ils se dévisagèrent posément. Ce fut un instant délicat, avec tous ces regards des policiers présents dans la pièce braqués sur eux et leur lourd silence. Gene aurait voulu qu'ils se retrouvent seuls afin de pouvoir simplement prendre son fils dans ses bras. Malgré ses yeux brillants et pleins de larmes, ses joues rouges encore maculées de traces de saleté, celui-ci semblait maître de lui-même. À l'évidence, il était soulagé de voir son père. Gene inspira profondément et débita ce qu'il avait à dire d'une traite.

« Tom, la situation ici est sacrément moche, commença-t-il. Je sais que nous avons eu des différends dans le passé, que tu as raconté un tas d'histoires à dormir debout quand tu étais gamin et que j'ai été affreusement dur avec toi. Mais tout ça a changé ces dernières années. C'étaient seulement les enfantillages habituels, et tu les as dépassés comme j'ai toujours su que tu le ferais. Aujourd'hui, tu as mis de l'ordre dans ta vie et on est tous tellement fiers de toi : ta mère, tes sœurs et moi. C'est pour cette raison que je veux que tu saches que, quoi qu'il ait bien pu se passer hier soir sur ce pont, tu peux me le dire. Je sais que tu n'aurais jamais rien fait pour nuire à qui que ce soit intentionnellement. »

Tom avait cessé de regarder son père en face à peu

près au milieu de son petit discours, et sa respiration était devenue brève et hachée. Il balaya la pièce du regard, observant un policier après l'autre, puis se remit à plisser les yeux, tandis que ses joues prenaient une teinte encore plus écarlate. Ses lèvres s'étaient serrées pour dessiner un petit arc, et il était incapable de parler. Il était persuadé qu'il allait vomir, mais son estomac était vide. Son propre père ne le croyait pas. Son esprit commença à se détacher de lui, et Tom émit un son rauque et bas si inhumain que Gene et les policiers ne comprirent d'abord pas d'où il venait. C'était un gémissement sourd qui naissait au creux de son estomac et prenait de l'ampleur à mesure qu'il montait dans son corps pour s'en échapper. Il exprimait un chagrin si intense que Gene eut le cœur brisé. Il entoura son fils de ses bras, sans pour autant réussir à arrêter ces lamentations.

« Écoute-moi, fiston, tenta de raisonner Gene à l'oreille de Tom d'un ton pressant, haussant la voix pour couvrir ses plaintes. Ça va aller. Peu importe ce qui a pu se passer, ça va aller. *Explique-moi.* Pas de quoi avoir honte. »

Mais Tom était devenu hystérique et, même s'il avait eu une autre vérité à raconter, il en aurait été incapable. Sa langue était pâteuse et il avait inhalé un torrent de larmes par les narines et la bouche lorsqu'il avait arrêté de gémir suffisamment longtemps pour reprendre sa respiration. Cet épisode se prolongea quelques minutes, durant lesquelles il s'appliqua en vain à reprendre le contrôle de ses sens et de son corps. Quand il parvint enfin à réguler sa respiration et que ses larmes se réduisirent à un goutte-à-goutte régulier, il se mit à parler par à-coups. Bien qu'il se soit couvert à la hâte le nez et la bouche avec ses manches, toutes les personnes présentes dans la pièce comprirent ses paroles étouffées.

« Je vous ai dit la vérité, *bon Dieu* ! Pourquoi personne ne me croit ? »

Sa voix était empreinte de désespoir, et il avait croisé les bras sur son ventre comme pour atténuer sa nausée. Gene essaya en vain de réconforter son fils, qui s'était mis à se balancer d'avant en arrière dans son giron. Il y eut quelques instants de calme. Ensuite, Gene lui résuma les faits tels que le lieutenant Jacobsmeyer les lui avait présentés, et les raisons principales pour lesquelles les policiers doutaient de son histoire.

« La chute de ce pont représente trente mètres, fiston. Tu n'as pas pu tomber de cette hauteur. C'est juste impossible. Tu n'aurais probablement pas survécu », reprit doucement Gene.

Tom secoua la tête sans un mot, puis répondit : « Je ne sais pas quoi te dire. Je ne sais pas quoi te dire d'autre. C'est ce qui s'est passé », conclut-il avant d'abandonner encore une fois tout contrôle de ses émotions.

Pour reprendre les termes du manuel de formation de la police précédemment cité, *Criminal Interrogation and Confessions* :

La ruse et la tromperie sont par moments indispensables au processus de l'interrogatoire criminel. Comme nous l'avons souligné, elles ne présentent pas le risque d'induire de faux aveux.

Ce manuel, le même qui est utilisé dans tous les États-Unis pour former nos policiers à la bonne conduite d'un interrogatoire, explique en détail que la

Cour suprême des États-Unis a autorisé l'utilisation de la ruse et de la tromperie dans ce cadre. Ce texte donne également divers exemples où les suspects ont été amenés par la ruse à faire des aveux recevables. De plus, le manuel *incite* effectivement les policiers à se servir de la ruse et de la tromperie pour provoquer des aveux chaque fois que c'est nécessaire, dans les limites de ce que l'on appelle la « décence ».

En cet après-midi du 5 avril 1991, Gene Cummins aurait trouvé ces simples informations au sujet de la tromperie policière extrêmement pertinentes. Car il avait beau être un homme intelligent et éduqué, un homme doté de ce qu'on aurait pu décrire comme un degré sain de scepticisme vis-à-vis de la police étant donné la situation dans laquelle il se trouvait, il n'avait jamais lu *Criminal Interrogation and Confessions.* Il était donc loin de se douter que la police ferait preuve d'une malhonnêteté flagrante. Il ignorait même que ce genre de supercherie était légal. Et c'est pour cette raison qu'il n'avait jamais imaginé qu'il resterait assis poliment dans le bureau de Jacobsmeyer alors que la vie de son fils était en jeu à quelques mètres de là, et que le lieutenant le regardait droit dans les yeux en lui racontant des mensonges éhontés.

Tom Cummins n'avait pas chuté de trente mètres du haut de l'Old Chain of Rocks Bridge. Il n'était tombé que d'une quinzaine de mètres.

9

Pour Tom, le pire moment de tout ce cauchemar fut celui où son père entra dans la petite pièce pour l'encourager à lui dire la vérité. Avant cet instant-là, peu importait qui lui hurlait dessus ou l'insultait, il avait la certitude que d'une manière ou d'une autre, avec l'aide de sa famille, il parviendrait à se sortir de ce pétrin. Il s'agissait clairement d'une erreur. D'une méprise énorme, gigantesque.

Cependant, quand il eut la révélation que son propre père ne le croyait pas, Tom abandonna tout espoir. À un certain point de la scène d'hystérie qui s'ensuivit, on arracha physiquement Gene à son fils, qui se retrouva de nouveau seul avec Jacobsmeyer et Pappas. Il se fichait de ce qui allait se passer maintenant. Les choses pouvaient difficilement s'aggraver. Il se fichait d'être arrêté. Il se fichait même d'être condamné. Et lorsque Jacobsmeyer sous-entendit que des aveux étaient sans doute préférables à la chaise électrique, Tom ne parvint pas à se sentir concerné de près ou de loin. La chaise électrique ne lui faisait pas peur : cela ne pouvait pas être pire que ce qu'il était en train de vivre. Il voulait juste qu'on le laisse tranquille, pour pouvoir pleurer, laisser libre cours à son chagrin, et dormir.

« On va réessayer, d'accord ? lança Jacobsmeyer en s'installant sur une chaise face au jeune homme. Voilà ce qui s'est passé. » Le lieutenant recommença à lui énumérer divers scénarios, et Tom resta assis en faisant non de la tête. Mais le cœur n'y était plus. Il démentait chaque nouvelle accusation d'une voix toujours plus basse et faible, et Jacobsmeyer le sentit.

« Une fois que Robin a sauté dans le fleuve pour sauver Julie, tu as paniqué, couru jusqu'au bord de l'eau, et sauté à ton tour pour aller à leur recherche. Comme tu ne les retrouvais pas, tu es parti chercher de l'aide, et c'est là que tu as fait signe au camionneur pour qu'il s'arrête et qu'il appelle la police. C'est ce qui s'est passé en réalité. Pas vrai ? » conclut le lieutenant.

Tom regarda le plafond et expira un grand coup avant de répondre. « Vous savez quoi, dit-il lentement avec le courage que confère le désespoir absolu, vous allez croire ce que vous voudrez, bon sang. Je vous ai dit la vérité. Si c'est ce que vous voulez croire, alors *d'accord.* Bien sûr. Pourquoi pas ? C'est ce qui s'est passé. »

Des aveux.

« Ça y est ! s'exclama Jacobsmeyer en levant les yeux vers Pappas, posté à sa place habituelle derrière le siège de Tom. On a obtenu des aveux. »

Jacobsmeyer et Pappas quittèrent la pièce à la hâte, tels deux hommes investis d'une mission, et, pour la première fois de la journée où on le laissait seul, Tom ne dormit pas. Il tenta de réfléchir à ce qui venait de lui arriver, et la seule émotion qu'il parvint à ressentir en guise de réaction fut le soulagement. Il n'avait plus peur. Il avait touché le fond. Le mot « aveux » ne l'effrayait pas non plus. Il n'y avait pas d'enregistrement. Il n'avait rien signé. Et cette phrase qui tenait lieu d'« aveux », il l'avait crachée dans un moment de frustration sarcastique. Si ça, ce n'était pas du grand art en matière de sarcasme ! Robin aurait été fière de lui, songea-t-il en se mettant à rire tout seul. Il gloussait encore à cette idée au moment où la porte s'ouvrit avec fracas sur Pappas, qui passa la tête dans l'ouverture.

« Viens », ordonna-t-il à Tom.

Pappas l'emmena au sous-sol du commissariat central et lui fit traverser un parking souterrain mal éclairé. Une heure plus tôt encore, Tom aurait été terrifié à l'idée de se retrouver seul dans un endroit pareil avec ce policier si affreusement intimidant. Mais à présent, il se sentait en confiance, en sécurité. L'homme n'était pas en train de crier ou de le fusiller du regard. Il marchait à côté de lui, presque comme un être humain civilisé, se dit Tom.

« Où est-ce qu'on va ? s'informa-t-il d'une voix riche d'une audace nouvelle.

— Au studio d'enregistrement vidéo, annonça Pappas d'un ton moins bourru que celui que Tom l'avait entendu utiliser toute la journée, pour que nous puissions mettre en boîte tes aveux. »

C'était presque comme si la perspective de conclure cette affaire avait calmé toute l'animosité que l'inspecteur avait pu ressentir envers lui. Il le détestait beaucoup moins d'être un meurtrier qu'il ne l'avait précédemment détesté d'être un menteur. Comme il n'avait pas spécialement envie de ranimer sa colère, Tom se contenta de hausser les sourcils et d'acquiescer sans un mot. Il attendrait que la caméra vidéo soit lancée pour proclamer de plus belle son innocence. Ils atteignirent une porte au bout du parking, et Pappas l'ouvrit pour le laisser passer. Ils se trouvaient dans un énième long couloir au sol en linoléum jalonné de portes closes. Pappas le conduisit à l'une d'entre elles et tendit la main vers la poignée. La porte était verrouillée.

« Merde ! jura-t-il. Le type des équipements n'est pas encore arrivé. On va attendre ici. »

Après avoir fait volte-face, il entraîna Tom vers une porte ouverte au bout du couloir. La pièce était équipée de plusieurs distributeurs de snacks et de sodas, ainsi que d'une table flanquée de deux longs bancs. Tom s'assit tandis que le policier introduisait des pièces de vingt-cinq cents dans l'une des machines.

« Tu en veux une ? proposa-t-il au jeune homme par-dessus son épaule.

— Ouais. »

Pappas posa une canette glacée devant lui et ouvrit la sienne en s'asseyant à son tour.

« Cigarette ? proposa-t-il.

— Ouais. »

C'était la première que Tom fumait ce jour-là, et elle le relaxa au-delà de toute espérance. Il tenait son Coca dans sa main libre, avalant une gorgée entre chaque bouffée. À côté de lui, Pappas semblait presque pensif, en admettant toutefois que cet homme en soit capable, comme se le fit remarquer Tom.

« Qu'est-ce qui s'est passé là-haut, bon sang ? » lui demanda doucement Pappas.

Tom fut choqué du calme absolu de la voix du policier. On aurait presque pu croire qu'elle était indifférente. Il secoua la tête en tirant sur sa cigarette avec un sourire ironique. Il avait le sentiment de maîtriser davantage la situation qu'à aucun autre moment de la journée.

« Vous savez quoi, fit-il d'une voix claire et assurée,

quand le type des vidéos va arriver ici et que la caméra tournera, je vous dirai ce qui s'est passé.

— Dis-le-moi tout de suite, insista Pappas, pareil à un adolescent avide de ragots juteux. Qu'est-ce qui s'est passé ?

— D'accord, acquiesça Tom en finissant sa dernière gorgée de Coca. Vous voulez savoir ce qui s'est passé ? Je vais vous dire ce qui s'est passé. Vous avez merdé, les gars. Vous ne tenez pas le bon mec, putain, et il y a quatre meurtriers qui se baladent en liberté. Voilà ce qui s'est passé, putain. Je ne ferai aucune foutue vidéo et je ne répondrai plus à aucune question, parce que autrement je risquerais de m'incriminer. »

Tom écrasa son mégot dans le petit cendrier en plastique vert posé sur la table devant lui. Il fit de son mieux pour ne pas guetter la réaction de Pappas, mais il était content de s'être exprimé. Sa déclaration était courageuse, et elle résumait tout ce qu'il avait à dire. À côté de lui, Pappas hocha la tête en considérant ses paroles.

« Bon, reprit-il d'un ton lugubre, j'imagine que ça ne sert à rien d'attendre ici dans ce cas. On va remonter et voir ce qu'on fait maintenant. »

Après avoir reçu un appel de Gene au cours du dîner lui rapportant la nouvelle du catastrophique passage de Tom au détecteur de mensonge, Kay employa la demi-heure suivante à parler à voix basse au téléphone dans la chambre de ses parents. Tink et Kathy n'entendaient pas un traître mot malgré tous leurs efforts pour écouter à la porte. Au bout de quelques minutes, Grand-Père Art les chassa, mais elles revinrent en catimini à plusieurs reprises. Kay appela d'abord Sheila chez Ginna. Celle-ci attendait manifestement près du téléphone.

« Tout est réglé, dit Sheila d'un ton très professionnel. Il sait que tu risques d'appeler, même s'il n'est pas encore au courant de tous les détails. Son nom est Frank Fabbri. »

Après l'avoir remerciée, Kay nota le numéro et raccrocha. Son appel suivant était destiné à Frank Fabbri, avocat pénaliste de la défense. Fabbri se montra cordial avec Kay, mais, comme Sheila, il fut bref, et alla droit au but. Une fois qu'elle se fut présentée, il la soumit presque immédiatement à un feu nourri de questions. Kay y répondit de son mieux.

« Vous voulez dire qu'il a passé la journée au commissariat central à répondre à des questions sans être en présence d'un avocat ? s'enquit Fabbri, presque en colère.

— Hmm-hmm, confirma Kay. Il a insisté pour les aider.

— Merde, jura l'avocat, qui se lança sans perdre de temps dans une liste détaillée d'instructions. Bon, voilà ce que j'ai besoin que vous fassiez. Appelez votre mari au poste. Demandez-lui d'aller directement trouver l'officier de permanence et de lui dire : “Ça suffit, maintenant. J'emmène mon fils et nous partons.” Demandez-lui de noter mot pour mot la réponse du policier, puis de vous rappeler sur-le-champ pour vous en informer. Et ensuite, vous me rappelez. »

Kay écouta ces instructions, de plus en plus effrayée à chaque minute qui passait, mais sa peur parut la rendre plus déterminée. Maintenant, elle avait enfin une tâche concrète à accomplir. Maintenant, elle pouvait se rendre utile. La seule chose qui l'avait empêchée de s'emporter contre les policiers jusque-là avait été son instinct maternel, qui lui dictait de soutenir Tom. Elle avait été dégoûtée de la manière dont ils l'avaient écartée sur le pont ce matin-là. Ils l'avaient tour à tour traitée avec condescendance et ignorée tout en parlant d'une voix pressante et respectueuse à son mari. *Ils portaient leur sexisme en bandoulière, aussi fièrement que leurs badges*, pensa-t-elle. Et maintenant qu'ils lui avaient fourni une raison d'être en colère en tant que mère, maintenant qu'ils accusaient son fils, sa fureur fut aussi prompte que stimulante. Elle prit une profonde inspiration pour se donner du courage, et composa aussitôt le numéro que Gene lui avait donné. On lui avait déjà retiré depuis quelque temps le bureau et le téléphone d'un des inspecteurs de la salle des homicides qui avait exceptionnellement été mis à sa disposition. Il décrocha le combiné fixé au mur au bout d'une demi-sonnerie.

« Bon, il faut que tu ailles voir l'officier de permanence et que tu lui annonces très posément que Tom et toi, vous partez. Note les termes exacts de sa réponse, et rappelle-moi », lui expliqua Kay.

Elle raccrocha, attendit. Quand le téléphone sonna quelques minutes plus tard, elle sursauta et s'empara brusquement du combiné. Gene donnait l'impression d'être plus désespéré que jamais.

« Tu es prête ? » commença-t-il.

Le stylo levé au-dessus du petit bloc-notes posé en équilibre sur son genou, Kay confirma que oui.

« Il a dit : "Vous êtes libre de partir dès que vous voulez, mais Tom n'ira nulle part." » Gene lisait ce qu'il avait noté sur un carnet acheté durant la journée. Sa voix tremblait distinctement, et il essaya de la contrôler en s'éclaircissant la gorge. « C'était plus ou moins ce à quoi je m'attendais, mais je n'ai pas trouvé ça encourageant du tout. »

Kay se mordilla la lèvre inférieure et répondit à son mari avec toute la détermination qu'elle put trouver.

« Ce n'est pas grave. Je crois qu'on s'y attendait tous. Je ferais mieux de prévenir Fabbri, et je te rappelle tout de suite après. »

Ils raccrochèrent de nouveau. Cette fois-ci, Kay composa le numéro avec un peu plus de nervosité. Elle ne put s'empêcher de remarquer la façon que sa main avait de trembler en appuyant sur les touches. Elle tenta, par la seule force de sa volonté, de calmer le bout de ses doigts et de les empêcher de tressauter, mais son corps tout entier flageolait sous l'effet de la peur et de l'afflux d'adrénaline.

« Ils disent qu'il ne peut pas partir. » Elle avait délivré cette information à Fabbri sans préambule.

« Très bien, je suis en route pour le poste. Rappelez votre mari, dites-lui de retourner voir l'officier de permanence, et prévenez-le que vous avez engagé un avocat pour Tom et que cet avocat s'appelle Frank Fabbri. Dites-lui d'exiger que l'interrogatoire cesse immédiatement et de noter encore une fois mot pour mot la réponse du policier. Kay, votre fils est tellement épuisé à l'heure qu'il est qu'il serait incapable de dire au pape ce qui s'est passé », conclut Fabbri.

Kay jeta un coup d'œil à la pendule sur la table de nuit de son père et fit un rapide calcul mental. A priori, il y avait désormais trente-six heures que Tom était debout.

« Les prochaines heures vont être un peu angoissantes pour vous, continua Fabbri. La police ne veut pas laisser partir Tom, mais il est clair qu'elle ne peut pas le garder plus longtemps sans l'arrêter, et donc, il est fort probable qu'il le soit. Le motif sera sans doute deux accusations de meurtre au premier degré, mais à mon avis ils ne disposent pas d'arguments valables. À vrai dire, nous leur forçons juste la main pour nous assurer que l'interrogatoire cesse sur-le-champ. Alors ne vous affolez pas à cause de ça. Il faut que j'aille là-bas tout de suite, et je vous rappellerai après avoir vu votre fils. Il vaut peut-être mieux que vous mettiez votre mari au courant de cette conversation. »

Kay acquiesça, sentant sa respiration devenir brève et hachée.

Tout ce qu'elle trouva à ajouter fut : « Merci. »

Elle rappela Gene avec sa nouvelle série d'instructions et lui demanda de la recontacter juste après. Cette fois-ci, il avait l'air presque soulagé.

« Bon, qu'est-ce qu'il a dit ? interrogea Kay.

— Je leur ai répété tes paroles mot pour mot, à savoir que nous avions engagé un avocat pour Tom et que le nom de cet avocat était Frank Fabbri, et la réponse du sergent a été, je cite : "Oh merde, c'est Fabbri !" Apparemment, on a engagé le bon mec. Sa réputation le précède par ici. »

Kay interrompit son mari.

« Gene, il faut que je te raconte le reste de mon échange avec Fabbri. Il m'a mise en garde sur un ou deux points. D'après lui, en les forçant à interrompre l'interrogatoire, on les pousse plus ou moins à procéder à une arrestation. Et si Tom est arrêté, ce sera très probablement pour deux chefs d'accusation de meurtre au premier degré. »

Gene garda le silence. Quelque chose le distrayait de l'autre côté de la ligne.

« Gene ? fit Kay. Gene ? »

Comme il ne répondait pas, elle écouta l'échange

verbal qui résonna dans le couloir du commissariat central. Un bruit de pas qui se rapprochaient. La première voix était grave, et Kay ne la reconnut pas. Elle ne discernait que des sons étouffés, mais elle entendit Gene dire « Oui ? », et puis la même voix reprit, plus distinctement cette fois :

« Votre fils est en état d'arrestation pour deux chefs d'accusation de meurtre au premier degré dans le cadre des homicides de Julie et Robin Kerry. »

Gene laissa tomber le combiné, emplissant instantanément Kay de panique. Elle cria son nom plusieurs fois, et Tink et Kathy, perdant patience, ouvrirent en grand la porte de la chambre en percevant la terreur dans la voix de leur mère. Elles restèrent agrippées l'une à l'autre sur le seuil sans s'approcher de Kay, qui ne parut pas remarquer leur arrivée. Une lueur sauvage dans le regard, elle marchait de long en large, téléphone en main, en criant le nom de leur père. Au bout d'environ trente secondes, la voix étranglée de Gene revint, et il éclata en sanglots à l'autre bout du fil.

« Je vais devoir te rappeler », dit-il.

Et avant que Kay ait pu répondre, on n'entendit plus que la tonalité à l'autre bout de la ligne.

Lorsque Fabbri pénétra dans la petite salle d'interrogatoire où il savait que Tom Cummins l'attendait, le spectacle qui s'offrit à lui dépassa ses pires craintes. Il savait ce qu'étaient les interrogatoires, à quel point ils pouvaient être traumatisants pour un suspect, en particulier si ce dernier était innocent. Néanmoins, Tom Cummins donnait l'impression d'avoir fait un aller-retour en enfer. Les paupières du jeune homme étaient si gonflées et rouges qu'il pouvait à peine les ouvrir, et il ne tenta même pas de parler à ce nouveau venu, vêtu d'un costume italien chic, qui était entré d'un pas décidé. Les officiers de police qui s'étaient succédé toute la journée portaient des vêtements variés allant du grunge à l'uniforme en passant par des tenues de bureau décontractées. Et quand Fabbri arriva, Tom supposa que c'était simplement le dernier de la série. Après avoir traversé à pas lents la pièce, Fabbri posa son attaché-case sur la table. Il s'assit et observa un moment Tom en silence. Il ne savait pas encore trop quoi penser du jeune homme, mais une chose était claire : il était malheureux au-delà de toute expression.

« C'est fini, déclara Fabbri à voix basse en le regardant droit dans les yeux.

— Quoi donc ? voulut savoir Tom.

— C'est fini. Tous ces interrogatoires », répéta Fabbri.

De l'autre côté de la table, Tom cligna des paupières. Il ne pouvait pas s'autoriser à espérer que cet homme disait la vérité. Il secoua la tête. Fabbri mit lentement sa main dans la poche intérieure de sa veste de costume pour en extirper son portefeuille. Il en sortit son permis de conduire et sa carte de l'association du barreau du Missouri, qu'il poussa vers Tom en lui faisant signe de les prendre et de les examiner.

« Je suis avocat, expliqua-t-il, et un ami de ta famille. C'est ta tante Sheila qui m'a appelé, et je suis venu te dire que cette journée de cauchemar est terminée. »

Tom étudia les deux cartes, qu'il retourna avec incrédulité dans ses mains en lisant jusqu'au dernier mot imprimé dessus. Son regard revint ensuite se poser sur Fabbri, et il resta silencieux.

« Alors, on a une bonne nouvelle, et une mauvaise, poursuivit Fabbri. Je t'ai déjà annoncé la bonne. Plus d'interrogatoires. Plus de mensonges. Plus de conneries.

Je ne suis *pas* un flic. Or c'est la seule chose sur laquelle les flics n'ont pas le droit de mentir. Il est illégal de se faire passer pour un avocat. Et je suis *ton* avocat. Tu comprends ce que je suis en train de te dire ? C'est fini, tout ça. Je suis de ton côté. Personne ne peut plus t'atteindre maintenant. Ils ne peuvent plus te poser aucune question. C'est fini, tout ça. »

Tom lâcha la carte de l'association du barreau du Missouri, qui glissa entre ses doigts pour aller atterrir à l'envers sur la table. Il renversa la tête en arrière et s'autorisa à laisser couler des larmes de soulagement sur ses joues.

« La mauvaise nouvelle, maintenant : la police va t'arrêter. Voilà ce qui va se passer. Ils vont t'emmener quelque part dans ce bâtiment. Ils vont prendre des photos d'identité judiciaire, et ils vont t'arrêter pour deux chefs d'accusation de meurtre au premier degré. »

Tom acquiesça. Il n'avait pas l'air d'avoir peur ; il n'avait même pas l'air surpris. Il se bornait à écouter attentivement. Fabbri se demanda si le gamin était en état de choc.

« Ça va aller. Ils y sont plus ou moins *obligés* maintenant que je suis là. Ils vont t'emmener en cellule, toujours quelque part dans ce bâtiment, et tu vas devoir passer la nuit ici. Je veux que tu saches que tout ça, c'est normal. Que tout ça, c'est bien. C'est ce qui doit se passer à ce moment précis, et c'est la première étape vers ton acquittement, d'accord ? On va s'en sortir. Toute ta famille est derrière toi », dit Fabbri en employant un ton le plus conciliant possible.

Il s'adressait à Tom comme un instituteur peut s'adresser à un élève de maternelle, ce qui ne gênait pas du tout le jeune homme. En réalité, c'était exactement ce qu'il avait besoin d'entendre, prononcé exactement sur le ton qu'il avait besoin d'entendre. Il avait envie de s'effondrer de soulagement. Apprendre que sa famille le soutenait lui rendit un peu d'espoir, le sortit un peu du trou, sauf qu'en conséquence il était aussi plus terrifié que jamais. Bien qu'il n'ait pas essayé de se servir de sa voix depuis quelque temps, et qu'il ne soit pas sûr de savoir quel genre de couinement ou de trémolo sortirait de sa bouche quand il l'ouvrirait, les paroles de Fabbri lui donnèrent le courage nécessaire.

« J'ai besoin de savoir que vous me croyez, dit-il doucement. J'ai besoin de savoir que *quelqu'un* me croit. »

Les paroles du garçon déclenchèrent chez Fabbri une émotion inattendue. Le désespoir des suspects avait cessé de l'affecter sur le plan émotionnel depuis des années, mais ce jeune homme était différent. Son plaidoyer était si authentique, sa voix emplie d'un chagrin si pur alors qu'il cherchait une confirmation sur les traits de ce parfait inconnu…

« Je te crois, Tom », répondit-il résolument.

Et rien qu'au son de ces quatre mots, Tom se ratatina sur la table en pleurant comme un veau. Ses doigts agrippèrent sauvagement les cheveux de sa nuque pendant qu'il sanglotait sous le regard triste de Fabbri. L'avocat le laissa pleurer quelques minutes. Dès que son client se fut calmé, il lui tendit un mouchoir et lui donna quelques détails supplémentaires sur ce à quoi il devait s'attendre durant les heures à venir.

« Tu ne dois parler à *personne* ce soir tant que tu es dans ce bâtiment. Une fois qu'ils t'auront arrêté et emmené dans ta cellule, il est possible que tu sois encore harcelé. S'ils viennent te chercher et qu'ils tentent de t'interroger, *ne dis rien*. Pas un seul mot.

Ne leur dis même pas ton nom. Je reviendrai te voir demain matin. »

Au moment où Fabbri se leva pour partir, Tom eut envie de se jeter dans ses bras. Envie de crier : « Ne partez pas ! », d'enlacer et d'embrasser cet homme au costume coûteux et à la cravate en soie. Pourtant, il n'en fit rien. Au contraire, il se leva comme un homme et tendit la main à son sauveur.

« Merci », dit-il simplement.

Fabbri prit la main de Tom, qu'il serra avec vigueur.

« Je ne connais pas les détails de l'affaire pour l'instant et je n'en ai pas besoin, conclut-il avant de partir, mais je crois que tu dis la vérité. Et on va y arriver. »

Tom hocha la tête en avalant péniblement sa salive. Fabbri remit ses justificatifs d'identité dans son portefeuille, souleva lestement son attaché-case posé sur la table, adressa à son client un sourire d'adieu et s'en alla.

À peine quelques minutes après, deux nouveaux policiers entrèrent dans la pièce pour emmener Tom se faire enregistrer. Celui-ci fut surpris et profondément soulagé qu'ils ne sortent pas les menottes et ne tentent pas d'entraver ses mouvements d'une quelconque manière. Ils se contentèrent d'ouvrir la porte en disant : « On y va. »

Tom était debout près de cet ascenseur à présent familier, flanqué des deux policiers, attendant que les portes s'ouvrent, quand Fabbri et Gene émergèrent du bureau de la brigade des homicides. Gene était blême et visiblement nauséeux – comme s'il avait le mal de mer, songea Tom. Et au moment où il aperçut son fils, il abandonna sa conversation feutrée avec l'avocat pour se rapprocher rapidement de lui. Les deux policiers ne tentèrent pas de s'interposer lorsqu'il se jeta au cou du garçon avec la tendresse la plus sincère et sans retenue qu'il lui avait jamais manifestée. Accrochés l'un à l'autre, le père et le fils fondirent en larmes.

« Ce n'est pas moi, Papa, dit Tom entre deux sanglots.

— Je sais, fiston, répondit Gene. Je sais. »

10

Kay n'était pas sûre de ce qu'elle devait dire exactement à Tink et Kathy, mais jusqu'à ce moment de la journée, elle avait été d'une franchise brutale avec les deux adolescentes, qui avaient remarquablement tenu le coup. Elle ignorait si cela tenait plus à leur maturité qu'à leur résilience juvénile, mais dans les deux cas, elle était soulagée. Elle avait assez de choses à gérer à l'heure qu'il était sans avoir à s'inquiéter de surcroît qu'une de ses filles fasse une crise de nerfs. Quand elle reposa le combiné et les vit, debout dans l'embrasure de la porte de la chambre de Grand-Mère Polly, agrippées l'une à l'autre d'un air hagard, elle sut qu'elle allait devoir leur apprendre toute la sinistre vérité.

Elle passa devant elles pour remonter l'étroit couloir menant au séjour, et ses filles la suivirent en se tenant toujours par la main. *Jamais* elles ne s'étaient tenues par la main jusque-là, pensa Kay, c'étaient des ennemies suprêmes, des rivales absolues. Quelle chose terrible qu'il faille une épreuve pareille pour qu'elles apprennent enfin à compter l'une sur l'autre et à s'épauler !

Kathy et Tink se dirigèrent sans bruit vers le canapé

bleu et s'y installèrent ensemble tandis que Grand-Père Art éteignait la télévision et que Grand-Mère Polly sortait de la cuisine en s'essuyant les mains sur son tablier. Les deux frères de Kay étaient là aussi, le visage pétri d'inquiétude. Tout le monde resta silencieux en attendant que Kay prenne la parole. Elle s'appuya à deux mains sur le dos du fauteuil de son père et s'éclaircit la gorge avant de commencer. Ses yeux anormalement écarquillés donnaient l'impression qu'elle était incapable de les fermer tant ils étaient habités de peur et d'incrédulité. Son frère Art Junior se leva de sa chaise pour aller la soutenir, mais se rendit compte qu'il risquait de la bouleverser encore davantage et de l'empêcher de dire tout ce qu'elle avait à dire, si bien qu'il se rassit, prêt à se lever d'un bond au cas où un véritable besoin se ferait sentir. Kay s'éclaircit de nouveau la gorge et constata que la boule qui paraissait s'y être logée n'avait pas bougé ; elle allait simplement devoir se résoudre à parler malgré tout. Et c'est ce qu'elle fit.

« Tom a été arrêté », annonça-t-elle.

Tink et Kathy foncèrent vers la salle de bains. Elles ne voulaient pas entendre la suite. Elles avaient besoin de vomir les quelques bouchées qu'elles avaient péniblement réussi à avaler au dîner. Kay poursuivit.

« Nous avons engagé un avocat – Frank Fabbri – et il s'est rendu là-bas pour mettre un terme aux interrogatoires. Il a dit que Tom était trop fatigué… trop fatigué pour être d'une quelconque utilité, et qu'il fallait arrêter toutes ces questions. Alors, ils l'ont… arrêté pour deux chefs d'accusation de meurtre au premier degré et… » Kay avait mis une main devant sa bouche, et ses mots se télescopèrent en un charabia confus.

Art Junior se leva pour s'approcher d'elle, entourant

sa petite sœur en pleurs de ses gros bras costauds. Grand-Mère Polly et Grand-Père Art se prirent la main en silence sans jamais quitter des yeux le visage torturé de leur fille, pendant que Skip s'éclipsait pour aller voir ses nièces.

Le bureau de Frank Fabbri était situé dans une demeure à l'ancienne claire et spacieuse, au sein d'un quartier calme et résidentiel de Midtown à St. Louis, non loin du commissariat central. Le bâtiment disposait d'un large porche à l'avant et d'une porte géante en merisier qui pesait lourdement sur ses charnières. Gene suivit Fabbri dans le petit parking vide et gara approximativement son van, à cheval sur deux places. Si Fabbri avait un tant soit peu connu Gene, il aurait vu là un comportement ridiculement imprudent, mais il ne le connaissait pas. Il supposa donc juste qu'il n'avait pas affaire à un très bon conducteur.

Gene était encore profondément perturbé par les événements de la soirée, et le mouchoir qu'il tenait toujours à portée de main avait subi les pires outrages. Fabbri gardait dans son bureau une boîte de Kleenex ordinaires ; Gene le remercia d'un « pouët » retentissant en dégageant ses sinus encombrés. En dépit du charme campagnard de l'extérieur de la maison, l'intérieur du bureau était moderne, élégant et pratique. L'imposant drapeau cubain accroché au mur et le calendrier à l'effigie de Che Guevara étaient les deux seuls véritables indices révélant le caractère de Fabbri. S'il n'y avait pas un grain de poussière ou un papier qui traînait, les documents juridiques étaient en revanche soigneusement empilés un peu partout en colonnes. Fabbri s'assit derrière son grand bureau immaculé, plaça le haut-parleur de son téléphone entre

Gene et lui, puis composa le numéro des parents de Kay à Fair Acres Road.

Gene Cummins était un homme ordonné, organisé et préparé à toutes les éventualités. Au cours de sa longue carrière dans la Marine, il avait été réputé pour être l'« homme de la situation », le genre de personne qui faisait avancer les choses. Au cours de sa vie, il y avait eu très peu de circonstances problématiques dont il n'avait pas su triompher, et sa famille se reposait sur lui dans ce domaine. Quand les enfants étaient petits, ils pensaient que leur papa pouvait réparer *n'importe quoi.* Le magnétophone oublié sous le porche à l'arrière de la maison pendant un orage ? Pas d'inquiétude, Papa va le réparer. La poupée qui s'était fait couper les cheveux le même jour que Tink ? Pas d'inquiétude, Papa va réparer ça. Le pouf en forme de poire qui perdait ses petites billes de polystyrène partout dans la salle de jeux ? Pas d'inquiétude, Papa va le réparer. Et c'est ce qu'il faisait. Il réparait tous ces objets et un tas d'autres en fin de soirée, alors que ses enfants étaient bien au chaud dans leurs lits et que son épouse souriante riait sous cape, l'appelant le faiseur de miracles ou docteur Papa selon le cas…

Sauf qu'à présent, assis dans le bureau tout en chrome et en cuir de Fabbri, Gene était confronté à une tragédie insurmontable. Une forme de destruction complètement écrasante. Son habituelle et calme détermination s'était révélée vaine : il avait été incapable de contrôler les événements. Gene était absolument incapable de réparer ça. Et ce sentiment d'impuissance absolue était nouveau pour lui ; il ne savait pas comment le gérer. Dès qu'il l'examinait de trop près, le sentiment se muait en une terreur et une frustration intolérables, si bien que Gene se concentra sur sa respiration profonde et ses réponses aux questions de Fabbri.

Durant ces moments où il reprenait son souffle pour évaluer la situation, voilà ce que Gene retint : ses nièces avaient disparu et leur mort était presque indéniable, bien qu'aucunes nouvelles définitives n'aient été reçues sur ce front-là. Ses deux propres filles étaient chez leurs grands-parents, terrifiées, à attendre qu'il ramène leur frère à la maison. Et pour couronner le tout, on venait de lui enlever son fils pour l'emmener en prison, après l'avoir accusé de deux meurtres au premier degré. Il secoua la tête de plus belle. C'était tout bonnement trop pour lui. Mieux valait se remettre à respirer profondément et répondre aux questions.

La voix de Kay résonnait désormais dans le haut-parleur du bureau de Fabbri. Elle aurait bien voulu assister à ce rendez-vous, mais comme elle n'avait pas envie de laisser Tink et Kathy seules, elle y participait par téléphone. Ni Kay ni Gene ne retinrent grand-chose de cette conversation à trois qui dura plus d'une heure. Fabbri leur expliqua que Tom avait été enregistré et mis dans une cellule d'attente, point sur lequel Kay l'interrompit sans délai.

« *Une cellule d'attente ?* Mais qu'est-ce que c'est que ça, bon Dieu ? Vous ne voulez tout de même pas dire qu'on va le garder en cellule avec une bande de criminels, si ?

— Seulement pour la nuit, Mrs. Cummins. Après l'audience, demain…

— Pour la nuit ! Il doit bien y avoir un moyen de le sortir de là. Il ne peut pas rester. Ce n'est qu'un gosse, et même pas un caïd. Il n'a jamais participé à une seule bagarre. Et si un des types de la nuit dernière se faisait ramasser pour trafic de drogue ou autre, et qu'on le jette dans la même cellule que Tom ? Il se ferait tuer. Il faut que vous le sortiez de là ! »

Kay était proche de l'hystérie.

« Vous savez quoi, Kay, dit calmement Fabbri, je crois que vous avez raison. Je vais appeler le poste dès que nous avons fini et leur demander de le placer sous surveillance antisuicide. Comme ça, ils seront obligés de lui donner sa propre cellule. »

Cette proposition contribua à calmer certaines inquiétudes de Kay, et Gene s'accorda à dire que c'était une bonne idée. Fabbri détailla ensuite ce qui allait selon lui se passer le lendemain. À partir de l'heure où Tom avait effectivement été arrêté, les services de police disposaient de vingt heures pour se procurer des mandats concernant les allégations d'infraction. S'ils n'arrivaient pas à obtenir ces mandats, ils seraient obligés de le relâcher. Mais s'ils les obtenaient *bel et bien*, option que Fabbri estimait la plus probable, Tom ne se verrait sans doute pas proposer de libération sous caution : il devrait rester en prison jusqu'à la date du procès, qui pourrait avoir lieu dans six à dix-huit mois sans qu'on puisse exactement prédire quand. Kay s'étrangla tout haut en entendant parler de *dix-huit mois*, et cette fois, Fabbri fut à court d'arguments pour la réconforter.

« Allons-nous pouvoir lui rendre visite ? demanda-t-elle. Ses sœurs vont-elles pouvoir lui rendre visite ?

— Pour l'instant, non. On s'occupera de ça demain une fois que le délai des vingt heures sera écoulé. À ce moment-là, on saura mieux à quoi on a affaire. »

Chacun d'un côté de St. Louis, Kay et Gene acquiescèrent solennellement aux paroles de Fabbri, sentant leur ancienne vie à Gaithersburg, leur vie d'avant, s'enfoncer de plus en plus dans l'irréalité.

En fin de compte, la cellule d'attente n'était pas si mal. Kay aurait sûrement été quelque peu soulagée si elle avait pu la voir. Elle était peinte d'un vert menthe institutionnel et ses bancs métalliques durs étaient occupés sans être combles. Tom regarda vaguement les autres suspects autour de lui dans cette pièce tout en métal, mais ils n'avaient ni nom, ni voix, ni visage. C'étaient juste des masses indistinctes qui bougeaient, respiraient et occupaient l'espace autour de lui. Il dormait en position assise lorsque les deux policiers chargés de son arrestation revinrent le chercher.

« Allez, lève-toi. On te place en surveillance antisuicide, annonça l'un d'entre eux. Apparemment, tu vas te tuer ce soir. Tes cousines hier soir, et toi ce soir. Tu continues sur ta lancée », ricana-t-il.

Tom avança d'un pas ensommeillé à côté du gardien vers sa nouvelle cellule. Maintenant que l'idée du sommeil avait fermement pris racine dans sa tête, il semblait avoir toutes les peines du monde à rester éveillé. La méchanceté de l'homme avait cessé de l'affecter. Ses paupières se fermaient à mesure qu'il marchait comme un automate, suivant son geôlier, guidé par le son de ses pas lourds qui résonnaient et du cliquetis des clés pendues à sa ceinture.

Si la cellule d'attente commune méritait la mention « pas mal » sur l'échelle de confort de Tom dans son actuel état de privation de sommeil, la nouvelle cellule atteignait quant à elle le niveau « formidable ». Plus petite, elle était dotée de deux banquettes en métal longeant chaque mur, sur lesquelles on pouvait s'étendre, mais il était seul, et l'endroit était moins éclairé et plus calme. Tom avait l'impression de se retrouver au Ritz-Carlton. Dans un coin, il y avait des toilettes sans siège ni abattant, flanquées d'un lavabo en métal. Toute la pièce, ameublement compris, était peinte de plusieurs couches de peinture écaillée du même vert menthe institutionnel. Sherwin-Williams avait sans doute fait des soldes récemment, songea-t-il en s'effondrant sur la banquette la plus proche. Il n'entendit pas le vrombissement menaçant et le bruit sourd que fit la grille de la cellule en se refermant paresseusement non loin de lui. Il ne sentit pas les poux rebondir sur lui et lui attaquer la peau du crâne dans son sommeil. Il n'eut que vaguement conscience des sons qu'émettait son voisin accro au PCP en se jetant à maintes reprises contre les murs de la cellule voisine. Tom dormait profondément.

En dépit du degré d'activité constant des lieux, l'atmosphère dans la maison de Ginna sur Petite Drive évoquait celle d'une tombe vide. Après le départ de Kay et de ses filles en fin d'après-midi, le flux d'informations nouvelles avait pratiquement semblé se tarir. Les membres de la famille rôdaient sans bruit à l'intérieur, mal à l'aise. Tout était imprégné de silence et de chagrin. La télévision était allumée, et il y avait bien quelques conversations par-ci, par-là, mais le silence paraissait mystérieusement s'épaissir et se solidifier telle une pellicule qui recouvrait tous les sons étouffés de l'attente.

Quand il commença à faire sombre, Sheila et Lisa embrassèrent toutes deux leur sœur Ginna, dispensant câlins et prières avant de rentrer chez elles pour retrouver leurs familles respectives, sans nul doute rendues curieuses et affamées par l'absence de leurs mères.

Chacune avait une heure de route en perspective et des enfants à réconforter à l'arrivée.

L'un des frères de Ginna, Kevin, était également présent, mais il se sentait mal à l'aise et encombrant. Pour lui, la maison de Ginna avait toujours représenté un territoire féminin, dans la mesure où elle était perpétuellement envahie de femmes. Ce jour-là, elle lui apparaissait plus que jamais comme un univers exclusivement féminin. Les chambres de Julie et de Robin ressemblaient déjà à des sanctuaires. Tout le monde y passait et s'asseyait sans parler sur leurs lits, examinant les alentours avec révérence, s'imprégnant de souvenirs tout en s'appliquant à ne rien déranger. Marianne, une amie de Ginna, était venue elle aussi, toutes les femmes de la maison caquetaient et roucoulaient autour de la pauvre mère tourmentée, lui offrant cette sorte de réconfort que seules les membres du sexe féminin sont visiblement capables de procurer aisément.

Kevin, lui, avait une réaction très masculine qui lui donnait le sentiment d'être déplacé ici : il bouillait de rage. La pensée de ce qui était arrivé à ses nièces et de la souffrance qu'endurait son neveu en ce moment même attisait sa colère. Il avait envie de trouver ces quatre hommes et de leur arracher les yeux. Il faisait les cent pas dans la maison en essayant de mettre de l'ordre dans ses idées. Le lendemain, il se sentirait utile et efficace. Leurs parents et le reste de leurs frères et sœurs arriveraient en avion ou en voiture de tout le pays, et il se chargerait d'effectuer les navettes avec l'aéroport et de les aider à s'orienter. Il irait chercher les grands-parents, porterait les valises, contribuerait à organiser les modalités d'hébergement. Ces réflexions d'ordre pratique le calmèrent tandis que les femmes s'affairaient en murmurant entre elles.

Alors que la pénombre nocturne tombait derrière les stores, Kevin embrassa Ginna pour lui dire au revoir avant de repartir chez lui dans le comté sud. Il lui promit de revenir à l'aube pour l'aider à faire tout ce qui aurait besoin d'être fait. Chacun trouvait peu à peu son rôle.

Le bulletin d'informations de 23 heures fut malheureusement plus riche en événements marquants que le précédent. Tink et Kathy étaient assises côte à côte sur le banc d'organiste de leur grand-père, place d'où elles voyaient le mieux la télévision et où elles s'étaient installées la veille pour manger leur poulet sauté. Les adultes, eux, avaient pris les chaises avoisinantes.

L'« affaire du Chain of Rocks Bridge », nom sous lequel leur tragédie familiale était vite devenue connue du public, occupait le devant de la scène, et la présentatrice avait la mine sombre tandis que les photos de Julie et Robin s'affichaient au-dessus de son épaule droite. D'une voix brève, elle entama la lecture de ses notes dactylographiées.

« Le meurtrier présumé, Thomas Cummins, est en garde à vue ce soir… »

La première phrase à elle seule fut de trop pour les filles. Tink se leva comme une folle, renversant le banc d'organiste et sa sœur par la même occasion. Elle était tout aussi incapable de parler que de rester assise sans rien dire. Les mains pressées sur ses oreilles, elle se mit à regarder désespérément autour d'elle, scrutant tour à tour la porte d'entrée, les visages des membres de sa famille et les murs de la pièce. Ses yeux s'accrochaient à tout ce qui l'entourait excepté la télévision. On aurait dit un animal effrayé qui cherche à s'échapper.

En un clin d'œil, Skip s'était levé pour se placer devant elle. Il attira la tête de Tink contre sa poitrine et tenta de la calmer. Derrière elle, Kathy s'était rassise, abasourdie, l'œil vitreux et l'air stupéfait. Skip entraîna Tink quelques pas plus loin dans le couloir pour l'éloigner de sa sœur, au cas où son hystérie pourrait se révéler contagieuse. Il lui murmura doucement à l'oreille en la gardant serrée contre lui.

« Chut, chut, chut, on sait tous que c'est faux, ma puce, tout va bien, tout va bien. »

Cet accès de panique ne fut que temporaire, et Tink et Skip revinrent bientôt dans la pièce, où la jeune fille reprit sa place près de sa sœur, dont l'expression n'avait pas changé en dépit des larmes qui ruisselaient sur ses joues et s'accumulaient dans ses paumes ouvertes posées sur ses genoux.

« Eh bien, si ce n'est pas la plus belle collection de foutaises que j'aie jamais entendue », marmonna furieusement Grand-Père Art en se levant pour éteindre d'un geste sec la télévision.

Tink et Kathy continuaient à rester assises, fixant l'écran noir, sans voix. Grand-Père Art pivota vers elles et marcha droit sur Tink, qui tremblait encore des séquelles de sa crise de nerfs. Il se pencha sur sa petite-fille, l'agrippa fermement par les épaules, et lui parla en approchant son visage tout près du sien et en la secouant presque.

« Ne t'avise pas d'en croire un traître mot. Pas un traître mot, tu m'entends ? » Il était à deux doigts de crier. « Ton frère est innocent. Il aimait ces deux filles. *Ce n'est pas* un meurtrier. Tu comprends ? »

Tink hocha la tête sans conviction.

« Bonne petite, va », termina-t-il en relâchant son

étreinte et en lui tapotant la tête avant de faire demi-tour.

Grand-Père Art était un homme très silencieux et réservé. Il avait toujours été plutôt gêné par ses émotions, et Tink était certaine de ne l'avoir jamais vu ne serait-ce que légèrement irrité. Le fait que son ire se soit déchaînée pour protéger son frère la touchait au plus profond d'elle-même, et ses paroles lui firent le même effet que si deux mains robustes l'avaient attrapée sous les aisselles pour la remettre debout. Elle émergea d'un seul coup de son pitoyable état et faillit sourire quand il lui tapota la tête.

L'ensemble de la journée qui venait de s'écouler lui donna soudain l'impression d'être un rêve. Elle savait que Tom était innocent, mais le choc de l'entendre traiter de meurtrier « présumé » par une vulgaire présentatrice télé à l'expression réprobatrice, en tailleur fuchsia, s'était révélé plus fort que prévu. L'espace d'un bref instant terrifiant, elle s'était demandé ce qui s'était *vraiment* passé, quelle était *exactement* la vérité. Les paroles de son aïeul lui avaient juste fourni la force dont elle avait besoin à cet instant-là, et lui avaient rendu sa foi aussi vite que celle-ci avait faibli. Elle prit une profonde inspiration avant d'essuyer les dernières larmes sur ses joues, avançant résolument de nouveau la mâchoire et se promettant d'être forte.

« Merci, Grand-Père », murmura-t-elle.

On était vendredi soir, et dans les environs de St. Louis, tout le monde n'était pas éploré. À Wentzville, non loin de là où Lisa, la sœur de Gene et Ginna, vivait avec sa famille, une fête organisée par un ami de Danny Winfrey battait son plein. Winfrey et ses trois compagnons de la nuit précédente y assistaient tous, ainsi qu'une trentaine d'autres jeunes. Le niveau sonore dans la maison était élevé, les conversations montaient pour couvrir la musique, le bruit de la télévision et les rires.

Comme d'habitude, Gray à lui tout seul avait attiré une troupe non négligeable d'admirateurs. Il avait à peine cillé lorsque le visage de Tom Cummins était brièvement apparu sur l'écran aux informations de 23 heures. L'expression de panique qui avait momentanément envahi ses traits avait été remplacée par un petit sourire suffisant. Il montra du doigt la télévision en riant et lâcha : « Les mecs, ce gros lard de Blanc n'aurait jamais réussi à faire un truc pareil. C'était *moi* ! Cette merde, c'est *mon* boulot.

— Mais non, c'est pas toi, espèce de malade, rétorqua l'un de ses amis. C'est moi.

— Non, c'est moi », protesta quelqu'un d'autre.

Trois ou quatre types intervinrent eux aussi, prétendant tous être les meurtriers des deux sœurs Kerry disparues. Julie et Robin étaient mortes, et c'était une blague. La photo de Tom les fixait sombrement depuis l'écran. Il ne riait pas, lui. Au bout d'un moment, la voix de la raison s'éleva timidement.

« Vous devriez pas dire des trucs comme ça, les mecs, les avertit doucement quelqu'un. On va finir par vous croire. »

Danny Winfrey avait écouté cette volée ironique de revendications avec une inquiétude contenue, mais cette mise en garde proférée très sérieusement le fit bondir de son siège en renversant sa bouteille de bière au passage. Amanda Marshall, sa petite amie, redressa la bouteille presque vide avant de le suivre hors de la pièce. Quant à Gray, s'il avait noté le brusque départ de Winfrey, sa seule réaction fut de continuer à amuser la galerie avec une énergie décuplée.

Dans la salle de bains, à l'étage, Winfrey s'assit au bord de la baignoire en porcelaine en contemplant ses chaussures. Amanda, elle, prit place sur l'abattant des toilettes et se pencha en avant, les coudes sur les genoux. Son visage était un concentré d'inquiétude.

« Qu'est-ce qui se passe, Danny ? » demanda-t-elle.

Winfrey se mordilla la lèvre inférieure, étudiant ses tennis avec une intensité accrue.

« Peu importe ce qui s'est passé, tu sais que tu peux me le dire », ajouta-t-elle. Winfrey ouvrit donc les vannes. Il lui raconta tout. Quand Gray frappa à grands coups à la porte quelques minutes plus tard, Amanda n'avait même pas commencé à absorber l'histoire que son petit ami venait de lui confier. Elle n'eut pas le temps d'en digérer ne serait-ce qu'une partie avant que Danny ouvre la porte et que Gray fasse irruption dans la pièce.

« Faut qu'on parle ! aboya-t-il à l'intention de Winfrey en se tournant vers Amanda pour la foudroyer du regard. *Seuls.* »

Amanda sortit à toute allure en passant devant l'intimidante silhouette de Gray et redescendit au rez-de-chaussée tandis que Winfrey reprenait sa place sur le bord de la baignoire. Gray referma la porte d'un brusque coup de pied, puis tourna sur lui-même pour se retrouver face à Winfrey.

« Faut que tu arrêtes tes conneries, dit-il à voix basse en se penchant tout près du visage juvénile de Winfrey. Tu pourrais pas être encore carrément moins discret ? Écoute, desserre un peu les fesses, tout va bien se passer. Ils ont mis le gosse de riche en garde à vue. Ils pensent que c'est lui le coupable. Y a pas moyen qu'ils nous trouvent. Et d'ailleurs, si quelqu'un ouvre sa gueule, je le tue, putain. »

Gray plaça son pouce sous le menton de Winfrey. « Tu m'entends ? Tout va bien se passer pour nous. On va se serrer les coudes. On reste *calmes*, et ils nous pinceront jamais. Compris ? »

Winfrey leva les yeux vers ceux de Gray, se tortilla, puis hocha la tête.

« Ouais, j'ai compris », répondit-il.

Une fois l'émotion du flash info passée, Kathy et Tink se réinstallèrent à leurs places habituelles sur le canapé avec un jeu de cartes, la seule chose qu'elles avaient trouvée pour s'occuper et s'engourdir l'esprit. Elles jouaient au rami, mais le cœur n'y était pas. Kathy fut la première à repérer la lumière des phares d'une voiture à travers les rideaux du salon. Fair Acres Road n'était pas une route fréquentée. Les phares s'approchèrent de la maison et la dépassèrent avant que les feux stop s'allument au moment où Gene garait le van dans l'allée de ses beaux-parents.

« Papa est là », annonça Kathy.

Gene mit quelques minutes avant de trouver la force d'entrer. Kay envisageait d'aller le chercher quand la porte d'entrée s'ouvrit enfin en grinçant. Les parents et les frères de Kay s'étaient éclipsés pour laisser un peu d'intimité aux Cummins. Grand-Mère Polly s'était inventé une lessive urgente au sous-sol, et Grand-Père Art s'était subitement souvenu du nouveau tableau qu'il voulait montrer à ses fils.

Kathy et Tink furent ainsi les seules à être témoins de la lenteur et de l'hésitation avec lesquelles la porte s'ouvrit et de l'anxiété de leur mère lorsqu'elle s'élança vers leur père. Le retour de Gene était le moment que

Kay avait attendu toute la journée pour lâcher prise. Les émotions qu'elle avait presque réussi à cacher à ses filles étaient désormais étalées au grand jour, et ses épaules se soulevèrent de gros sanglots silencieux alors qu'elle se blottissait dans les bras grands ouverts de son mari.

Tink et Kathy furent terrifiées par l'expression de leur père. Elles ne l'avaient jamais vu si désespéré, si effrayé, si impuissant. Elles se levèrent du canapé, mais la scène semblait figée, comme si elles évoluaient sous l'eau ou qu'elles étaient les protagonistes d'un cauchemar au ralenti. Le tapis parut se dérober sous leurs pieds tels des sables mouvants quand elles traversèrent le salon pour rejoindre leurs parents enlacés.

« Je suis désolé, disait Gene. Je suis tellement désolé, tellement désolé. »

En guise de réponse, Kay se borna à secouer la tête, toujours agrippée à lui et incapable de parler.

« J'ai essayé de le ramener. Je suis tellement désolé de ne pas avoir réussi à le ramener. Ils ont refusé de me laisser le ramener. »

Il quêta sur les traits de sa femme et de ses filles des signes de pardon et de réconfort. Kathy et Tink se faufilèrent dans les bras de leurs parents. Les quatre membres de la famille Cummins qui n'étaient pas en prison restèrent ensuite serrés les uns contre les autres à l'endroit qu'avait occupé la table d'appoint des enfants et ses six joyeuses assiettes de poulet sauté la veille au soir, et ils pleurèrent tous ensemble.

Pour Gene, c'était comme si Ginna était arrivée presque instantanément. Il n'avait eu le temps de rien. Il ne s'était pas douché, brossé les dents ni même rasé et, chez lui, une barbe d'un jour était suffisante pour provoquer de la part de ses filles des remarques désobligeantes, du genre « tête de balai-brosse », malgré leur état de détresse. Son retour du bureau de Fabbri avait été riche en émotions, et il venait juste de s'asseoir à la table de la salle à manger pour reprendre ses esprits lorsque la sonnette retentit. Les frères de Kay étant partis quelques minutes plus tôt, Gene supposa que l'un d'entre eux avait oublié son portefeuille ou quelque chose de ce genre et qu'il était revenu le chercher. Il entendit Kathy hurler : « J'y vais ! », et quelques instants plus tard, elle réapparut sans un mot devant son père et s'effaça pour laisser Ginna entrer dans la pièce. Jamie la suivait, l'air perdu mais pas complètement désespéré.

« Genie », murmura Ginna en tendant les mains vers son frère.

Kathy entraîna rapidement Jamie dans la cuisine au moment où Gene levait les yeux vers sa sœur et éclatait en sanglots.

Ensuite, Kathy entendit son père dire : « Je suis tellement désolé, Ginna », et Ginna répondre : « Non, non, chut. Tu n'as pas à être désolé de quoi que ce soit. Je suis simplement venue te dire qu'aucun d'entre nous n'y croit. On sait tous que Tommy n'a rien fait. »

Gene et Ginna baissèrent la voix pour adopter le ton confidentiel que Kathy s'était habituée à entendre les adultes utiliser tout au long de la journée.

« Tu veux un Coca ? » proposa-t-elle à Jamie, qui acquiesça.

Le Coca était avant tout une excuse pour faire du bruit. Kathy ne songea même pas que, jusque-là, elle ne s'en serait jamais servi un sans demander la permission à ses parents d'abord. C'était juste l'un des nombreux minuscules changements bizarrement significatifs qui étaient intervenus depuis le matin. Sa sœur Tink et elle étaient toutes les deux devenues adultes ce jour-là, ce qui incluait de petits avantages comme la possibilité de jurer ou de boire du Coca à volonté, mais également assortis de responsabilités d'adultes, telles qu'essayer de protéger leur petite cousine des scènes les plus laides et les plus perturbantes entourant la mort violente de ses sœurs. Elle sortit deux verres du placard de la cuisine et laissa Jamie remplir de glace le sien. À peine les filles s'étaient-elles retranchées derrière la table, revigorées par leurs sodas, que Gene et Ginna se profilèrent dans l'embrasure de la porte pour annoncer la tenue d'une sorte de conseil de famille improvisé.

« Pourquoi n'allez-vous pas dans la salle de jeux en bas, les jeunes ? proposa Grand-Mère Polly. Vous serez tranquilles, il y a largement assez de sièges pour tout le monde, et un téléphone si vous en avez besoin. »

Ils se transportèrent donc au sous-sol. Tink, Kathy et Jamie furent invitées à se joindre aux parents. À ce stade, tout le monde paraissait reconnaître que, même si on avait parfois besoin d'intimité durant certains moments personnels, il était inutile de tenter de cacher quoi que ce soit aux enfants. Ils allaient devoir s'habituer à cette tragédie, et leur cacher certaines informations ne servirait qu'à les embrouiller. De plus, les filles pouvaient être fières de s'être montrées fortes pour l'instant, en dehors de leur incapacité collective à ne pas vomir presque toute leur nourriture. Elles avaient toutes été si gentilles les unes avec les autres ce jour-là : leurs parents étaient fiers de la façon dont elles géraient cette épreuve. Tink, Kathy et Jamie prirent place à la table de jeu recouverte de feutre vert où les cousins avaient joué au poker ensemble la veille, s'appliquant à ne pas regarder les places où Robin, Julie et Tom s'étaient assis. À la requête de Jamie, Tink distribua les cartes du jeu des Sept Familles, mais elles prêtèrent toutes davantage attention à la conversation des adultes qu'à leur partie.

Ginna, Gene et Kay discutaient calmement, assis sur les deux canapés en cuir disposés face à face derrière les filles. Ils parlèrent de la manière dont tout le monde tenait le coup et de l'arrivée imminente des grands-parents Cummins qui prendraient l'avion en Floride le lendemain matin. Gene avait passé cet appel particulièrement difficile après l'arrestation de Tom. Bien qu'il ait toujours eu confiance en la force de caractère de son père, il avait malgré tout été épaté par sa réaction. Au départ, Gene Senior avait très mal pris la nouvelle. Il avait noté le numéro de la cabine d'où appelait Gene, avant de raccrocher en s'excusant pour aller pleurer un bon coup. Cependant, lorsqu'il avait rappelé vingt minutes après, il n'avait plus du tout le même ton.

« Bon, avait-il annoncé à son fils, ta mère et moi, on aurait pu prendre un vol tard ce soir, mais j'ai besoin d'aller à la banque demain matin avant de venir. J'apporterai le titre de propriété de ma maison. Dis à Tommy de ne pas se faire de bile. S'il a besoin qu'on paie une caution, ce sera couvert, et il aura les meilleurs fichus avocats possibles. Et pas question d'en parler à ta mère. Tu sais que j'ai suffisamment d'argent en actions pour financer tout ça. C'est juste que je n'ai pas envie de l'embêter avec les détails. »

Il n'y avait jamais eu le moindre doute quant à la culpabilité ou à l'innocence de Tom dans l'esprit de Grand-Père Gene. Et Gene Junior se garderait bien de mentionner cette histoire de titre de propriété à sa mère. D'ailleurs, il n'en avait même pas parlé à Tom, Kay, ou Ginna. Au contraire, il essaya d'évacuer ce sujet de son esprit. Il était simplement trop énorme pour être abordé, trop énorme pour être accepté. La générosité et la confiance que son père plaçait en Tom contrastaient si violemment avec la terreur qu'il avait ressentie ce jour-là qu'elles le bouleversaient.

Il garda donc cette information pour lui et aborda avec légèreté les détails logistiques : qui irait chercher les grands-parents à l'aéroport le matin suivant, etc. Pendant qu'ils réglaient ces questions, le téléphone sonna. On était bien après minuit. Les regards de tous les occupants de la pièce convergèrent immédiatement vers le téléphone, et les cartes des filles restèrent en suspens telle une nature morte au-dessus de la table de jeu recouverte de feutre vert. On entendit des pas au rez-de-chaussée, puis Grand-Père Art qui criait :

« Ginna ? Téléphone pour toi. »

Ginna se leva en chancelant et s'approcha avec précaution du téléphone, comme toute mère attendant une terrible, terrible nouvelle. Elle se plaça dos au reste des occupants de la pièce et prit lentement le combiné. L'espace de deux ou trois minutes, la salle de jeux demeura silencieuse, à part les « oui, oui » occasionnels de Ginna. Quand elle raccrocha pour se tourner vers son frère, son visage était fissuré de chagrin. Elle pleurait.

« Il faut que j'y aille… Il faut qu'on y aille… Allez, Jamie, dit-elle.

— Attends, commença Gene, perplexe. Qu'est-ce qui se passe ? Qu'est-ce que… ?

— C'était Rick, répliqua Ginna. Il dit qu'il veut que sa fille sorte d'ici. Il dit qu'il ne veut pas que Jamie reste dans la maison de l'homme qui a assassiné nos enfants. »

Ginna sanglotait à présent, et les trois filles abandonnèrent leurs cartes pour s'approcher des adultes.

« Je suis sincèrement désolée, Genie, s'excusa Ginna. Il ne le pense pas, je sais que non, il est juste très ému, là. »

Jamie se faufila dans les bras de sa mère pour lui faire un câlin tandis que Ginna pleurait en la serrant fort contre elle. C'était un geste si enfantin qu'il fit presque sursauter Tink et Kathy, tant elles avaient oublié au cours de la journée à quel point Jamie était jeune. Elle était si mûre et si spirituelle pour son âge qu'on avait tendance à oublier qu'elle n'avait que neuf ans. Une fois que le petit groupe eut tristement remonté les marches à pas lents, Ginna s'arrêta devant la porte d'entrée.

« Je suis désolée », répéta-t-elle.

Mais Gene lui fit signe de se taire et ils restèrent brièvement enlacés. Kay embrassa Ginna sur la joue, se pencha pour prendre Jamie dans ses bras. Tink et Kathy attendirent patiemment et, quand leur tour fut venu, elles étreignirent leur tante avec une émotion inégalée, comme si elles craignaient de ne plus jamais la revoir. Ginna s'accrocha à elles en leur caressant la figure et les cheveux.

« Vous êtes si gentilles, les filles. On va s'en sortir, hein ? » dit-elle.

Ses nièces hochèrent toutes les deux la tête, et leur tante sourit à travers ses larmes. Jamie jeta un coup d'œil par-dessus son épaule pendant que Ginna l'entraînait vers la voiture, agitant la main à l'adresse de ses cousines qui restèrent debout, le visage pressé contre la porte grillagée.

Sur la banquette en métal vert, sans oreiller, couverture, ni rêves, Tom dormait toujours profondément. Le cliquetis des clés qui se rapprochait ne le réveilla pas, pas plus que le bruit que la grille de la cellule fit en s'ouvrant, ni la voix du gardien qui lui enjoignait de se lever. Le surveillant de nuit fut obligé de pénétrer dans la cellule pour le secouer afin de le réveiller. À ce moment-là, la réalité lui revint d'un coup. Tom n'eut aucun instant de confusion, aucun choc terrible en s'en souvenant. Il savait où il était, et il eut l'impression de ne pas avoir dormi une seconde.

Malgré tout, il avait encore les paupières et les membres engourdis de sommeil lorsqu'il se leva pour suivre le policier hors de la cellule verte mal éclairée. Ensemble, ils parcoururent d'un pas lourd des couloirs qui lui parurent interminables jusqu'à ce qu'ils parviennent à un petit bureau qui faisait office de salle d'attente. Il y avait un guichet en Plexiglas à un bout de la pièce, et un employé assis derrière. On fit s'installer Tom sur un banc bas disposé le long d'un mur, déjà occupé par deux autres jeunes. Au bout de plusieurs minutes à brasser du papier, l'employé appela un nom, et l'un des voisins de Tom se leva pour aller jusqu'à l'ouverture. Après avoir vérifié le patronyme, l'âge et l'adresse de l'homme, l'employé commença à lui détailler les charges qui étaient retenues contre lui.

« Vol de voiture », déclara-t-il d'une voix forte en regardant par-dessus ses lunettes avant de se lancer dans la description juridique de l'accusation.

« Sacré veinard », marmonna Tom dans sa barbe.

Le jeune assis à côté de lui entendit son petit commentaire et leva nerveusement la tête. Il s'éloigna imperceptiblement de Tom sur le banc étroit, en dépit des tentatives que fit ce dernier pour le rassurer d'un sourire. L'absurdité de la situation ne lui échappait pas. Il était là, lui, pompier de dix-neuf ans et Eagle Scout[1] qui n'avait jamais eu de vrais ennuis de sa vie, à envier un voyou accusé de vol de voiture. Tom eut un petit rire, ce qui poussa son compagnon de banc à se déporter encore un peu plus loin ; ensuite, il se laissa aller, renversant sa tête en arrière contre le mur en brique.

Quand on appela son nom environ une demi-heure plus tard, Tom rouvrit les yeux pour découvrir que l'employé derrière sa vitre et lui étaient dorénavant seuls dans la pièce. Il était sûr qu'il y avait des gardiens à l'extérieur, mais les autres criminels qui lui avaient tenu lieu de compagnons étaient partis. Tom se demanda vaguement s'ils passeraient la nuit en prison ou s'ils avaient déjà été libérés sous caution. Il s'assit lourdement devant l'Hygiaphone renforcé, face à l'employé à l'évidence réprobateur. De l'autre côté, celui-ci s'éclaircit la gorge avant de commencer à lui poser une liste de questions. Tom y répondit distraitement et n'écouta que d'une oreille son interlocuteur lui expliquer ses deux chefs d'accusation de meurtre au premier degré, et la forte possibilité qu'il se voie refuser la libération sous caution.

Le gardien qui revint le chercher dans le bureau était celui qui l'avait escorté hors de sa cellule et, sans exagération, Tom était ravi de le voir. Il avait besoin de sommeil, pour s'évader autant que pour se reposer, et il avait hâte de retrouver sa cellule au calme relatif et son voisin aux idées embrouillées par le PCP. Lorsqu'ils

1. Grade le plus élevé dans l'organisation des Boy Scouts américains.

atteignirent le poste de garde au centre du bâtiment, Tom remarqua qu'il était occupé par un grand nombre de surveillants, surtout pour cette heure de la nuit. Il ne se souvenait pas d'être passé devant sur le chemin du petit bureau, mais il se dit qu'il avait tellement sommeil qu'il aurait pu traverser un champ de mines avec son gardien sans s'en apercevoir. L'homme qui l'escortait s'arrêta devant le poste, où quatre ou cinq de ses collègues étaient assis autour de deux tables rondes. Malgré le jeu de cartes, les quelques magazines et le journal posés sur l'une d'elles, les policiers de l'équipe de nuit paraissaient s'ennuyer ferme.

« Va te mettre là-bas le long du mur », lui ordonna son gardien.

Toujours aussi ensommeillé, Tom pivota pour aller se placer le long du mur, sentant tous les yeux de la pièce lui vriller le dos. Quand il atteignit les épaisses briques peintes, il s'y adossa en pliant une jambe pour soutenir ses fesses. Il croisa les bras sur sa poitrine, inspecta machinalement sa chaussure. Il n'osait pas regarder un seul de ces flics en face, de peur d'alimenter leur hostilité. Mais il n'osait pas non plus fermer les yeux, au risque de s'endormir debout et de se casser la figure. Il continua donc à examiner sa chaussure, et quand cette activité ne suffit plus à le maintenir éveillé, il entreprit de compter les dalles du carrelage.

« T'es pas ce gros malin de mec de la ville qu'a failli nous avoir tous, nous autres crétins d'bouseux, avec ton histoire à dormir debout ? Celui qui va s'foutre en l'air ce soir ? » ricana l'un des hommes assis avec un faux accent péquenaud ridicule.

Tom bâilla en continuant à compter.

« Qu'est-ce qui va pas, la marmotte ? renchérit l'un des autres flics. T'as fait un cauchemar, ou quoi ? »

Tom ne put réprimer un sourire ironique. *Un cauchemar*, songea-t-il. *Tu n'as pas idée, merde.*

Il resta ainsi debout, appuyé au mur, quelques minutes, à essuyer les moqueries des policiers, mais leurs insultes ne le dérangeaient pas vraiment. Il se souvint que Fabbri lui avait enjoint de ne pas marmonner un traître mot, même pour sa défense, et cette pensée lui conféra un regain de force et de dignité. C'était facile de se taire, surtout dès qu'il comprit que, devant son silence, ces hommes ne trouvaient plus d'intérêt à le tourmenter. Néanmoins, Tom eut le temps de compter chaque dalle du carrelage et chaque brique sur le mur en face de lui, de gratter chaque grain de sable restant et chaque reliquat de limon du fleuve sous ses ongles avant que son gardien ne se décide à repartir d'un pas vif dans le couloir sans lui. Il se retourna pour crier à Tom par-dessus son épaule en se tapant sur la cuisse comme s'il appelait un chien :

« Ici, mon toutou. Viens, mon toutou, on y va. Bon toutou. »

Les policiers réunis autour des deux tables rirent de bon cœur de cette pique finale et l'un d'entre eux souhaita à Tom : « Bonne chance avec toute cette histoire de suicide. »

Tom faillit le remercier, mais se ravisa et resta muet. Il passa entre les deux tables et devant les officiers de l'équipe de nuit comme s'ils étaient invisibles. Il retint ses larmes jusqu'à ce qu'il soit enfermé dans sa cellule, de nouveau seul, et qu'on ait baissé la lumière criarde diffusée par l'ampoule au plafond pour la dernière fois de cette nuit-là.

Au milieu de la même nuit, alors que Tom endurait le harcèlement de ses gardiens, Jamie était assise sur le canapé de son salon, les jambes ramassées sous elle, ses doigts emmêlés triturant un amas de fil rose. Le calme qui s'était installé toute la journée dans la maison était devenu franchement irréel le soir venu. Assise à côté de sa jeune nièce, Jacquie tenait elle aussi son propre écheveau de fil rose pendant que Jamie l'initiait avec maestria et patience aux secrets du « crochet aux doigts ».

« Y a-t-il quelque chose que tu *ne saches pas* faire ? » lui demanda Jacquie, admirative.

Jamie haussa les épaules en souriant.

Ginna et son amie Marianne bavardaient à la table de la cuisine depuis que Ginna et Jamie étaient rentrées de leur brève visite à Gene et sa famille. Ginna secouait la tête, sous le choc. Tout cela était si irréel, si bizarre, qu'elle ne semblait même pas capable de récapituler mentalement les événements. À quelques rues de chez elle, son frère Gene était lui aussi assis dans une maison sombre qui ressemblait beaucoup à la sienne, sans son seul fils. Tommy était en prison. Et elle était là, dans sa cuisine vide, éclairée par une unique ampoule pendue au-dessus de la gazinière, sans ses filles. Julie et Robin n'étaient toujours pas rentrées.

À chaque heure qui passait, divers scénarios se présentaient à elle. *Peut-être qu'elles ont réussi à atteindre Mozentine Island au milieu du fleuve et qu'elles ne peuvent pas regagner la rive à la nage. Peut-être qu'elles ont eu trop honte pour marcher nues en plein jour et aller chercher de l'aide. Maintenant qu'il fait sombre, peut-être qu'elles vont se débrouiller pour aller jusqu'à un téléphone.*

Cependant, ces possibilités devenaient de moins en moins envisageables à chaque tic-tac de l'horloge.

Peut-être qu'elles sont inconscientes quelque part sur la rive, ou qu'elles sont amnésiques. Peut-être qu'elles se sont cassé une jambe en tombant et qu'elles sont incapables de marcher pour aller chercher de l'aide.

Toutes les hypothèses, si horribles ou incongrues soient-elles, étaient préférables à la vérité qui se profilait : Julie et Robin étaient mortes. Elles avaient été brutalisées et assassinées, et elles ne reviendraient jamais.

« Au moins, elles sont ensemble, ne cessait de répéter Ginna. Elles vont s'en sortir parce qu'elles sont ensemble. »

Sur Petite Drive, personne ne dormit cette nuit-là. Jamie finit par s'effondrer sur le canapé. Elle se réveillait régulièrement et s'occupait avec ses travaux manuels ou ses jeux vidéo jusqu'à ce que, épuisée, elle s'effondre encore une fois. Ginna et Marianne ne bougèrent guère de la table de la cuisine. Quelque part au milieu de la nuit, Jacquie se retira un peu au sous-sol pour tenter de dormir sur le matelas qui avait toujours été le lit d'appoint réservé aux différents amis, en quête d'un endroit où passer la nuit, que Robin ramenait régulièrement. Après s'être tournée et retournée sans relâche sur ce matelas durant une heure, Jacquie remonta les marches à pas de loup, pas très surprise de découvrir que Ginna bivouaquait toujours à la table de la cuisine.

« Tu n'arrives pas à dormir, ma chérie ? » s'enquit celle-ci.

Jacquie fit signe que non. Ginna était l'aînée des filles Cummins, et Jacquie la plus jeune. Elles avaient presque vingt ans d'écart, et Ginna était plus une mère qu'une sœur pour Jacquie. Pour l'heure, c'était exactement ce dont elles avaient toutes deux besoin. Ginna avait besoin de chouchouter et de soutenir quelqu'un, d'être une maman. Et dans son état d'épuisement physique et émotionnel, Jacquie accueillait avec joie cette attention aimante.

« Du lait et des cookies, déclara Ginna. La combinaison lait-sucre me donne toujours sommeil. Voilà ce qu'il te faut. Une bonne ration de lait et de cookies. »

Elle se leva pour aller chercher une soucoupe qu'elle remplit de cookies avant de la poser devant sa petite sœur avec un grand verre de lait froid.

« Merci », répondit Jacquie en faisant de son mieux pour grimacer un sourire à Ginna.

Le salon de télévision de Fair Acres Road était envahi de formes endormies, ou tout au moins de silhouettes allongées qui s'agitaient en essayant de somnoler. La chambre du fond que Tink et Kathy avaient occupée toute la semaine s'était muée en un lieu de cauchemar pour les deux filles. À leurs yeux, cette pièce représentait le point de départ de toute cette épreuve, et ni l'une ni l'autre n'avait même envisagé l'idée d'y dormir ce soir-là, ou n'importe quel autre soir à venir, d'ailleurs. Leurs parents avaient donc sorti le matelas du canapé convertible pour le poser par terre, et remis en place les coussins. Les deux sœurs étaient allongées tête bêche sur le canapé tandis que leurs parents s'étaient étendus sur le matelas au-dessous d'elles, et Blarney avait reniflé un corps après l'autre pour finir par se coucher en rond dans un petit creux chaud à côté de Gene. Toutefois, personne ne trouva vraiment le sommeil. Bien sûr, il y eut quelques moments d'inconscience, mais ils furent intermittents et régulièrement interrompus. Tout le monde fit le même cauchemar, et ils se réveillèrent chacun à leur tour, baignés de sueurs froides, se consolant alors mutuellement.

À l'approche de l'aube, Tink et Kathy se réveillèrent et découvrirent leur mère assise en tailleur au milieu du matelas, dans sa fine chemise de nuit en soie. Le visage couvert de ses mains, elle se balançait lentement d'avant en arrière. Son cri était si aigu et brutal qu'il était presque muet, mais son souffle n'en transperçait pas moins inexplicablement l'air. Agenouillé devant sa femme, les bras passés autour de ses épaules, impuissant, Gene tentait en vain de la réconforter. L'aube rosissante s'infiltrait peu à peu à contrecœur par les fenêtres, et la pièce était poisseuse de chagrin. La première nuit de leur nouvelle vie était terminée.

11

Au réveil, Tom avait soif, et l'homme debout au-dessus de lui, se courbant pour observer son visage, tenait un gobelet en carton rempli d'eau.

« Petit déjeuner », annonça-t-il en souriant presque.

C'était un type plus âgé habillé en agent d'entretien, remarqua Tom. Que ce soit la vérité ou non, on aurait dit que c'était le grand-père de quelqu'un, et son expression était bienveillante. Tom se souleva sur les coudes pour se mettre lentement en position assise, dépliant ses articulations hors de la banquette en métal et jaugeant ses différentes douleurs.

L'homme recula d'un pas afin de lui laisser de la place pour s'étirer avant de lui tendre le gobelet en carton et une brioche au sucre, encore enveloppée de Cellophane. Tom le remercia, et cette fois l'homme eut un vrai sourire. Il fit un signe de tête avant de sortir sans un mot d'un pas traînant, refermant à clé la grille derrière lui.

Bien que Tom n'ait aucune idée de l'heure, il se sentait quelque peu ragaillardi d'avoir dormi. Il était impossible de deviner le moment de la journée d'après la pauvre lumière naturelle qui filtrait de l'unique fenêtre en hauteur de la pièce, et on lui avait enlevé sa montre, embarquée par un des quatre malfaiteurs qui auraient dû être assis là, à sa place, à manger une brioche au sucre arrosée d'un gobelet d'eau tiède du robinet. Il supposa que, si les quatre mecs ne lui avaient pas volé sa montre, la police la lui aurait prise la veille au soir de toute façon, avec sa ceinture et ses lacets, et que de ce point de vue-là, ce n'était donc pas une grosse perte. Ne sachant pas où mettre l'emballage de la brioche qu'il venait de terminer, il le chiffonna et le laissa sur la banquette à côté de lui. En l'absence de vent, la Cellophane y resta collée comme si elle avait pris racine. Tom la chiffonna en une boule plus compacte, qu'il jeta par terre d'une pichenette.

Sa dernière gorgée d'eau tiède avalée, il appela le gardien parce qu'il avait encore soif, mais personne ne vint. Il renouvela son appel toutes les deux secondes pendant quelques minutes, sans succès.

Tom se leva de la banquette en métal vert pour aller jusqu'au lavabo en métal du même vert, scellé au mur du fond de la cellule. Il tourna l'unique robinet grinçant, qui cracha une eau tiède trouble et jaunâtre. Posant son gobelet au bord du lavabo, il referma le robinet. *Je ne me laverais même pas les mains avec cette eau-là*, pensa-t-il.

Il alla utiliser les toilettes en métal également vert, sans siège. Ensuite, il retourna s'asseoir sur sa banquette en métal vert, puis opta pour un changement de cadre et choisit l'autre. À l'instant même où il commençait à se demander comment il allait réussir à passer une seconde de plus seul dans cette cellule sans perdre la raison, il entendit un bruit de pas qui approchaient.

« Ton avocat est venu te voir », dit le gardien en arrivant près de sa cellule, brandissant son lourd trousseau pour déverrouiller la grille.

Sans être exactement amical, le type ne paraissait pas non plus empli de cette dangereuse animosité dont Tom avait fait l'expérience la nuit précédente. C'était un soulagement, et il se sentit légèrement de meilleure humeur en sortant de la cellule pour suivre le gardien-pas-brutal le long du couloir à l'éclairage fluorescent menant à Fabbri. *Les choses peuvent changer du tout au tout en un jour et demi*, se dit Tom. *Mon Dieu, je me réjouis de ces trucs maintenant !*

***

À Fair Acres Road, l'ambiance était au plus bas. Il n'y avait absolument rien que la famille puisse faire à présent. Aujourd'hui, tout le monde jouait au jeu de l'attente. Tink et Kathy avaient besoin de prendre une douche, mais la perspective de passer quelques malheureuses minutes seules avec leurs pensées les terrifiait tant qu'elles procrastinaient l'une comme l'autre, préférant reprendre leurs places sur le canapé avec leur jeu de cartes fatigué. Gene et Kay, eux, arpentaient furieusement la maison comme des animaux sauvages en cage, pendant que Grand-Mère Polly s'activait dans sa cuisine, espérant que quelqu'un serait d'attaque pour manger. Grand-Père Art, lui, consultait successivement sa montre, puis la pendule, la pendule, puis sa montre, puis la pendule, jusqu'à ce que finalement, à 8 heures et demie, il n'en puisse plus.

« Je sors me balader en voiture, annonça-t-il à sa femme avant de glisser ses clés dans la poche de sa veste et de passer la porte d'un pas branlant.

— Euh, où tu vas, Art ? » s'informa celle-ci du seuil de la cuisine où elle était apparue, une poêle à frire à la main.

Mais il était déjà parti, et la porte s'était refermée derrière lui. À son retour, environ une heure plus tard, il rapportait en secret le titre de propriété de sa maison. Comme Grand-Père Gene, il était déterminé à offrir à son petit-fils le soutien financier dont il avait besoin.

La première page du *St. Louis Post-Dispatch* du samedi 6 avril 1991 au matin affichait en gros titre : « Deux sœurs disparues dans le comté nord : la police place leur cousin en détention après son récit de l'agression ». Julie et Robin étaient très belles sur la première page, bien que leurs photos soient écrasées par un énorme gros plan d'un des regards du pont, rouillé et béant. L'article citait à de nombreuses reprises la police, qui prétendait que Tom Cummins avait fait des avances sexuelles à sa cousine Julie, et qu'elle était tombée du pont lors de la lutte qui s'était ensuivie. Sa sœur Robin était également tombée en tentant de l'aider, expliquaient-ils.

En page huit, où se poursuivait l'article, une grande photo panoramique de l'Old Chain of Rocks Bridge était imprimée à côté d'un plus petit cliché montrant l'une des équipes de secours dans son bateau. Le texte décrivait laconiquement les efforts de recherche en cours effectués par les gardes-côtes américains, les services de police de la ville de St. Louis, ainsi que diverses équipes de sauvetage sur les deux rives. Tom était décrit comme « ayant fait des déclarations qui l'incriminaient au sujet de l'incident », et Julie et Robin comme « des filles adorables et des étudiantes particulièrement douées ». Au bas de l'article, on trouvait aussi une photo de l'un des policiers tenant une lampe de poche qui avait été retrouvée près du pont. La légende indiquait : « La police pense que le propriétaire de la lampe de poche pourrait avoir été témoin de l'incident. Cette lampe comporte une inscription gravée : HORN 1. »

La police détenait la torche électrique qu'Antonio Richardson avait perdue.

De l'autre côté de la ville, sur Edgewood Avenue, non loin de l'appartement où vivait Richardson, le propriétaire initial de la mystérieuse torche HORN 1 lisait son journal, perplexe. Ron Whitehorn, chauffeur de bus et ancien policier, reconnut en la lampe de poche perdue la pièce à conviction cruciale de l'enquête visant à élucider les meurtres.

Stephanie, la fille de Ron, avait invité avec son frère quelques copains un soir de mars pendant que leurs parents étaient sortis. Antonio Richardson en faisait partie ; et Antonio Richardson avait subtilisé la torche.

Ron Whitehorn appela immédiatement la police pour leur communiquer l'information et identifia Antonio Richardson comme le « témoin » potentiel qu'ils recherchaient depuis le vendredi.

Au commissariat central, Tom Cummins, qui n'avait pas pu se laver, avait presque des démangeaisons en fixant à travers le grillage sale et taché son avocat à la mise impeccable. La pièce était minuscule, et Tom était juché sur un tabouret pivotant vissé au sol pareil à ceux que l'on trouvait dans les vieux bouis-bouis. En revanche, il n'y avait aucun de ces téléphones sophistiqués qu'on voyait dans *Miami Vice*, remarqua-t-il, secrètement soulagé. Il avait déjà suffisamment le sentiment d'être un criminel sans être obligé de parler aux gens du monde réel par téléphone alors qu'il les avait en face de lui.

« Bonjour, lança Fabbri en lui adressant un sourire.

— Bonjour », répondit Tom avec un autre sourire, même si celui de Fabbri était plus sincère.

L'avocat n'avait pas l'intention de se fatiguer à demander au garçon comment il allait, question qui appelait à coup sûr une réponse désastreuse. Fabbri avait assimilé les bonnes pratiques à respecter en prison et, sachant que ce qu'il était venu dire à Tom n'améliorerait certainement pas son moral, il trouvait inutile de se disperser en bavardages.

« Je suis venu t'expliquer la procédure qui va se dérouler aujourd'hui, commença-t-il. Je n'ai pas voulu entrer dans les détails hier soir parce que tu étais épuisé et que tu avais besoin de dormir. Mais maintenant que tu t'es un peu reposé, il est temps que tu comprennes ce qui se passe. »

De l'autre côté du grillage taché, Tom hocha la tête.

« Vous savez, ils s'en sont pris à moi hier soir comme vous m'en aviez averti, laissa-t-il échapper.

— Tu veux dire qu'ils t'ont posé des questions ou quelque chose de ce genre, comme les types d'avant ?

— Ouais, et ils se sont aussi un peu moqués de moi et se sont comportés comme de vrais connards, précisa Tom.

— Et tu ne leur as pas dit un mot, c'est bien ça ? » Les yeux bleus de Fabbri étaient écarquillés et il avait haussé les sourcils avec inquiétude.

« C'est bien ça, confirma presque fièrement le jeune homme.

— Parfait. » Fabbri sourit, soulagé. « Bravo. »

Pour Tom, cette petite information avait été une manière de remercier Fabbri. En lui racontant que tout s'était déroulé exactement comme l'avocat l'avait prédit et qu'il avait suivi ses sages conseils, il tentait d'exprimer sa gratitude. Tom avait encore beaucoup à dire avant qu'ils n'abordent le feuilleton juridique à suivre et son horrible avenir, mais il ne savait pas comment s'y prendre. Il voulait remercier Fabbri de le croire, de l'avoir sauvé. Il avait envie de promettre à cet homme qu'il ferait tout ce qu'il lui suggérerait, parce que ce dernier lui avait sauvé la vie la veille et qu'il lui faisait confiance pour la lui sauver encore, le cas échéant, à l'avenir. Sauf que dans la lumière crue du matin, Fabbri ressemblait à un avocat de cinéma avec son costume Armani, et que Tom resta timidement assis dans ses vêtements sales, à tripoter le coin du grillage en métal devant lui.

Fabbri lui adressa un sourire chaleureux en secouant la tête. *Pauvre gosse*, pensa-t-il.

« Bon, je crois qu'on devrait s'y mettre », dit-il en cherchant une confirmation sur les traits de son client.

Celui-ci acquiesça, et Fabbri entreprit d'exposer l'imbroglio juridique de la journée à venir. Selon la loi de l'État du Missouri, la police disposait de vingt heures à partir du moment de l'arrestation pour obtenir des mandats accusant Tom des deux meurtres au premier degré. La police présenterait ses preuves à Nels Moss, procureur de circuit de la ville de St. Louis, qui leur dirait si leur affaire était suffisamment solide pour émettre ces mandats. Nels Moss était à la fois l'un des meilleurs procureurs de la ville et celui qui se chargeait en général des cas les plus médiatiques, et ce serait aussi lui qui finirait par plaider celui de Tom. C'était une mauvaise nouvelle pour lui, expliqua Fabbri, parce qu'il demanderait à l'évidence un dossier en béton à l'encontre du suspect.

« Je n'ai aucune idée du type de preuves que va présenter la police, mais si elle a quoi que ce soit de valable, Mr. Moss va vouloir que ces mandats soient délivrés.

— D'accord, dit Tom en approuvant d'un signe de tête. Et qu'est-ce qui se passe ensuite ?

— Eh bien, une fois que les mandats seront délivrés, tu seras maintenu en cellule d'attente jusqu'à lundi pour ta comparution initiale devant le juge de circuit adjoint. Il lira les charges qui sont retenues contre toi et abordera la question de la libération sous caution. Dans la mesure où le meurtre au premier degré est une infraction passible de la peine capitale, il est probable que l'on *ne te propose pas* la libération sous caution. Donc, ce que je voudrais que tu fasses, Tom, c'est commencer à t'habituer à l'idée que tu vas peut-être rester ici un bout de temps. Le procès pourrait avoir lieu dans un an ou plus, et il se peut très bien que tu sois incarcéré jusque-là. Je sais que c'est beaucoup à avaler d'un coup, mais ce sera ta tâche d'aujourd'hui. J'ai vraiment besoin que tu t'habitues à cette idée pour qu'on puisse avancer et devenir une équipe productive. Ça ne va pas être facile. »

Tom joignit ses mains devant lui, et la sérénité que lui avait procurée le sommeil le déserta d'un seul coup. Son sang se glaça en entendant la voix de Fabbri à travers le grillage métallique. Il eut l'impression de sentir son calme s'échapper de sa tête, glisser le long de son corps, dégouliner mollement dans ses chaussures avant d'aller former une flaque qui s'écoulait librement sur le sol pour fuir la prison sans lui. Il avait désormais les mains gelées et tremblantes, ses orteils aussi étaient froids et rigides dans ses chaussures, alors que le reste de son corps était chaud et fiévreux.

« Comment se passent les recherches ? demanda-t-il brusquement.

— Pardon ?

— Mes cousines ? Ont-ils trouvé la moindre trace de Julie et Robin ? » s'enquit Tom, de plus en plus désespéré.

Fabbri secoua la tête.

« Je suis désolé, Tom.

— C'est juste que, bredouilla-t-il, honteux du pur égoïsme de la phrase qu'il était sur le point de prononcer, juste que… s'ils retrouvaient les filles… Si l'une des deux avait survécu, elle leur expliquerait, et je serais… »

La voix de Tom mourut et il enfouit son visage dans ses mains.

« Oh ! mon Dieu », murmura-t-il tandis que les premières larmes de la journée dégoulinaient sur ses joues.

Tink et Kathy, qui voulaient aller chez Ginna, ne comprenaient pas pourquoi on ne les y autorisait pas. Elles ne comprenaient pas la tension qui s'était emparée de leur famille à la minute où Tom avait été accusé d'avoir assassiné Julie et Robin. Gene et Kay trouvaient tous deux que la présence de leurs filles chez Ginna pourrait être problématique, vis-à-vis de Rick comme vis-à-vis de tous ceux qui, ne connaissant pas bien Tom, pourraient accorder un certain crédit aux allégations en cours. Et donc, par égard pour Ginna et dans un effort pour se montrer attentionnées dans cette situation d'une délicatesse monumentale, elles restèrent chez leurs grands-parents. En revanche, toute la troupe d'oncles, de tantes et de cousins se relaya pour se rendre à Fair Acres Road par petits groupes.

Cependant, ce flot ininterrompu de visites éclair ne suffisait pas à calmer Tink et Kathy. Elles voulaient être avec Jamie et Ginna, elles voulaient être là au moment où on annoncerait qu'on avait découvert quelque chose. Et comme le soleil brillait de plus en plus d'heure en heure, tout le monde espérait ardemment une découverte quelconque. Une des chaînes d'information locales avait reçu un coup de fil anonyme signalant que quelqu'un avait vu deux femmes sur Mozentine Island, au milieu du fleuve, un peu au sud du Chain of Rocks Bridge. La police avait averti la famille de ne pas nourrir de faux espoirs, dans la mesure où les indices valables arrivaient généralement via les services de police et non par les médias. Mais à ce point de l'enquête, l'espoir était la seule chose qui empêchait la famille de sombrer, et tout le monde se raccrocha à cette rumeur. En privé, de nombreux membres des deux foyers cherchèrent un coin tranquille pour s'agenouiller en joignant les mains devant eux et murmurer avec ferveur des prières pour que cette rumeur soit vraie.

Les heures s'écoulèrent avec la même lenteur qu'une sorte de sirop écœurant. Les visages et les voix entraient et sortaient, allaient et venaient entre les deux maisons, mais en général personne ne s'entendait ni ne se voyait. Tout le monde ne faisait qu'attendre. Un aller-retour entre Petite Drive et Fair Acres Road, et on recommence. Jouer aux cartes sur la table basse, puis vomir dans la salle de bains, et on recommence. S'occuper sur la console Nintendo jusqu'au flash info de l'heure suivante qui n'apporte aucune nouvelle, et on recommence.

Et tous s'efforçaient désespérément de ne pas remarquer l'absence de ces deux voix si vivantes et pétillantes, ces deux voix d'habitude rieuses, moqueuses, moralisatrices ou réprobatrices, mais qui réussissaient mystérieusement à tout rendre plus léger et à tout arranger.

De l'autre côté de la ville, au commissariat central, Nels Moss était assis, jambes croisées, examinant le dossier ouvert devant lui. Moss paraissait jeune pour son âge en dépit de ses cheveux blancs et de la pipe qui lui pendait souvent au coin des lèvres. À quarante-huit ans, il était en bonne condition physique et taillait soigneusement sa barbe et sa moustache blanches. Il ressemblait à un professeur et, en effet, il avait la réputation de vivacité correspondante. D'après l'association du barreau du Missouri, Moss avait de très bonnes, voire d'excellentes, compétences juridiques, ainsi qu'une éthique irréprochable. Au sein de la police de St. Louis, il était hautement respecté, et on le surnommait « Boss Moss ». De l'autre côté de la table, le sergent Nichols et l'inspecteur Richard Trevor étaient silencieux, attendant que Moss prenne la parole. Ils avaient des raisons de croire qu'il accepterait de leur accorder les mandats requis, tout en sachant qu'il ne fallait pas le brusquer.

« Bon, qu'est-ce que vous avez, concrètement ? demanda le procureur en regardant Nichols droit dans les yeux.

— Alors, commença le sergent, nous n'avons pas vraiment de preuves matérielles stricto sensu, mais nous avons obtenu des aveux.

— Ah, ça devrait largement suffire, alors, dit Moss. Des aveux écrits, ou filmés en vidéo ?

— Euh, ni l'un ni l'autre, en fait.

— Vous les avez *bien* sur une cassette audio, donc ? » insista Moss.

Nichols secoua la tête en jetant un coup d'œil à Trevor, qui fronçait les sourcils.

« Hum. Pas exactement, répondit-il.

— Eh bien, dans ce cas, vous n'avez pas d'aveux, trancha sèchement le procureur. Quelle est la nature exacte de cette déclaration ?

— Euh… » Nichols baissa légèrement la tête comme un enfant puni avant de relater avec franchise l'échange verbal qu'ils avaient qualifié d'aveux. « Il a déclaré : "Si vous dites que c'était moi, alors, d'accord. C'était moi." »

Moss croisa sévèrement les bras devant lui et, une fois que Nichols eut fini de parler, il fit glisser la chemise cartonnée fermée sur la table dans sa direction et se leva, prêt à partir.

« Vous n'avez aucune preuve, résuma-t-il. Pas d'aveux, pas de cadavres, pas de témoins… aucune *preuve*. Relâchez le gamin. Et par ailleurs, je vous suggère de mettre le turbo sur les recherches de ces deux filles. Revenez me voir dès que vous aurez quelque chose d'utilisable. »

***

Tink portait toujours le bandana rouge de Julie enroulé autour de son poignet droit. Allongée dans le fauteuil inclinable de son grand-père, elle écoutait Simon and Garfunkel sur son Walkman en essayant de ne pas se sentir trop vide. Elle en était à « Bridge over Troubled Water » et envisageait d'éteindre l'appareil car l'ironie du titre devenait un peu trop pesante étant donné les circonstances lorsque l'appel arriva. À l'instant où le téléphone se mit à sonner, la maisonnée se figea si complètement qu'on aurait pu croire qu'elle tournait comme une toupie une seconde plus tôt. Dehors, chaque oiseau perché sur chaque arbre de Fair Acres Road ferma son bec et retint sa respiration, dans l'expectative. Les roues des chariots des enfants s'immobilisèrent en plein tournant, et l'eau du système d'arrosage des voisins resta suspendue en plein air tandis que le monde s'arrêtait.

Tink fit basculer son corps par-dessus l'accoudoir du fauteuil et se dirigea en trébuchant vers le téléphone, mais elle était presque arrivée quand elle s'aperçut que son père y était déjà, le combiné pressé contre son oreille. Elle n'entendait rien. Les lèvres de Gene bougeaient, mais elle n'entendait rien. Kathy et Kay étaient là aussi, à présent, et elles s'agrippèrent toutes les unes aux autres. Les prières qui fusèrent de cette cuisine à ce moment-là furent sans doute parmi les plus rapides, les plus ardentes et les plus désespérées jamais formulées.

Le premier son que perçut Tink fut le clic du combiné quand Gene le reposa au ralenti sur son support. Son expression était impassible, indéchiffrable. Il avait l'air à la fois nauséeux, terrifié et abasourdi. Et puis il prit la parole.

« Il est sorti ! » cria-t-il, et les larmes qui s'échappèrent de ses yeux étaient des larmes de joie et de soulagement. Il secoua la tête, incapable de croire ces mots qui sortaient pourtant de sa propre bouche.

« Ils le laissent partir. Le procureur a mis les mandats d'amener en délibéré, il a dit qu'ils n'ont pas de preuves. »

Gene tenait désormais le visage de sa femme entre ses mains, et Kay n'arrivait pas à parler, les lèvres tremblantes de soulagement. Tink enfouit sa tête dans ses mains et fondit en larmes, levant les yeux au plafond en criant : « Merci, merci ! », jusqu'à ce que Kathy la plaque au sol et que les deux sœurs s'effondrent par terre pour former une petite boule heureuse et larmoyante.

Tom fut le dernier à recevoir l'annonce de sa libération, alors que ce qu'il croyait être son premier après-midi d'une longue série en prison lui semblait déjà durer une éternité. Même s'il n'avait jamais été claustrophobe auparavant, la pièce en métal vert lui faisait l'effet d'une minuscule boîte de conserve dans laquelle il serait une petite sardine enfermée. Il arpentait frénétiquement sa cellule, luttant contre l'idée qu'il allait rester là et clairement perdre la bataille. Il respirait aussi profondément que possible et s'étirait sans cesse les bras et les jambes, comme pour se persuader qu'il disposait bien de l'espace nécessaire. Néanmoins, cela n'arrangeait rien.

À l'heure du déjeuner, il n'était pas plus prêt à accepter son sort qu'au moment où Fabbri lui avait suggéré cette idée un peu plus tôt dans la matinée. Quand un gardien à la mine grincheuse vint lui apporter son repas, composé de saucisses de Francfort aux haricots accompagnées du gobelet d'eau tiède obligatoire pour les faire passer, Tom regretta que ce ne soit pas l'agent d'entretien du matin, avec lequel il aurait pu engager la conversation. Il examina le gobelet avec dégoût alors que le gardien le passait avec précaution à travers les barreaux avant de le poser par terre à l'intérieur de la cellule.

« Il y aurait une chance d'avoir un Coca, ou peut-être au moins un verre de glaçons ? »

Tom n'avait pas l'habitude de démarrer sa journée

sans une goutte de caféine, et il commençait à avoir la migraine.

« Le verre n'est pas autorisé : surveillance anti-suicide », expliqua l'homme d'un ton bourru.

Il ne paraissait pas avoir d'excuse toute prête concernant le Coca et les glaçons, mais de toute façon Tom avait épuisé ses capacités à faire patiemment la conversation. Il souleva l'assiette en carton mou et se mit à mâcher en silence ses saucisses aux haricots. Le gardien partit sans un mot. Tom finit sa nourriture en quelques minutes, regrettant ensuite de ne pas avoir étiré un peu plus le processus. Manger était une occupation qui permettait de tuer le temps. Son repas terminé, il se retrouva une fois de plus seul avec ses pensées.

Il s'assoupit sporadiquement sur la banquette sans avoir aucune notion de la vitesse ou de la lenteur du temps qui passait. Chaque fois qu'il s'endormait quelques minutes pour se réveiller peu après, c'était comme si une nuit entière s'était écoulée. Il se réveillait en sursaut, s'asseyait brusquement, puis balançait ses jambes par-dessus le rebord de la banquette, espérant apercevoir le sympathique agent d'entretien dans les parages.

Malgré tout, dans le petit coin de sa tête qui était toujours connecté à la réalité, Tom savait qu'on n'était certainement encore qu'en début d'après-midi. On ne lui avait pas apporté de dîner, raisonna-t-il. Ses parents avaient toujours eu l'habitude de mesurer le passage du temps grâce à l'ingestion de nourriture à heures fixes, habitude qui les avait toujours irrités, lui et ses sœurs. C'était si étrange, songeait-il, que cette même routine représente à présent pour lui une bouée de sauvetage. Mais Tom était surtout conscient qu'avant de lui apporter son dîner, on lui apporterait aussi autre chose : la nouvelle de ses mandats d'amener. La peur qui l'avait envahi dans l'affolement de ce matin-là s'était dorénavant installée au plus profond de lui. Et, bien qu'il fût plus terrifié que jamais, il désirait aussi de tout cœur apprendre la nouvelle. Il avait besoin d'une annonce définitive, et il voulait en être débarrassé. Comme son estomac se soulevait rien que d'y penser, il fit de son mieux pour se concentrer sur d'autres sujets.

Quelques instants plus tard, il s'était rendormi, rêvant qu'il conduisait le Frelon avec Julie, à ceci près que dans son rêve la voiture était décapotable, et qu'aucun lambeau de tissu pelucheux ne lui effleurait désagréablement les oreilles. Elle était aussi dépourvue de plancher, et Tom et Julie devaient se servir de leurs pieds, comme la famille Pierrafeu, pour l'arrêter et la faire démarrer. Il n'y avait pas la radio, mais c'était sans importance, parce que Robin chantait à tue-tête sur le siège arrière, et les trois cousins riaient tandis que le vent fouettait leurs cheveux et qu'ils traversaient gaiement l'Old Chain of Rocks Bridge, désert et ensoleillé, à bord de leur vieille guimbarde…

Cette fois-ci, ce fut un bruit désagréable de clés et de pas qui réveilla Tom, et il se sentit momentanément désorienté à cause du rêve. Il se leva et s'étira pendant que les pas se rapprochaient ; lorsque le gardien apparut devant la cellule, il ouvrit la grille sans un mot. Il fit à Tom un brusque signe de tête qui signifiait « Suis-moi », si bien que le jeune homme lui emboîta le pas. Son rêve heureux et flou s'évaporait de sa conscience à mesure qu'il se réveillait, laissant place par contraste à un effroi plus puissant que jamais. Tom suivit un moment le gardien en silence avant de hasarder une phrase pour se renseigner avec prudence.

« Mon avocat est venu me voir ?

— Non, répondit l'homme sans entrer dans les détails.

— Ben, qu'est-ce qui se passe, alors ? Ça a un rapport avec les mandats d'amener ?

— En un sens, oui, reprit l'autre. Le procureur a décidé de mettre les mandats en délibéré. »

Tom ne comprenait pas. Il attendit que le gardien lui fournisse de plus amples explications.

« On te laisse partir », dit ce dernier sans chercher à dissimuler son dégoût.

Tom se figea. « On me laisse partir ? répéta-t-il, incrédule.

— Ouaip. On te laisse partir. »

Tom grimaça un sourire, oubliant de respirer. Son visage devint cramoisi sous l'effet du manque d'oxygène et, quand il réussit enfin à prendre une bouffée d'air, haletant, il laissa échapper un énorme soupir étranglé. La tête lui tournait, et son corps lui semblait léger et distordu, comme s'il était en train de grandir et de s'étirer à l'œil nu, là, à côté du gardien, sous la lumière fluorescente du couloir. Tom crut qu'il allait tomber à genoux et briser les dalles de linoléum par sa chute fracassante. Il faillit tendre la main vers l'homme pour trouver du soutien, mais s'arrêta à temps, s'appuyant sur l'épais mur de briques peintes du couloir. Désormais, il pleurait et riait à la fois. Il se cacha la tête dans les mains en tâchant de rester en position verticale.

« Oh ! mon Dieu, s'exclama-t-il. Merci merci merci.

— C'est pas *moi* qu'il faut remercier », cracha le gardien, visiblement écœuré.

Tom fit de son mieux pour se maîtriser et se redresser de toute sa hauteur. « Ce n'était pas mon intention », rétorqua-t-il avec toute la fausse animosité qu'il réussit à mobiliser. Même s'il était sûr d'avoir la tête plus haute que jamais, il ne sécha pas les larmes qui avaient tracé des rigoles sur ses joues. Il n'allait pas commencer à s'excuser maintenant. Ces larmes, il y avait droit.

« Sortez-moi de là, alors, bon sang » fut tout ce qu'il ajouta.

Tom fut relâché sans fanfare. Le gardien l'entraîna le long d'un nombre incalculable de couloirs identiques jusqu'à un autre petit guichet en Plexiglas où on lui donna de la paperasse à remplir. Une fois qu'il eut terminé, on échangea les papiers contre ses lacets et sa ceinture avant d'ouvrir la grille qui séparait l'aile dévolue à la prison du reste du bâtiment. Tom franchit la grille seul, puis le gardien s'enferma de nouveau à l'intérieur, fit volte-face et s'éloigna tranquillement en reprenant le long couloir.

Tom resta quelques instants devant la grille verrouillée en évaluant ses options. Il avait supposé que Frank Fabbri ou ses parents, voire tout un groupe de membres de sa famille, seraient là pour l'accueillir lors de sa relaxe. Au lieu de cela, il se retrouvait seul face à une grille verrouillée dans ce qui ressemblait à une salle d'attente, sans même savoir de quel côté aller pour sortir du bâtiment. Les rares sièges de la pièce étaient vides, sauf l'un d'entre eux, occupé par un homme noir âgé qui avait l'air d'attendre quelqu'un.

Ce monsieur, dont les traits étaient profondément marqués de rides du sourire, tenait un paquet souple de cigarettes mentholées, le tournant et retournant sans cesse nerveusement entre ses mains. Tom s'approcha de lui.

« Excusez-moi ? Ça vous ennuie si je vous en pique une ? » lui demanda-t-il en désignant les cigarettes.

L'homme leva les yeux et sourit à Tom, exhibant ses rides d'expression dans toute leur profondeur et leur majesté.

« Fiston, répondit-il, on dirait bien que tu as besoin de tout le paquet. »

Il partit d'un rire bas et rauque de fumeur et offrit le paquet à moitié plein à Tom, à qui il tendit ensuite la main. « Merci, monsieur », bégaya celui-ci en retour.

Après avoir serré la main tendue, il se dépêcha de se retourner pour épargner à son interlocuteur le spectacle de ses larmes de gratitude. Cet homme ne saurait jamais à quel point il avait aidé Tom à reprendre confiance en lui en quelques secondes. *Après tout ce qui s'est passé, je peux encore m'attendre à être surpris par la gentillesse d'un parfait inconnu*, se dit-il, reconnaissant une naïveté très typique de Julie et ainsi très réconfortante.

En quittant la salle d'attente, il fut saisi d'un sentiment d'urgence. Le bâtiment était rempli de gens qui s'étaient indiscutablement positionnés comme ses ennemis, et il était certain que ces gens-là ne seraient pas ravis d'apprendre sa libération. Tom n'avait pas envie de traîner dans les parages pour leur donner l'occasion de manifester leur colère mal placée. Il repensa brièvement à ses quatre agresseurs, à la façon dont deux d'entre eux s'étaient trouvés dans ce bâtiment, l'examinant derrière un miroir sans tain la veille encore. Tom ignorait toujours l'étendue de la supercherie de la police : il ignorait que ces deux hommes n'avaient jamais mis les pieds dans le commissariat. Sa panique à l'idée de se retrouver nez à nez avec eux était donc tout ce qu'il y avait de plus réelle et terrifiante.

Il fallait qu'il sorte de là, et vite. Il emprunta couloir après couloir vers ce qu'il supposait être l'avant du bâtiment jusqu'à ce qu'il repère un flot de lumière naturelle entrant par une porte vitrée. Il se dirigea ensuite vers la sortie au petit trot en vérifiant nerveusement par-dessus son épaule qu'il n'était pas suivi. Quelques personnes traînaient bien dans les environs en discutant à voix basse, mais aucune ne paraissait lui prêter attention. En arrivant à la porte, malgré son soulagement, il ne s'arrêta pas de courir à petites foulées. Au contraire, il l'ouvrit toute grande et piqua un sprint, ignorant le vif élancement dans sa hanche et les courbatures persistantes du reste de son corps. Il n'avait pas remarqué ces douleurs aussi nettement jusque-là, quand il était confiné et que tous ses mouvements étaient lents et restreints.

Il dévala les marches et traversa la rue sans regarder, mais par chance c'était un après-midi de week-end, et il n'y avait pas beaucoup de voitures sur la chaussée. Il ne s'arrêta pas avant d'être parvenu sur le trottoir opposé. Là, il jeta un coup d'œil de l'autre côté de la rue pour s'assurer que personne ne l'avait suivi, puis s'accroupit afin de réfléchir un peu, prenant en compte pour la première fois sa douleur lancinante à la hanche droite. Elle le fit tressaillir, mais s'estompa dès qu'il fut assis, et il se concentra pour essayer d'analyser sa situation.

Il se trouvait quelque part dans le centre-ville de St. Louis, dans le quartier d'affaires, où les passants étaient rares. D'après la luminosité de l'après-midi, il devina qu'il devait être entre 15 et 16 heures. Il n'avait pas un sou sur lui, et personne n'était venu le chercher à sa sortie de prison. Fabbri avait pourtant été catégorique : sa famille était derrière lui, elle le soutenait. Et son père l'avait étreint si tendrement dans l'ascenseur la veille au soir. Sauf qu'il n'avait pas eu le moindre contact direct avec quiconque depuis. Ils ne l'avaient pas abandonné, au moins ? La vie de Tom avait si radicalement changé au cours des deux jours précédents qu'il n'était plus sûr de rien. Peut-être le considéraient-ils comme un meurtrier. Peut-être ses parents avaient-ils décidé en fin de compte qu'il valait mieux limiter les dégâts et le laisser se sortir seul de cette situation où il les avait tous entraînés contre leur gré. Il n'y avait qu'un moyen de le savoir. Il fallait qu'il trouve un téléphone.

En regardant autour de lui, il s'aperçut qu'il était près d'un parking et qu'il y avait une cabine téléphonique non loin de là. Il s'approcha du téléphone en boitant, sa douleur à la hanche lui dictant à présent de bouger plus délicatement. Il n'avait pas réfléchi au fait qu'il n'avait pas de pièces de vingt-cinq cents jusqu'à ce qu'il se retrouve planté devant la cabine à la contempler, mais ce problème fut facilement résolu : il appellerait en PCV. La question la plus urgente était clairement : *quel numéro* appeler ? S'il connaissait bien l'adresse de ses grands-parents par cœur, leur numéro de téléphone ne lui avait jamais paru important jusque-là. Il appelait généralement de là-bas, et non l'inverse. De plus, Julie le connaissait, et les jours où il avait eu besoin de prévenir ses parents qu'il rentrerait tard, c'était elle qui avait tapé ce numéro pour lui. Coinçant le combiné contre son épaule, il composa le 411 d'un index nettement tremblant.

En moins d'une minute, l'opératrice avait connecté l'appel en PCV de Tom au nom et à l'adresse fournis. Grand-Mère Polly décrocha à la deuxième sonnerie.

« Grand-Mère, dit Tom, mais l'opératrice parlait en même temps que lui.

— Acceptez-vous un appel en PCV de Tom ? interrompit-elle d'une voix pincée et nasillarde.

— Bien sûr ! s'écria Grand-Mère Polly, et le cœur de Tom fondit encore une fois de soulagement au son de sa voix.

— Grand-Mère ? Je suis sorti. Ils m'ont laissé partir et je ne sais pas où aller. Personne n'est venu me chercher et je n'ai pas d'argent pour payer un taxi ; je ne sais même pas où je pourrais en trouver un et j'ai peur de retourner dans le bâtiment du commissariat central au cas où ils décideraient de me remettre au trou ou un truc de ce genre… »

Les mots se bousculaient en sortant de la bouche de Tom et, si ses émotions n'avaient pas été aussi fortes, il se serait senti plutôt bête d'avoir déversé ce torrent de paroles timorées.

« Écoute-moi, mon poussin, tout va très bien se passer, assura son aïeule d'un ton apaisant. Ton père et ta mère sont en route à l'heure qu'il est. Ils n'ont reçu l'appel qu'il y a environ un quart d'heure et ils sont partis d'ici comme des flèches. Ils devraient vraiment arriver bientôt. Tiens bon, d'accord ? Ne t'inquiète pas si tu n'as pas envie de retourner à l'intérieur du commissariat. Si tu as peur, c'est que tu as des raisons d'avoir peur, alors suis tes bons vieux instincts. Ne bouge pas d'un pouce, ils te trouveront. »

Tom gratta avec ses doigts un autocollant qui ne tenait plus au coin de la cabine téléphonique et les larmes se mirent à couler sur ses joues pendant que sa grand-mère continuait à parler. C'était si bon d'entendre sa voix. Et elle était si aimante et encourageante que toutes ses anciennes peurs se dissipèrent. Cependant, il savait qu'il devait raccrocher bientôt, que cet appel en PCV allait lui coûter une fortune.

« D'accord, Grand-Mère, je vais attendre ici. Je crois qu'il vaut mieux que je te laisse : je t'ai appelée en PCV », continua-t-il. En dépit de tous ses efforts pour paraître solide, le tremblement dans sa voix était indéniable.

« Tu vas me quitter tout de suite comme ça ? le taquina-t-elle. Tu disparais pour vivre toutes ces aventures sans nous, et maintenant tu ne prends même pas la peine de me parler au téléphone. Tu as un rendez-vous ou quoi ? Quelque chose de plus important que de raconter à ta vieille grand-mère ce qui s'est passé ? »

Tom rit, franchement soulagé que Grand-Mère Polly ne le laisse pas mettre fin à l'appel. Elle avait senti son anxiété, et ça lui était bien égal que ce coup de fil finisse par lui coûter la moitié de ses économies. Elle n'était pas prête à raccrocher.

« Tommy, je ne sais pas si je te l'ai déjà dit, mais je suis en train d'apprendre ces mouvements d'*electric slide dance*. Je deviens très forte, tu sais. J'ai fait une démonstration à Grand-Père l'autre jour ; j'ai exécuté toute une chorégraphie rien que pour lui dans le séjour. Il était assis dans son fauteuil préféré, alors je l'ai obligé à poser son journal, j'ai mis une petite musique country, et j'ai fait toute la choré. J'adore vraiment danser. Tu connais la danse en ligne ?

— Euh, non, Grand-Mère. Je t'avoue que non », répliqua Tom.

Il comprenait son manège : elle essayait de le distraire de cette fâcheuse situation, mais il fut tellement pris au dépourvu par l'image de son aïeule se déchaînant dans toute la maison sur la musique de Garth Brooks que cette tactique fonctionna bel et bien. Il éclata de rire au lieu de se dire qu'il était seul dans un parking quasi abandonné avec une hanche fichue, une vie fichue, et deux cousines mortes.

« Bon, c'est promis. Dès que tu rentreras à la maison, je t'apprendrai la danse en ligne. Comme ça, dès qu'un de vous autres les jeunes sera prêt à se marier et qu'on fera une grande fête à cette occasion, toi et moi, on guinchera. Qu'est-ce que tu en dis ?

— Super idée, Grand-Mère », répondit Tom. Et il le pensait.

Les parents de Gene et de Ginna, Grand-Père Gene et Grand-Mère Maria, étaient arrivés de Floride en début de matinée, au grand soulagement de leurs enfants tous réunis. Grand-Père Gene avait toujours été une force avec laquelle il fallait compter. Jeune homme, il avait étudié sept ans au séminaire pour devenir prêtre de l'Église catholique avant de rencontrer sa femme et de tomber amoureux d'elle. Il avait épousé Maria après lui avoir fait une cour éclair, et au lieu de devenir un prêtre, il était devenu un représentant catholique pour la John Fabick Tractor Company. Au fil des ans, sa foi et sa dévotion vis-à-vis de Dieu n'avaient malgré tout jamais vacillé, même une fois qu'il avait choisi la vocation de mari plutôt que celle de prêtre, et il avait élevé tous ses enfants dans la plus stricte tradition catholique romaine. Encore à ce jour, malgré son âge et l'arthrite, ses huit rejetons le considéraient tous comme l'un des hommes les plus puissants, dévoués et intelligents qu'ils avaient jamais connus. Ses amis et collègues étaient d'accord. C'est pourquoi les frères et sœurs Cummins avaient le sentiment muet que son arrivée à St. Louis allait marquer le commencement de la fin de cette tragédie. Ils avaient plus ou moins conservé le mantra de leur enfance : « Ne vous inquiétez pas, Papa peut arranger ça. »

Son honnêteté sans faille, son éthique professionnelle solide et son énorme succès avaient permis à Grand-Père Gene de se bâtir une sacrée réputation dans le milieu des affaires de St. Louis. Les gens connaissaient son nom et le respectaient. Mais c'était sa personnalité qu'ils admiraient le plus. Grand-Père Gene adorait les bonnes histoires, et il était connu pour employer tous les accessoires à sa portée quand il racontait une des siennes. À la table du dîner, par exemple, il se servait d'un couteau pour représenter la rue qu'il décrivait, puis attrapait salière et poivrier pour figurer les bâtiments. Parfois, il était si absorbé par la construction de sa scène qu'il en oubliait où l'histoire était censée aboutir. Cela dit, il se débrouillait toujours pour en retrouver la chute et glaner au passage quelques rires chez ses auditeurs. Son sourire facile et l'étincelle qui animait ses yeux bleus perçants ne s'étaient pas ternis le moins du monde avec le temps, et il s'en servait encore pour flirter avec Maria, l'amour de sa vie.

Kevin était allé chercher Grand-Père Gene et Grand-Mère Maria tôt dans la matinée, avant de les installer au Marriott local, puis de les conduire chez Ginna. Grand-Père Gene commença par prodiguer un ou deux mots de réconfort à sa fille et par verser avec elle quelques larmes. Ensuite, il se précipita sur le téléphone et entreprit de passer des coups de fil pour faire jouer ses relations. Il employa l'heure qui suivit à appeler tous les contacts qui lui vinrent à l'esprit à St. Louis, et la liste était loin d'être courte. Il avait des amis chez les gardes-côtes, des amis dans la police, des amis au gouvernement. Il avait des amis jusqu'au sein de l'administration de l'équipe de base-ball des St. Louis Cardinals, même s'il ne voyait pas comment ils pourraient leur être d'une quelconque utilité dans ces circonstances. Il contacta toutes les personnes auxquelles il pensa et, au bout d'une heure, il avait mis en branle une lame de fond de collecte d'informations, de limitation des dégâts et de bonnes âmes désireuses d'apporter leur aide. Il allait s'assurer que tout ce qui était humainement possible soit fait pour retrouver ses petites-filles.

***

En arrivant dans le parking à moitié vide, Kay et Gene furent surpris de voir leur fils s'approcher en boitant du van avant même qu'ils ne puissent se garer. Ils avaient supposé qu'on le garderait à l'intérieur jusqu'à ce qu'ils viennent le chercher. Après de brèves retrouvailles déchirantes, le trio se rendit tout droit au bureau de Frank Fabbri. Tom voulait savoir comment la famille tenait le coup, et Gene le mit au courant en conduisant.

« Je veux aller voir Ginna dès qu'on en aura fini ici », prévint Tom au moment où ils s'arrêtaient dans l'allée qui servait de parking à l'avocat.

Gene réfléchit quelques secondes. Il savait que la décision ne lui appartenait pas. « D'accord », répliqua-t-il.

Fabbri installa Kay et Gene dans une pièce séparée, quoique décorée de manière similaire, en face de son bureau à lui. Il leur fournit des blocs-notes jaunes et un assortiment de stylos, leur suggérant de consacrer un peu de temps à écrire leurs impressions au sujet de leurs expériences respectives des dernières quarante-huit heures. Il précisa que le moindre détail dont ils pourraient se souvenir concernant leurs interactions avec la police pourrait être utile, en partant du tout premier instant de cette épreuve jusqu'au moment présent. Il mit un téléphone à leur disposition au cas où. Après quoi, il traversa le spacieux couloir et referma la grosse porte en bois, s'enfermant avec Tom dans son bureau tout en noir et en chrome, où ils allaient pouvoir discuter en privé et en détail de sa situation. Kay commença sur-le-champ à rédiger ses notes, tandis que Gene s'asseyait pour composer le numéro de Ginna. Ce fut son père qui répondit.

À quarante-six ans, il le saluait encore en l'appelant « monsieur ». Grand-Père Gene écouta attentivement Gene Junior lui expliquer la façon dont il pensait que les prochaines heures allaient se dérouler, ajoutant que Fabbri avait insisté pour voir Tom tout de suite avant qu'on le ramène à la maison. Et que, comme Tom avait hâte de voir Ginna, ils l'emmèneraient chez elle sur le chemin du retour.

« Je vais m'arranger pour faire venir Tink et Kathy ici aussi, dans ce cas », proposa Grand-Père Gene.

Gene Junior envisagea d'argumenter, d'avancer l'inconfort de Rick vis-à-vis de la situation, mais il s'arrêta avant même d'avoir commencé. De toute façon, il était inutile de discuter avec son père. Cet homme avait presque toujours raison, et le jeune Gene était à peu près sûr que cette fois-ci ne faisait pas exception à la règle. La décision avait été prise, et elle était définitive. À peine les deux Gene eurent-ils raccroché que quelqu'un se mettait déjà en route pour aller prendre les deux sœurs à Fair Acres Road.

Le soleil s'était de nouveau couché, et le crépuscule tombait sur les avant-toits de la petite maison surpeuplée de Ginna dans Petite Drive. Tink et sa cousine Danni Thess étaient assises sur le canapé du salon, guettant l'arrivée de Tom. La veille au soir, on leur avait annoncé son retour, et tout de suite après il avait été arrêté. Le soulagement que tout le monde avait ressenti en apprenant la libération de Tom avait été remplacé par un malaise croissant à mesure que la journée laissait place à la soirée et que Tom n'avait toujours pas fait son apparition chez Ginna.

Lorsque le gros van bleu tourna enfin au coin de la rue pour approcher de la maison sous la voûte des arbres, Tink donna une claque sur la cuisse de sa cousine et elles se levèrent toutes les deux pour presser leurs figures contre la vitre qui s'assombrissait. Grand-Père Gene le remarqua : il poussa très vite Tink et Kathy sur le perron en rassemblant le reste de leur grande famille dans la cuisine afin de leur laisser un peu d'intimité.

Tink passa nerveusement son bras sous celui de sa sœur et leurs estomacs firent des bonds conjoints alors que le van s'approchait et tournait dans l'allée. Leur père conduisait, et leur mère était assise à côté de lui sur le siège du passager. Les rideaux en polyester bleu étaient soigneusement tirés sur les vitres arrière, masquant les sièges à l'intérieur. Kathy saisit la main de Tink pendant qu'elles attendaient que le véhicule s'arrête. Elles prièrent pour que la porte arrière s'ouvre, leur révélant que leur frère était rentré.

Les deux filles regardèrent le van s'immobiliser et leurs parents détacher leurs ceintures. Les lèvres de Gene et Kay restaient closes. Personne ne disait rien. Mais quelques minutes plus tard, la porte arrière du van s'ouvrit en grinçant et le visage de Tom apparut au-dessus du montant, cherchant des yeux ses sœurs avant même de sortir. En les apercevant, il eut un sourire courageux et descendit la haute marche avec précaution. Tom émergea du van comme un vieil homme. Il posa un pied tremblant après l'autre sur l'asphalte de l'allée de Ginna avant de bifurquer vers la maison. Laissant la porte du véhicule grande ouverte derrière lui, il remonta l'allée en boitant vers l'endroit où ses sœurs l'attendaient. Quand il se rapprocha, elles virent qu'il avait les lèvres blanchies de déshydratation, que ses cheveux sales se dressaient follement en tous sens, rigides d'eau et de limon du fleuve séchés, et que ses épaules étaient couvertes de poux sautillants à cause de sa nuit en prison. Il avança clopin-clopant dans leur direction en grimaçant un sourire, mais ses traits étaient déformés par l'effort, et il tendit les mains vers elles dès qu'il fut plus près. Tink et Kathy l'enveloppèrent dans leurs bras tandis qu'ils s'abandonnaient tous à leurs larmes de désespoir. Les trois jeunes gens restèrent simplement ainsi, agrippés les uns aux autres, à sangloter.

« Je t'aime, Tom, répétèrent les deux filles sans pouvoir s'arrêter. Dieu merci, tu es rentré.

— Je vous aime aussi, les filles », répondit-il en enfouissant sa tête entre leurs épaules.

12

Les retrouvailles entre Tom et Ginna furent brèves et chargées d'émotion. Il resta assis avec elle moins d'un quart d'heure sur le canapé du salon, leurs quatre mains entremêlées, un coussin sur les genoux, les traits tirés d'avoir pleuré. Bien que Gene et Kay eussent hâte de faire en sorte que leur fils puisse se laver et se coucher pour passer la nuit dans un vrai lit, ils quittèrent la pièce, leur laissant d'abord un peu de temps en tête à tête. Ginna procura au jeune homme le réconfort dont il avait besoin.

« Bien sûr que tu n'as rien fait de mal. On va s'en sortir, mon pauvre petit », lui dit-elle.

Et au-delà de son soulagement et de sa gratitude, Tom s'émerveilla aussi de la capacité qu'avait sa tante à le consoler. Au moment de se lever pour s'en aller, il se pencha au-dessus de sa silhouette tremblante, et Ginna lui prit le visage entre ses mains. Il lui murmura à l'oreille des mots destinés à elle seule, puis l'embrassa avant de ressortir de la maison en boitant pour regagner le van.

Ce fut le début d'une autre longue nuit, le second coucher de soleil sans Julie et Robin. Et même si l'espoir de les retrouver vivantes déclinait à chaque heure qui passait, personne ne paraissait capable de tirer des conclusions définitives en l'absence de l'annonce d'une quelconque découverte. Les heures s'étiraient dans l'incertitude. Une fois de plus, personne ne dormit beaucoup cette nuit-là, excepté Tom. Mais il dormit d'un sommeil si lourd et profond que toute la famille se sentit revigorée par son repos.

***

Lorsque les Cummins se réveillèrent le dimanche 7 avril 1991 au matin, les gros titres qui les attendaient leur fournirent un nouveau motif de désespoir. Le *St. Louis Post-Dispatch* titrait ainsi : « Le suspect dans la mort des deux femmes libéré durant la recherche des corps ». Plus que jamais, le nom de Tom était traîné dans la boue.

Assis à la table du petit déjeuner dans la cuisine de sa grand-mère, Tom savourait sa première tasse de café avec un plaisir tout neuf. Il feuilleta prudemment le journal en la sirotant. Après avoir lu la manchette, il se contracta involontairement au fur et à mesure qu'il tournait les pages, comme si les mots et les photos qu'elles contenaient lui causaient une douleur physique. Finalement, il constata que ce n'était pas le cas. Il ne prit même pas la peine de lire le reste de l'article dans lequel il était qualifié de « suspect ». En conséquence, il rata les quelques phrases qui disaient : « La police recherchait vendredi soir le propriétaire d'une grosse torche électrique portant l'inscription "HORN 1" retrouvée sur le pont. Le sergent Dan Nichols, de la brigade des homicides, a déclaré samedi que la police connaissait l'identité du propriétaire de la torche.

Il n'a pas souhaité divulguer si cette personne leur avait parlé. »

Au lieu de se plonger dans cet article, Tom fut attiré par un entrefilet consacré à la poésie de Julie. Sa photo lui souriait sous le titre : « La femme qui est tombée du pont était considérée comme une poétesse prometteuse ». Un frisson parcourut la colonne vertébrale de Tom alors qu'il essayait de se débarrasser de l'image de sa cousine tombant du pont ravivée par le texte. L'un des professeurs d'anglais de Julie à UMSL y était également cité, la qualifiant de « poétesse la plus prometteuse à qui il ait jamais enseigné ». *Ben, j'aurais pu vous dire la même chose*, songea Tom. Le journal avait reproduit un extrait de l'un de ses poèmes :

Survivant de manuscrits fatigués
Et de lettres d'amour écornées,
Nous l'avons vu venir.
Nous avions l'habitude de l'attendre
Dans des cafés accueillants
Et de jouer les prophètes avec nos stylos
Sur des serviettes en papier
De le colorier à la craie
Sur les trottoirs de la ville.

Tom relut le poème à l'envi jusqu'à ce que sa tasse soit vide. Il n'était pas différent imprimé dans ce journal de ce qu'il avait été le jour où Julie le lui avait envoyé dans une de ses lettres. Certes, il était typographié au lieu d'être calligraphié de l'écriture soignée de la jeune fille, mais l'émotion était la même. Quand la pluie de ses larmes menaça de transformer le poème en un fouillis grisâtre, Tom referma le journal et repoussa l'article qu'il n'avait pas pu lire. Il pleura doucement durant quelques instants, mais son chagrin était brouillé par la peur. Il était toujours suspect, et il était toujours terrifié.

Les inspecteurs Trevor et Brauer n'eurent pas besoin de beaucoup chercher Richardson. Ils arrivèrent dans son quartier de bon matin, à l'heure où les gens commençaient juste à sortir de chez eux, certains encore en peignoir pour ramasser en vitesse leurs journaux. D'autres portaient déjà leurs tenues du dimanche, prêts à emmener leurs familles à l'église. La voiture de patrouille banalisée traversa Northwoods sans bruit, mais ne parvint pas à être aussi discrète que les policiers l'auraient souhaité. Ils se garèrent au croisement de Barken et d'Edgewood, et revérifièrent l'adresse de leur témoin avant de sortir du véhicule.

Ils durent frapper violemment quelques minutes avant qu'un Richardson ensommeillé n'entrouvre la porte pour observer les deux hommes derrière la chaîne de protection.

« Antonio Richardson ? demanda l'inspecteur Trevor.

— Ouais », répondit laconiquement celui-ci.

Trevor ouvrit l'étui contenant son insigne et le plaça devant l'étroit œilleton.

« Police de St. Louis. Nous avons besoin de te parler. Nous avons des raisons de croire que tu es un potentiel témoin matériel dans une affaire sur laquelle nous travaillons. Tu peux ouvrir la porte, s'il te plaît ? »

Richardson referma le battant avec un bâillement sonore. Trevor et Brauer échangèrent un bref coup d'œil inquiet, mais quelques secondes plus tard, ils entendirent le claquement annonciateur de la chaîne qui se déverrouillait. Sans les inviter à entrer, Richardson fit volte-face pour retourner sur le canapé, où il avait manifestement passé la nuit. Son T-shirt et son caleçon étaient froissés, et le plaid qui lui avait servi de couverture s'enroula mollement autour de ses jambes lorsqu'il s'affala en position couchée. Il s'étira, se remit à bâiller : un comportement typique d'ado de seize ans endormi et grognon, qui n'est guère impressionné d'avoir été tiré de son coma du dimanche matin par la police. Les deux inspecteurs pénétrèrent dans la pièce en refermant la porte derrière eux. Ils n'avaient pas l'intention de se mettre à l'aise, mais laissèrent Richardson rester avachi pendant qu'ils lui parlaient.

« Une lampe de poche portant l'inscription HORN 1, ça te dit quelque chose, Antonio ? »

Un courant de panique momentané parcourut Richardson, le réveillant bien plus que le coup inattendu à la porte. Il se redressa légèrement sur son siège. Les pensées se bousculaient dans sa tête. *Ils doivent savoir quelque chose là-dessus, autrement ils ne seraient pas venus*, se dit-il. Il comprit qu'il serait obligé d'admettre au moins une implication minime dans cette histoire.

« Ouais, commença-t-il, penaud, c'était la mienne. Je l'ai perdue sur le pont il y a quelques jours.

— C'est pour cette raison que nous sommes là, Antonio. Tu n'auras pas de problèmes parce que tu as volé la torche de Mr. Whitehorn. Par contre, nous savons que tu as été témoin de ce qui s'est passé sur le Chain of Rocks Bridge jeudi soir, et nous avons besoin de ta coopération à ce sujet. »

Antonio se tortilla sur son canapé, mal à l'aise, s'appuyant sur un bras pour se redresser un peu plus. Il se mordilla la lèvre inférieure, réfléchissant quelques instants tout en tirant sur un fil qui s'échappait du plaid multicolore. Les deux policiers attendaient sa réponse en silence.

« Ouais, d'accord, finit par dire l'adolescent, qui évalua rapidement l'expression des deux hommes avant de continuer. Ben, j'ai des informations importantes là-dessus. Je sais ce qui s'est passé. Je peux vous aider, les gars.

— Tu es prêt à faire une déposition ? » s'enquit Brauer.

Richardson acquiesça. Quelques minutes plus tard, il avait enfilé un T-shirt et un jean qui n'étaient pas moins froissés que sa tenue précédente, et il était prêt à suivre Trevor et Brauer dans le centre-ville. Le garçon resta muet tandis qu'ils quittaient son appartement, baissant la tête quand Brauer déverrouilla la voiture de patrouille et lui ouvrit la portière arrière. Il se dépêcha d'entrer, puis s'avachit immédiatement sur son siège. Trevor et Brauer ignoraient si sa posture reflétait sa mauvaise attitude ou s'il essayait de se cacher de ses voisins. Avec un témoin potentiel dans une affaire d'homicide, on pouvait s'attendre à peu près à tout.

Sur la banquette arrière, Richardson regardait d'un air maussade à travers la vitre. Il savait déjà ce qu'il allait raconter, il fignolait simplement les détails dans sa tête. Il dirait plus ou moins la vérité, mais uniquement au sujet de Marlin Gray et de son cousin Reggie Clemons. Il expliquerait aux policiers ce que Marlin et Reggie avaient fait et rejetterait complètement la faute sur eux. Il dirait qu'il avait eu peur, qu'ils avaient menacé de le tuer s'il mouchardait. Il dirait qu'il n'avait été qu'un spectateur silencieux, incapable d'empêcher ces crimes parce qu'il était jeune et terrifié. Et il ne mentionnerait même pas Danny, Danny étant le plus susceptible de craquer. Il savait que, si les policiers convoquaient Danny Winfrey, ils lui soutireraient toute la vérité, et ce serait la fin des haricots.

Tout va bien se passer, se persuada-t-il. *Je vais me sortir de ce truc.*

Pour la première fois de leur existence, Tink et Kathy ne se disputèrent pas avec leur frère pour passer plus de temps dans la salle de bains. Tom y resta une bonne heure à se frotter, se savonner, se laver la tête et se remettre en état. Le produit acheté par Kay au supermarché avait plutôt bien réussi à le débarrasser des poux qui avaient élu domicile sur lui depuis son séjour en prison, mais il ne se sentait pas très présentable bien qu'il ait enfilé la tenue qu'il réservait habituellement à la messe. Lorsqu'il se contemplait dans le miroir, c'était toujours une épave qui lui renvoyait son regard. Ses cheveux se rebellaient de ne pas avoir été lavés pendant si longtemps, refusant de rester en place sur son crâne et se dressant en trois ou quatre fâcheux épis. Ses yeux étaient injectés de sang, il paraissait mal rasé, et sa peau lui faisait encore l'effet d'être sale, même si en réalité il était propre comme un sou neuf jusqu'au bout des ongles. Il secoua la tête et éteignit la lumière.

Tout le monde était prêt et l'attendait à l'étage : ses sœurs, ses parents et ses grands-parents. Toutefois, personne ne se plaignit d'avoir dû patienter.

« Prêt, fiston ? » Gene consulta du regard Tom, qui s'arma de courage avant d'acquiescer.

Grand-Mère Polly et Grand-Père Art furent les premiers à entrer dans l'église. Ils étaient toujours si prévenants ! pensa Tom. Ils se montraient si attentionnés et courageux en ce moment ! Il les suivit en clopinant visiblement, flanqué de Kathy et de Tink. Il était sûr que ni l'une ni l'autre de ses sœurs n'avait jamais eu la tête plus haute que ce matin-là, et pourtant il surprit des traces indéniables d'humidité dans leurs yeux alors qu'elles l'aidaient à remonter la travée derrière leurs grands-parents jusqu'au banc de devant. Kay et Gene fermaient la marche. Ils s'agenouillèrent tous les sept pour prier. Quelques minutes plus tard, Kay avait sorti les Kleenex de son sac, et les faisait discrètement circuler le long du banc. Tom se signa, puis se rassit, imité par ses sœurs.

Tink et Kathy n'avaient jamais été si protectrices à son égard et, bien qu'il en soit touché, il trouvait aussi cette sollicitude un peu inquiétante. En vérité, il était foncièrement mal à l'aise de se montrer en public pour la première fois. Depuis sa relaxe de la veille, il avait vu à maintes reprises sa photo à la télévision, accompagnée de termes comme « meurtrier présumé » et « suspect ». Il était convaincu que tous les fidèles présents dans l'église avaient également vu ces photos et que, maintenant, ils le considéraient tous avec méfiance et dégoût. Enfin, après tout, ils *étaient* à l'église, se dit-il. Peut-être faisait-il juste preuve de paranoïa. Peut-être les gens lui accorderaient-ils le bénéfice du doute. Il vit quelques paroissiens détourner précipitamment la tête quand il les regardait, mais il était incapable de distinguer la paranoïa de la réalité. Il respira profondément, essaya de se concentrer.

Le prêtre parlait avec un accent lénifiant du Midwest, qui ne tarda pas à donner à Tom envie de s'endormir. Il n'avait pas récupéré toute son énergie. Il ignorait comment il allait tenir une heure entière sans embarrasser encore davantage sa famille en s'assoupissant. Il allait devoir trouver un moyen de rester alerte. À cet instant précis, Tink lui donna un coup de coude dans la cage thoracique et lui montra ses mains. Elle exécutait les gestes accompagnant la comptine de leur enfance « Voilà l'église, voilà le clocher, ouvre la porte… ». En général, elle terminait par une brûlure indienne, un doigt d'honneur ou un uppercut à la mâchoire à la place du traditionnel « … et vois tous ces gens », par quoi se concluait la chanson. Tom leva les yeux vers le visage de sa sœur, coloré de rose pâle, de bleu et de vert par la lumière des vitraux, et elle lui tira la langue avant de sourire. Tom émit un petit gloussement et, si le prêtre le remarqua de l'endroit où il prêchait à un peu plus d'un mètre de leur famille, il n'en laissa rien paraître. Grand-Mère Polly se pencha en avant sur le banc pour leur adresser un clin d'œil. Tom se sentit un peu rasséréné.

Au bout de plusieurs heures d'interrogatoire qui lui avaient permis de recueillir deux dépositions enregistrées de Richardson, la brigade des homicides de la police de St. Louis était prête à orienter l'enquête dans une direction entièrement nouvelle. Les inspecteurs commençaient à se rendre compte que Tom Cummins disait peut-être bel et bien la vérité. Sans compter que Richardson avait quelque chose à ajouter à l'histoire en apparence abracadabrante de Tom : des noms et des adresses. Il ne connaissait que deux des agresseurs : Marlin Gray, de Wentzville, et Reginald Clemons, de Northwoods. Le troisième homme décrit par Tom lui était inconnu. Il admettait l'avoir vu, mais ne cessait d'affirmer qu'il n'était pas important. C'étaient Clemons et Gray les meneurs. C'étaient Clemons et Gray les violeurs et les assassins.

« Tu as certainement vu cette histoire aux infos ces

deux derniers jours. Tu savais que ces deux filles étaient toujours portées disparues, probablement mortes. Et le jeune Cummins a vécu un enfer. Si tu as été témoin de tout ça et si tu savais qui étaient les coupables, pourquoi ne t'es-tu pas manifesté ? » martela Brauer après avoir arrêté le magnétophone avec un clic.

Richardson haussa les épaules. « J'ai eu peur », répondit-il.

Tu ne donnes foutrement pas l'impression d'avoir peur, pensa Brauer en secouant la tête, dubitatif.

« Antonio, nous aimerions que tu nous accompagnes sur le pont cet après-midi, s'il te plaît. On va faire une vidéo, et tu pourras nous décrire la séquence des événements en termes de logistique. Qu'en dis-tu ?

— Très bien », répliqua Richardson.

Une fois que les enquêteurs l'eurent laissé seul dans la salle d'interrogatoire, il s'étira en joignant les mains derrière sa tête. Il risqua même un petit sourire. Il avait joué le rôle de sa vie, il en était sûr. Il avait donné aux policiers exactement ce dont ils avaient besoin, et ils ne le soupçonnaient pas le moins du monde. Bien sûr qu'il allait les accompagner sur le pont et reconstituer le crime pour eux ! D'ailleurs, il s'habituait vite à l'idée de voir toute cette histoire de l'extérieur. Il se mettait de plus en plus dans la peau du spectateur effrayé. Il allait réussir son coup en douceur.

Le temps que la police arrive à Northwoods pour emmener Reginald Clemons en garde à vue, Richardson était de retour dans son appartement, les pieds sur la table, en chaussettes, occupé à zapper entre les programmes télévisés du début de soirée. *À 18 heures, y a rien d'autre à part les infos.* En changeant de chaîne, il aperçut le visage sombre de Tom Cummins. Il était trop tôt pour que les médias aient eu vent des récents développements et, en conséquence, Tom était toujours étiqueté « meurtrier présumé ». Mais Richardson s'en fichait. Il continua à changer de chaîne dans l'espoir de tomber sur un jeu télévisé ou une émission de ce genre.

Ce jour-là, les familles Cummins et Kerry avaient vécu un nouvel après-midi long et tendu. Tout le monde était allé à l'église, et toutes les églises de St. Louis et des environs avaient demandé à leurs fidèles de prier pour les deux sœurs disparues, Julie et Robin Kerry. Lorsque Tom et ses parents avaient quitté le bureau de Fabbri la veille au soir, l'avocat avait conclu en leur enjoignant de rester prudents.

« Je sais que vous êtes soulagés, et c'est formidable, avait-il dit, mais je dois tout de même vous avertir que tout ça est loin d'être terminé. Tu es toujours le suspect numéro un, Tom, et la police est toujours déterminée à dénicher des preuves contre toi. Dès qu'ils trouveront un corps ou un indice quelconque, tu dois t'attendre à être arrêté de nouveau. »

Tom avait opiné tout en blêmissant intérieurement à cette idée. Et dire qu'il y avait encore une semaine, sa pire angoisse, c'était d'avoir le vertige. Et que, maintenant, il était terrifié à l'idée d'aller en prison pour le meurtre de ses cousines. Tandis que le reste de ses proches passait son dimanche à prier et à espérer un fait nouveau, Tom était donc partagé. Les familles savaient qu'à ce stade, il était très peu probable de retrouver l'une ou l'autre des filles vivantes, et leurs espoirs s'étaient reportés lentement mais sûrement vers la perspective de découvrir leurs corps. Ginna avait besoin de pouvoir faire son deuil. En revanche, Tom était quant à lui obligé d'espérer l'impossible. Il voulait que Ginna trouve la paix, tout en étant certain que la découverte d'un corps le conduirait à être de nouveau arrêté. Il ne savait pas pour quoi prier. Alors il se contentait de tenir bon et d'espérer. Il osait à peine respirer.

Quand le téléphone sonna en début de soirée, la maisonnée entière sursauta, comme elle en avait pris l'habitude. Plus tard, les psychiatres identifieraient ce phénomène comme une « réaction exagérée à la surprise ». Pour l'heure, tout ce que savaient les Cummins, c'était que ce coup de téléphone allait apporter des nouvelles, avec leur cortège de chagrin, d'espoir et de terreur.

« Gene, cria Grand-Mère Polly de la cuisine, j'ai les policiers en ligne. Ils ont besoin de te parler. »

C'était l'appel qu'ils redoutaient tous. Tom en avait la certitude. Ils avaient trouvé quelque chose. Le visage de Gene prit une affreuse couleur de cendre au moment où il se leva péniblement du canapé pour s'approcher du téléphone de la cuisine d'un pas chancelant. Il évita de regarder Tom en face au passage. Tink et Kathy s'accrochèrent l'une à l'autre, au bord des larmes, dans l'expectative. Les yeux de Tom allaient frénétiquement de ses sœurs à sa mère, et il tremblait. Seule Kay osa croiser son regard.

« Je ne veux pas y retourner, dit-il doucement. Je n'y retournerai pas. Je m'enfuirai. Peu importe ce que je suis obligé de faire, je ne peux pas retourner là-bas. Maman, tu ne peux pas me demander ça. Je ne peux pas y retourner, ce n'est pas moi le coupable. »

Sa voix devenait plus aiguë et plus forte à chaque mot, et le temps que Kay ait traversé la pièce pour poser ses mains sur les épaules de son fils, il était déjà proche de l'hystérie. Elle s'assit à côté de lui et le regarda posément.

« On ne te demande pas d'y retourner, mon lapin. Attendons juste de voir ce qu'ils ont à dire, d'accord ? Essaie de rester calme. »

Tom secoua la tête et se leva d'un bond du canapé pour arpenter la pièce. La douleur qui irradiait dans sa hanche lui rappela qu'il devait marcher avec précaution. Durant les jours qui s'étaient écoulés depuis sa chute du haut du pont, il n'avait toujours pas vu de médecin, et il ignorait que ses élancements à la hanche provenaient d'une fracture. Son inconfort était assez bas dans sa liste de priorités.

Gene ne passa guère plus de deux minutes au téléphone et, à son retour, il arborait un début de sourire. Il ouvrit la bouche pour parler, mais hésita un peu. Il lui fallut quelques secondes de plus pour mettre des mots sur ses pensées. Tom souffrait le martyre en attendant qu'il se lance.

« Ils ont mis quelqu'un en garde à vue, dit simplement son père. Je ne sais pas comment ils l'ont trouvé, mais ils ont arrêté un des quatre types cet après-midi et il... J'imagine qu'il a avoué. En gros, il a corroboré toute ton histoire. »

Tom détacha ses yeux du visage de son père, s'asseyant avec un bruit sourd à côté de sa mère sur le canapé en velours bleu. Il joignit ses mains sur ses genoux en regardant fixement dans le vide devant lui, digérant de son mieux ces dernières nouvelles. Il ne savait même pas que la police enquêtait sur d'autres pistes. Il pouvait désormais s'autoriser à espérer blanchir son nom. Qu'ils aient effectivement mis la main sur ne serait-ce qu'un seul des quatre monstres coupables de cette atrocité lui avait semblé une possibilité trop merveilleuse pour être envisagée. À présent, Kay se jetait à son cou, et il observa dans un silence hébété ses sœurs qui bondissaient de leurs sièges pour se précipiter sur lui. C'était simplement trop à absorber pour Tom. Ses oreilles étaient envahies d'un bourdonnement retentissant, tout lui paraissait ralenti et déformé. Jusqu'à ce que tout d'un coup, les cris de joie de sa famille lui parviennent enfin, et qu'il s'effondre en pleurant dans les bras de ses sœurs, plaqué contre elles.

Gene s'éclipsa brièvement et, à son retour, il posa deux bouteilles de Budweiser froide sur la table basse, écarta doucement de leur frère Tink et Kathy, partagées entre le rire et les larmes, puis tendit une bière à son fils. Les deux filles s'entre-regardèrent, les yeux écarquillés, mais Kay leur jeta un coup d'œil sévère pour les dissuader de commenter le fait que leur père venait bel et bien de tendre une bière à Tom. C'était un événement sans précédent. Gene rouvrit la bouche pour tenter de parler, mais se rendit compte qu'il en était incapable. Il y avait juste trop à dire. Le garçon de dix-neuf ans se leva pour étreindre son père.

« Je sais, Papa », le rassura-t-il.

L'euphorie ambiante ne tarda pas à s'atténuer, à mesure que l'immense soulagement collectif laissait place à un sentiment de culpabilité de se sentir joyeux alors qu'ils n'avaient toujours aucune nouvelle de Julie et Robin. Néanmoins, les appels que passa Gene dans l'heure qui suivit furent à l'évidence plus faciles que ceux des deux derniers jours. Il contacta d'abord Ginna, puis son père et ses frères et sœurs. La réponse fut la même chaque fois.

« Oh ! merci, mon Dieu », s'exclamèrent-ils tous.

Au moment des informations de 18 heures, il devint

particulièrement clair que, si la police ne concentrait plus son attention sur Tom, les médias n'en étaient pas encore là. L'histoire occupait toujours la première place dans tous les flashs info. Un journaliste avait questionné Jacobsmeyer un peu plus tôt dans la journée, et Channel 4 diffusa l'interview : « La police a dit que Cummins avait tenté d'agresser sexuellement une de ses cousines. Que l'une d'elles est tombée du pont, et que l'autre l'a rejointe en essayant de l'aider. C'est bien ce que vous croyez toujours à ce point de l'enquête ?

— Oui, c'est ça, avait répondu Jacobsmeyer.

— Demain matin, les équipes de recherche et les membres de la famille vont continuer à attendre dans l'angoisse que les corps remontent à la surface, conclut le journaliste. Par ailleurs, la police a annoncé que Cummins était libre de retourner dans le Maryland. »

Les Cummins restèrent impassibles à la vue de ce reportage. Leur certitude que la vérité finirait par être dévoilée, sans doute dès les informations de 23 heures, ne suffisait pas à atténuer leur douleur et leur rage.

Gray avait eu plus de mal que prévu à arranger les choses avec Eva, mais comme d'habitude, son charme avait fini par triompher. Comme ce n'était pas son genre de perdre son temps en excuses ou en réconciliations, il avait décidé que soit Eva lui pardonnait, soit elle ne lui pardonnait pas, point final. Et bien sûr, en deux jours, toute cette histoire s'était apparemment tassée, si bien que, dès le dimanche soir, le couple s'était rendu en voiture chez Mike et Chrissy pour passer une soirée similaire en bien des points à celle que Gray y avait passée avec ses amis le soir des meurtres de Julie et Robin.

Quand on frappa à la porte, un peu après 21 heures, personne n'y prêta vraiment attention. La maison de Mike et Chrissy était ouverte à tous, et leurs amis débarquaient constamment à l'improviste. Mike tendit son verre à sa femme avant de se lever. Les inspecteurs Walsh et Trevor avaient déjà sorti leurs badges lorsqu'il ouvrit.

« Police de St. Louis, déclara Trevor. Nous cherchons Marlin Gray. »

Stupéfait, Mike recula de quelques pas tandis que les deux policiers en civil flanqués de plusieurs hommes en uniforme, arme au poing, déboulaient dans l'ouverture sans attendre d'y être invités.

« Hum, bredouilla Mike. Il est... il est aux toilettes. »

Mike indiqua la salle de bains d'un signe de tête. Sans avoir eu souvent affaire à la police, il était suffisamment informé pour s'abstenir de faire des mouvements brusques en présence de toutes ces armes sorties de leurs étuis.

Dans l'intervalle, Eva et les autres, qui s'étaient tous mis debout dans le salon, fixaient bouche bée la demi-douzaine de policiers éparpillés dans la petite maison, convergeant vers la salle de bains. Gray était encore à l'intérieur, ignorant qu'il avait de la visite. Le temps que les policiers se soient postés devant la porte de la pièce, quelqu'un avait éteint la télévision, et la maison était devenue silencieuse. Quand ils frappèrent, Gray émit une réponse inintelligible, sans sortir pour autant.

« C'est la police ! cria Walsh. Vous avez cinq secondes pour sortir les mains en l'air. »

À l'intérieur, Gray se taisait. Au moment où le compte à rebours arriva à un, Wash fit un signe du menton, et le policier qui était le plus proche de la poignée la tourna, puis ouvrit le battant. Trois des hommes se ruèrent dans l'espace exigu et attrapèrent Gray avant même qu'il ait pu réagir. Ils le fouillèrent et le menottèrent sur-le-champ.

« Qu'est-ce que c'est que ça, merde ? Qu'est-ce qui se passe ? exigea de savoir Gray.

— Vous êtes en état d'arrestation pour deux chefs d'accusation de meurtre au premier degré », expliqua Trevor.

Alors qu'on emmenait Gray au pas de charge vers la porte d'entrée toujours béante, Eva suivit l'essaim de policiers d'aussi près que possible. Gray se tordit le cou pour la regarder au moment où ils le traînaient dehors.

« Eva, chérie, je ne sais pas ce qui se passe, mais il faut que tu appelles ma mère pour moi. Dis-lui que j'ai besoin d'un avocat. »

Eva acquiesça, incapable d'articuler un mot. Elle suivit le groupe jusqu'à la porte d'entrée et sur le gazon, où elle resta debout, hagarde, à contempler les policiers qui forçaient son petit ami à se baisser pour entrer dans la voiture de patrouille en stationnement. Déjà pâle d'habitude, le visage de la jeune femme avait perdu son peu de couleurs, et même ses lèvres paraissaient de marbre à la lueur de la lune. Lorsque la voiture s'éloigna, Gray s'abstint de lui rendre son regard à travers la vitre.

Tom avait beau être farouchement opposé à l'idée de quitter la maison pour aller dîner, Grand-Père Gene avait insisté. Le soulagement que le jeune homme avait ressenti un peu plus tôt à l'annonce de la mise en garde à vue d'un suspect par la police s'était changé en dépression absolue aux informations de 18 heures. C'était si difficile de savoir qui disait la vérité ces jours-ci ! Les journalistes racontaient une chose, la police une autre, et ces deux sources s'étaient révélées pour le moins peu fiables au cours des dernières quarante-huit heures.

Tom était hors de lui. Il ne voulait pas aller au Red Lobster. Il ne voulait même pas dépasser l'allée. Il ne voulait pas s'inquiéter à propos de la police, de la prison, ou de savoir si les gens le considéraient comme un meurtrier psychopathe. Il voulait s'abandonner au manque créé par l'absence de Julie. Il voulait pleurer Julie et Robin. Il voulait se recroqueviller sous les édredons en patchwork cousus main de sa grand-mère, par terre dans le salon de télévision, et sangloter jusqu'à ce qu'il s'endorme. Ce fut finalement l'habituelle diplomatie désintéressée de Grand-Père Art qui le convainquit, là où les incitations de son père avaient échoué.

« Tu sais, Tom, lui avait dit Grand-Père Art, tes grands-parents sont venus jusqu'ici de Floride pour pouvoir être là pour toi et te manifester leur soutien. Nous avons passé toute la semaine en ta compagnie, et je pense que le moins que tu puisses faire, c'est leur consacrer deux heures de ton temps. Je sais que tu n'es pas d'humeur. Eux non plus ne sont probablement pas d'humeur. Tout le problème est là : personne n'est d'humeur pour grand-chose. Mais de toute manière, il faut bien que tu manges, et t'emmener dîner est la façon qu'a ton grand-père de te montrer qu'il t'aime et qu'il croit en toi. Tu devrais vraiment y aller. »

Tom s'exécuta donc, même si ce fut à contrecœur et avec nervosité. Il ne s'attendait pas exactement à pouvoir se cacher : on peut difficilement dissimuler une table pour sept dans un coin sombre. Cela dit, Tom ne s'attendait pas non plus à ce qu'on les installe, ses sœurs, ses parents, ses grands-parents et lui, à la longue table au centre de la grande salle. Il traversa le restaurant en boitant, mal à l'aise, précédé de l'hôtesse et suivi de sa famille, s'efforçant de ne pas remarquer les quelques clients qui s'arrêtaient au milieu d'une phrase ou laissaient tomber leur fourchette lorsqu'ils le reconnaissaient. Il détourna la tête, se coula dans son siège, puis ouvrit son imposant menu pour se cacher la figure, gêné.

Grand-Père Gene accrocha sa canne au dos d'une chaise voisine avant de s'asseoir à côté de son petit-fils. Il posa sa grande main ravagée par l'arthrite sur l'avant-bras de Tom et braqua ses yeux bleus perçants sur lui. Tom baissa son menu de quelques centimètres pour soutenir le regard de son aïeul. Ils ne parlèrent pas, mais Tom reprit mystérieusement des forces à la seule vue du visage du vieil homme.

Tink n'avait toujours rien mangé, et elle n'avait pas l'intention de s'y mettre ce soir-là, ce qui expliquait sans doute pourquoi elle avait protesté contre le choix du restaurant. Elle était l'unique membre du clan Cummins à ne pas raffoler des fruits de mer. À l'inverse du reste de la famille, qui commandait des pinces de crabe, des cocktails de crevettes, des coquilles Saint-Jacques ou du poisson, elle demanda un burger en réprimant de son mieux les haut-le-cœur que déclenchait chez elle le puissant fumet de poisson ambiant. Ils bavardèrent à voix basse en attendant leurs plats, mais personne n'avait grand-chose à dire, et la conversation languissait. Dès que les deux paniers fumants de pain au fromage furent arrivés, ils se vidèrent en un éclair ; Tink ne réussit à en avoir que parce que Kay lui en intercepta un au passage, le posant au centre de la petite assiette de sa fille.

« Pourquoi n'essaies-tu pas ceux-ci ? lui proposa-t-elle. Je crois que ça va te plaire. »

Tink étudia d'un air soupçonneux le petit pain doré sur son assiette. Elle n'avait presque rien avalé depuis jeudi soir. Elle avait l'air fatiguée, et Kay s'inquiétait pour elle. Cependant, Tink devait admettre que, depuis la première fois que son univers avait été chamboulé, elle *avait* effectivement un peu faim. Elle rompit un bout du petit pain et le porta lentement à sa bouche. C'était délicieux. En une minute, elle l'avait engouffré en entier. Kay avisa l'assiette vide de sa fille avec stupéfaction.

« Tu en veux un autre ? »

Voyant que Tink opinait, Kay fouilla les deux paniers, sans succès. Elle n'allait pas se laisser intimider. Sa fille recommençait à manger. Tink voulait du pain au fromage ? Eh bien, mon Dieu, elle allait avoir du pain au fromage. Kay se contorsionna sur son siège et scruta la pièce à la recherche de leur empotée de serveuse, qui n'était nulle part en vue. Mais une autre serveuse s'occupant de la table voisine arriva, chargée d'un plateau de pains au fromage tout frais. Kay attendit qu'elle détourne les yeux pour en chiper un au coin du plateau. Ensuite, elle le laissa tomber avec un petit ploc triomphant dans l'assiette de Tink, qui rit du comportement de sa mère.

« Merci, Maman, dit-elle.

— Hé, où est le mien ? protesta Kathy en lorgnant avec envie le petit pain au fromage de sa sœur.

— Tu en veux un aussi ? » proposa Kay.

Kathy acquiesça, et Tom mit également son grain de sel.

« Moi aussi, Maman. »

Kay suivit du regard la serveuse aux petits pains avec

un grand sourire. Sa table était prête à commander : elle allait devoir poser son plateau pour s'en occuper. Et en effet, peu après, elle se retourna pour le poser sur un support attenant, à quelques centimètres seulement de la chaise de Kay. Sans perdre une seconde, Kay fondit directement dessus et souleva le plateau entier comme si elle était elle-même une employée du restaurant. Elle distribua son contenu jusqu'à ce que sa famille en ait son content, puis alla reposer le plateau vide sur son support. Les enfants se mirent tous à glousser quand la serveuse perplexe pivota sur elle-même pour retrouver son plateau vide. Ce fut un instant d'authentique légèreté.

« Tu es une sacrée canaille, Maman, plaisanta Kathy dès que l'employée se fut éloignée.

— Ouais, renchérit Tink en grignotant son troisième petit pain. La famille Cummins s'est transformée en un véritable foyer de criminalité.

— Fais attention, Maman, c'est toi qu'ils vont venir chercher la prochaine fois. Et la mère vole du pain ! commenta Tom d'un ton faussement horrifié. Rien d'étonnant à ce que son fils ait mal tourné. »

C'était étrange pour eux d'être tous là à rire, plaisanter et manger au Red Lobster alors que Julie et Robin étaient encore dehors quelque part dans le noir, portées disparues. Cet instant de légèreté fut donc bref, même s'ils en avaient tous énormément besoin. Et ils ne tardèrent pas à payer ces rires par le terrible sentiment pesant de culpabilité qui est toujours le lot des survivants. Les visages momentanément souriants autour de la table redevinrent tous graves. Les miettes sur l'assiette de Tink furent mouillées de larmes, et son appétit s'évanouit de nouveau.

13

Assis sur la chaise libérée par Tom dans la salle d'interrogatoire numéro deux, Gray fixait d'un regard vide le même petit magnétophone grinçant posé sur la table devant lui. La nuit avait été longue. La voix de l'inspecteur Pappas était la première qu'on entendait sur l'enregistrement, annonçant qu'il était un peu plus de 5 heures, le 8 avril 1991 au matin. Pappas lut à Gray ses droits avant de l'interroger sur sa participation au braquage, au viol et au meurtre des sœurs Kerry, et à l'agression de Tom Cummins. Lorsqu'il commença à raconter son histoire, la voix de Gray était fatiguée, grave et monotone, totalement dénuée d'émotion.

Brauer eut beaucoup de mal à cacher son dégoût en voyant Gray débiter froidement ce qu'il avait infligé aux sœurs Kerry durant leurs dernières heures. Il n'avouait toujours pas leur assassinat. Il admit les viols, mais jura ses grands dieux qu'il ignorait comment les deux sœurs avaient atterri dans le fleuve. Aucun des deux policiers ne le crut une seconde, mais comme des aveux de viol valaient mieux que pas d'aveux du tout, ils décidèrent de les enregistrer. Ses aveux durèrent environ quarante minutes et se terminèrent à 6 heures moins 10 le lundi matin.

Après des débuts affreusement ratés, des débuts où de mauvaises intuitions et un témoin en état de choc émotionnel avaient été leurs seuls indices, les policiers de la brigade des homicides de St. Louis étaient enfin sur la bonne voie. Ils avaient obtenu deux confessions enregistrées, l'une de Clemons et l'autre de Gray. Ce jour-là promettait aussi d'être un grand jour : ils avaient deux suspects de plus à arrêter. Quand Gray et Clemons avaient appris que c'était Richardson qui les avait dénoncés, ils s'étaient tous deux empressés de lui rendre la pareille. Richardson avait été promu du rang de témoin à celui de suspect.

À l'instant même où Pappas et Brauer concluaient leur interrogatoire de Gray, Gene Cummins chargeait le van familial pour la deuxième fois de la semaine. Cette fois-ci, il se rendit compte qu'il n'y aurait pas d'adieux à la fois larmoyants et sarcastiques de la part de Julie et Robin, et il interrompit sa tâche pour en prendre la mesure. Ses mains s'immobilisèrent sur la valise de Kathy qu'il essayait de caser au milieu des autres au moment où sa vision se brouilla de larmes. Il se retourna pour s'asseoir quelques instants sur le pare-chocs arrière afin de se ressaisir.

Le matin était frais, et l'aube colorait peu à peu Fair Acres Road d'une teinte lilas lorsque Gene se remit au travail. Tom émergea de la maison derrière lui, traînant sa valise et saluant d'un signe de tête les policiers chargés de la protection des Cummins jusqu'à leur départ de St. Louis, assis dans leur voiture de patrouille garée de l'autre côté de la rue. Ils n'étaient toujours pas sûrs de savoir exactement à quoi s'en tenir dans cette histoire bizarre, mais une chose était claire : les médias avaient transformé Tom en un personnage plutôt impopulaire. La police s'inquiétait pour sa sécurité.

Tom et son père s'affairèrent en silence côte à côte pendant que Blarney reniflait l'herbe aux alentours à la recherche d'un emplacement approprié pour ses activités matinales. Leurs préparatifs terminés, ils rentrèrent dans la maison. Gene s'assit à l'étroite table du petit déjeuner de Grand-Mère Polly et sirota un café noir et épais, découragé. L'heure était venue pour lui de ramener sa famille à la maison, il le savait. Ses filles avaient besoin de retourner à l'école, et il avait hâte de soustraire Tom à la juridiction des services de police de St. Louis. Bien que son fils eût l'intention de coopérer pleinement à l'enquête en cours, Gene voyait bien qu'il devait d'abord faire une pause pour gérer ses émotions. Il avait besoin de temps pour pleurer ses cousines. Au Viêtnam, Gene avait découvert que le temps consacré au deuil était un luxe qui pouvait cruellement manquer si on ne vous le laissait pas. Cette leçon, il espérait que ses enfants n'auraient jamais à l'apprendre. Mais tout avait basculé cette semaine-là. Leurs vies ne seraient jamais plus les mêmes, Gene le savait, et l'expression de son fils montrait à quel point il avait mûri ces derniers jours. Malgré tout, les Cummins avaient des réticences à quitter St. Louis, comme s'ils pensaient qu'après leur départ ils pourraient en être bannis à jamais.

Le bruit de la sonnette tira brutalement Gene de sa rêverie. Sa montre digitale indiquait qu'il était tout juste 6 heures du matin. Un peu tôt pour avoir de la visite, songea-t-il en se levant nerveusement pour aller répondre. Le reste de la famille s'agitait dans la maison pour se préparer au voyage, mais tout le monde se figea au son du carillon. En jetant un coup d'œil à travers les rideaux, Tink et Kathy reconnurent la voiture de Ginna au moment où leur père ouvrait la porte. Leur tante était immobile sur les marches devant lui, baignée d'ombres violet foncé. Elle triturait un Kleenex entre ses doigts et ses lèvres tremblaient tandis que Gene ouvrait la porte grillagée pour la conduire à l'intérieur, dans la lumière chaude de la maison.

« Je suis venue vous dire au revoir », commença-t-elle, accompagnant ces mots de larmes qui coulèrent sans retenue sur ses joues.

Les trois enfants se rassemblèrent autour d'elle pour l'embrasser et l'étreindre chacun leur tour. Elle leur prit la main l'un après l'autre et les regarda dans les yeux en leur parlant.

« On va organiser des funérailles, déclara-t-elle. Pas tout de suite, bien sûr, mais quand on aura retrouvé les filles. Et je sais que vous ne pourrez probablement pas redescendre pour ça, mes petits, mais j'aimerais que vous participiez. Vous les connaissiez si bien, et nous allons passer de la musique : leurs chansons et leurs musiciens préférés. Vous voulez bien m'aider à choisir quelque chose ? »

Les trois enfants Cummins opinèrent solennellement en silence, leurs visages humides brillant à la lumière de la lampe. Ils se sentaient honorés et encore une fois émerveillés qu'en cet instant de tristesse intense, Ginna puisse avoir une telle capacité à les guérir.

« Un jour, Robin m'a dit quel genre de funérailles elle souhaitait, continua Ginna. Et j'ai toujours trouvé ça morbide, mais maintenant… maintenant je me sens si chanceuse de savoir ce qu'elle veut… »

Lorsque Robin avait à peu près neuf ans, sa classe de l'école élémentaire St. Jerome avait un jour discuté de la mort et du processus de la mort. Contrairement à la plupart des gamins, qui avaient d'abord manifesté une certaine crainte ou un certain inconfort vis-à-vis de ce sujet, Robin l'avait accepté. Malgré son jeune âge, elle était en paix avec l'idée de sa propre mort. Cet après-midi-là, en rentrant chez Ginna, elle avait annoncé d'un ton détaché : « Je vais mourir jeune, Maman. Et le jour où ça arrivera, je veux que tu saches quoi faire. »

À l'époque, Ginna avait été complètement stupéfaite. « Ne sois pas si morbide, Robin », avait-elle répondu sèchement. Elle avait attrapé sa petite fille et l'avait serrée fort, luttant contre cette sorte de larmes que seule une mère peut véritablement comprendre, des larmes de terreur.

« Ne pleure pas, Maman, avait dit Robin. Je n'en reparlerai plus. »

Et elle avait tenu parole durant des années. À quatorze ans, elle avait cependant de nouveau abordé la question.

« Bon, Maman, je ne veux pas te perturber, avait commencé Robin, mais il faut que je te parle de quelque chose qui est vraiment important pour moi. S'il te plaît, fais-moi ce plaisir. Tu vas avoir du mal à entendre ça, mais écoute-moi juste une fois et je te promets de ne plus jamais en reparler. »

Les mots que la mère et la fille avaient échangés les quelques minutes suivantes avaient horrifié Ginna, l'avaient glacée jusqu'à la moelle. Toutefois, elle avait fait le gros dos pour sa fille. Elle était loin d'imaginer quelle bénédiction ils constitueraient, quelques courtes années plus tard.

Au cours de cette conversation, Ginna avait appris que Robin avait le sentiment – non, plus qu'un sentiment, la *sensation* – qu'elle allait mourir jeune. Et elle l'acceptait. Elle était à l'aise avec cette idée, et elle n'avait pas peur de mourir. Elle espérait laisser une trace en ce monde avant de partir, et elle espérait aussi qu'on se souviendrait d'elle avec amour, et souvent. Par ailleurs, elle ne percevait rien d'impressionnant dans son destin, et assurément rien d'effrayant.

Elle avait demandé à Ginna d'interdire à tout le monde de porter du noir à ses funérailles. Elle avait envie de couleurs vives et de ballons. Elle voulait de la musique joyeuse, des artistes qui chantaient à propos de causes qu'elle soutenait et qui comptaient pour elle. Elle voulait que ses amis viennent raconter les bons souvenirs qu'ils gardaient d'elle et faire des bulles de savon. Elle ne voulait pas que les gens pleurent.

Dès qu'elle avait eu fini de parler, Robin avait enlacé sa mère et l'avait embrassée en la remerciant de l'avoir écoutée. Et cinq ans plus tard, Ginna était réunie avec la famille de son frère, en cercle, à tenter d'admettre que ses filles bien-aimées n'étaient plus là. Elles avaient beau avoir disparu depuis trois jours, Ginna ne l'avait pas encore réellement accepté. Après tout, dans son esprit, c'était comme si sa conversation avec Robin avait eu lieu la veille. Elle sentait encore l'étreinte de sa fille, voyait encore l'expression de satisfaction et de soulagement qu'avait prise sa petite bouille dès qu'elle s'était enfin déchargée du fardeau de ces pensées.

Tink et Kathy, qui avaient réprimé leurs larmes pendant le récit de leur tante, finirent tout de même par sangloter quand Ginna se mit à décrire les souhaits de Robin. Ginna attira ses nièces dans ses bras, les enlaçant et leur caressant les cheveux pendant qu'elles pleuraient toutes ensemble. Une fois qu'elles se furent calmées, Ginna fit ses adieux à Kay et Gene. Pour finir, elle se tourna vers Tom, qui l'étreignit longuement.

Ensuite, elle leur adressa à tous un sourire fragile et brave avant que Gene la raccompagne dehors. Cinq minutes plus tard, la famille s'entassa en silence dans le grand van bleu. Ils agitèrent tous la main pour dire au revoir à Grand-Mère Polly et à Grand-Père Art, qui restèrent debout, enlacés, devant leur maison désormais vide. Gene fit signe au conducteur de la voiture de patrouille, et celui-ci fit vrombir son moteur et passa devant, déterminé à mener à bien sa mission d'escorter sans encombre la famille Cummins hors de St. Louis par le Chain of Rocks Bridge.

Les enfants s'étaient étalés à l'arrière du van, Tink et Kathy dans les sièges-baquets, et Tom sur la longue banquette du fond. Les stores étaient tous ouverts, et la lumière de plus en plus vive du soleil matinal entrait à flots. Ils atteignirent le nouveau Chain of Rocks Bridge en un quart d'heure, et traversèrent le fleuve parallèlement à l'ancienne structure géante en acier, qui leur paraissait à présent monstrueuse et noire. Tink s'appuya contre la vitre, et sa respiration embua le verre pendant la traversée.

Robert Troncalli, l'ami de Gray, s'occupait de réceptionner de nuit la marchandise au Walmart local, et travaillait dur à décharger les camions alors que la campagne avoisinante dormait. Il avait l'habitude de faire la grasse matinée, si bien que, lorsque la sonnette retentit vers 10 h 30 en ce lundi matin, il se leva en bougonnant pour aller ouvrir.

L'inspecteur Walsh se présenta à lui ainsi que Stuart, son équipier, expliquant que Marlin Gray avait été arrêté pour meurtre, et qu'ils étaient venus dans l'espoir de fouiller la maison à la recherche de preuves cruciales. Troncalli se sentit soudain bien réveillé et donna aux policiers la permission de perquisitionner. Son esprit fonctionnait à toute allure, et il avait peine à croire que Marlin Gray avait bel et bien été *arrêté* pour les meurtres dont il avait affirmé avec une telle désinvolture être responsable dans cette pièce même à peine quelques jours plus tôt. Troncalli était abasourdi.

L'inspecteur Stuart ouvrit son carnet et commença à lui poser des questions simples au sujet de sa relation avec le suspect pendant que Walsh entreprenait de chercher la Swatch verte manquante que Gray avait cachée dans le fauteuil inclinable de Troncalli. Perturbé, ce dernier regarda Walsh enlever les coussins de tous les meubles du séjour. L'inspecteur eut beau se mettre à genoux, les bras enfoncés jusqu'au coude dans les coussins du canapé, il ne tarda pas à les en retirer bredouille. Sa tâche terminée, il replaça soigneusement chaque coussin, puis souleva chaque meuble pour bien voir dessous également.

Troncalli s'efforçait de se concentrer sur les questions que Stuart lui posait, mais il était distrait par les activités de Walsh. La fouille ne révéla rien et, au bout de quelques minutes, les deux policiers partirent aussi brusquement qu'ils étaient apparus. Troncalli s'affala gauchement dans son fauteuil préféré en tripotant la carte qu'ils lui avaient laissée. Elle comportait un numéro de téléphone, que les inspecteurs l'avaient encouragé à appeler s'il trouvait quoi que ce soit d'inhabituel. Il resta assis quelques minutes, seul dans son petit intérieur tranquille, en examinant ce qui l'entourait, comme s'il cherchait des indices pour lui-même. À l'autre bout du salon désormais silencieux, la Swatch verte de Tom Cummins était toujours enfoncée bien profondément sous les coussins du fauteuil ; l'inspecteur Walsh s'était contenté de l'effleurer et l'avait manquée en passant sa main à tâtons.

Quand sa femme rentra un peu plus tard dans la journée, Troncalli lui relata cet étrange incident dans son intégralité. Il était encore déboussolé par la visite des policiers, et Kendra fut tout aussi choquée d'apprendre l'arrestation de Gray.

« Et qu'est-ce qu'ils voulaient en venant ici ? Qu'est-ce qu'ils nous voulaient ? demanda-t-elle.

— Ils cherchaient des preuves, expliqua Troncalli. Apparemment, Marlin a volé une montre à ce gamin, Cummins, sur le pont. S'ils retrouvent la montre, ils pourront le lier physiquement au crime. Je ne sais pas pourquoi ils pensaient qu'elle pourrait être ici. Je n'ai même pas envie de croire quoi que ce soit dans cette histoire. »

Kendra secoua la tête et se leva, posant un baiser sur la joue de son mari au passage. Elle ne savait pas quoi penser de toute cette histoire non plus. C'était trop à absorber d'un seul coup. Mais elle avait aussi trop de pain sur la planche pour rester assise toute la journée à y réfléchir. Elle se mit à déballer ses sacs à provisions tandis que Robert demeurait sans bouger devant la table de la cuisine, contemplant d'un air absent la carte de visite laissée par les policiers.

Le temps que Kendra ait fini de ranger ses achats et qu'elle soit prête à attaquer la corvée suivante sur sa liste, il s'était levé pour aller s'activer dans le jardin. Kendra alla chercher l'aspirateur à sa place habituelle et le traîna au milieu du salon. Tout en effectuant cette tâche routinière, elle retournait dans sa tête les nouvelles que son mari venait de lui apprendre. Elle mordit machinalement sa lèvre inférieure en tendant la main derrière le canapé pour brancher l'aspirateur. Lorsqu'elle l'alluma, son bourdonnement rythmé noya les pensées moins plaisantes qui lui venaient à l'esprit. Elle se baissa pour pousser le lourd fauteuil inclinable sur le côté afin de nettoyer dessous. Mais au moment où elle se penchait sur le siège de tout son poids, un jet accroché à un coussin du bas attira son regard, et elle se figea.

Kendra se redressa, puis éteignit l'aspirateur, attendant que le ronronnement de l'appareil s'arrête avant de passer à l'action. Au moment où elle glissa sa main sous le coussin pour tirer sur le mystérieux objet, il dégringola sur le tapis du salon, bien en évidence. La Swatch verte de Tom Cummins resta quelques instants à ses pieds, et elle l'examina froidement. Elle détestait ce que signifiait sa présence, détestait le fait que cette montre tombée par terre dans son salon proclamait la culpabilité de Marlin Gray. Mais elle savait ce qui lui restait à faire.

Kendra resta assise à côté de son mari pendant qu'il composait le numéro figurant sur la carte.

« Inspecteur Stuart, dit-il en respirant profondément pour se donner le courage de finir sa phrase. Je crois que ma femme et moi avons trouvé la preuve que vous cherchiez. »

Le lundi matin, le *St. Louis Post-Dispatch* affichait en gros titre : « Arrestation de deux suspects dans le meurtre des sœurs Kerry : la police innocente le cousin alors que l'affaire prend un tour nouveau ». L'article relatait succinctement l'interpellation de deux nouveaux suspects, sans pour autant nommer Reginald Clemons ou Marlin Gray.

Le journaliste qui en était l'auteur avait interrogé Jacobsmeyer pour savoir pourquoi Tom avait précédemment fait des déclarations qui l'incriminaient. Jacobsmeyer avait répondu que « Tom était à l'évidence traumatisé et confus à la suite de toute cette histoire ». Marlin Gray n'était en détention que depuis quelques heures au moment où le journal était à l'impression, si bien que, même si le nom de Tom était officiellement blanchi, les informations le disculpant restaient rares et peu convaincantes. L'opinion publique de St. Louis ne s'était décidément *pas* encore retournée en sa faveur.

Tout comme sa cousine Tink, Danni Thess avait seize ans, ce qui faisait d'elle une élève de première au lycée de Wentzville. Avec ses longs cheveux blonds, ses yeux d'un bleu lumineux, et sa place en tant que joueuse permanente de l'équipe de football de son école, elle faisait partie des élèves populaires. Lisa, sa mère, sœur de Gene et Ginna, était extrêmement fière de ses trois enfants, tous intelligents, athlétiques et bien élevés. Danni avait envisagé de protester lorsque sa mère avait insisté pour qu'elle retourne en classe le lundi suivant, mais elle savait qu'elle allait perdre la partie. Elle avait passé l'essentiel du week-end à osciller entre espoir et chagrin, sans beaucoup dormir. À l'instar du reste de la famille, Danni avait été profondément soulagée par la relaxe de Tom le samedi, et encore plus rassurée par les deux arrestations de la veille. Cependant, elle avait toujours le cœur lourd de tristesse et d'angoisse, et n'était clairement pas d'humeur à aller en cours. Ce matin-là, en arrivant au lycée, elle se sentait fatiguée, paranoïaque et globalement déprimée.

Pour une fois, Daniel Winfrey était quant à lui bien content d'aller en classe ce lundi matin-là. Le week-end avait été long et éprouvant, et ses cours de seconde au lycée de Wentzville allaient lui fournir une bonne occasion de se distraire. Amanda, sa petite amie, n'était pas encore complètement sûre de ce qu'elle devait penser de toute l'histoire qu'il lui avait confiée, mais elle voyait bien qu'il subissait un stress intense. Elle avait réagi en essayant juste de se comporter normalement, souffrant d'un cas classique de « si j'ignore ce problème, peut-être qu'il disparaîtra ».

Comme Wentzville était une communauté très tranquille, la nouvelle de l'arrestation de Marlin Gray, intervenue tard dans la soirée, résonnait déjà dans les couloirs du lycée en ce début de matinée. Danni Thess était mal à l'aise. Elle savait que ses amies cherchaient simplement à être délicates, mais à vrai dire, elle trouvait qu'une certaine brutalité aurait été préférable aux murmures et aux œillades en coulisse qu'elle rencontrait dès qu'elle se retournait. Danni était déterminée à venir à bout de cette journée. Il n'était pas question qu'elle laisse la notoriété toute récente de sa famille envahir sa vie, et elle commençait à être agacée. Honnêtement, pourquoi les gens ne comprenaient-ils pas que le chagrin de sa famille était plus important que tout ce battage et ce sensationnalisme périphériques ? Elle referma d'un coup sec son casier avec humeur, souffla sur sa frange pour l'écarter de ses yeux, puis prit résolument le chemin de son quatrième cours de la journée.

L'inspecteur Walsh se protégea le regard de la lumière trop vive du soleil de midi alors que Stuart et lui arrêtaient leur véhicule sur une place de parking du lycée de Wentzville. Une autre voiture se gara pile derrière eux, et deux officiers adjoints des services de détention juvénile du comté de St. Charles en sortirent. Les quatre hommes pénétrèrent ensemble dans le bâtiment.

Quelques minutes plus tard, Danni Thess rejoignit une partie de ses condisciples à la fenêtre pour observer le nouveau blondinet de seconde qui sortait du bâtiment encadré par des policiers, menotté. Il baissait honteusement la tête en marchant entre les deux agents en uniforme. Toutefois, Danni ignorait que le garçon s'appelait Daniel Winfrey. Et elle ignorait aussi totalement qu'il était arrêté pour avoir violé et assassiné ses cousines.

Les noms de Gray et Clemons furent révélés à la presse plus tard dans la journée. Le soir même, les journalistes étaient déjà en direct, envahissant les quartiers respectifs des suspects telles des fourmis. Jacquie et Sheila regardèrent le bulletin d'informations de la chaîne NBC dans le séjour de Ginna, rassérénées que les médias arrêtent enfin de faire fausse route. Plusieurs voisins de Clemons furent interviewés, et tous se dirent choqués que le fils si calme du pasteur ait été arrêté pour un crime aussi brutal.

Buffie Garnett, une des voisines, était particulièrement véhémente. « Il était du genre sympa. Vous savez, il était vraiment calme. Il aimait bien traîner avec tout le monde, mais il était vraiment calme. Je l'ai encore vu l'autre jour, et il m'a raconté qu'il avait un boulot et tout ça, et je n'arrive pas à croire qu'il ait pu faire un truc pareil. C'était quelqu'un de doux et de compréhensif ; je n'aurais jamais cru qu'il puisse faire un truc pareil », répéta-t-elle.

Une autre voisine, Patricia Gully, qui connaissait Clemons depuis ses quatre ans, le qualifia d'« enfant attentionné et sympathique ». Elle n'avait jamais entendu dire qu'il se disputait avec d'autres gamins, qu'il était vulgaire, ni qu'il répondait aux adultes. En fait, ajouta-t-elle, il était toujours d'une politesse impeccable.

Une troisième, Mardelle Meckfessel, abonda dans son sens en relatant les nombreuses fois où Clemons l'avait aidée à tondre son gazon ou lui avait ramassé ses feuilles. « Et il ne m'a jamais réclamé un sou pour sa peine », s'extasia-t-elle.

Devant la caméra, les voisines étaient toutes solennellement postées sur le pas de leur porte en secouant la tête tandis que les enfants faisaient du vélo dans la rue et que les adultes échangeaient des souvenirs attendris au sujet du suspect.

Le reportage montra ensuite un cliché d'Eva, l'air épuisé, assise sur le perron de sa maison, en jean et pull trop grand. À l'évidence, son sourire était plus une réaction nerveuse qu'autre chose. Sandra Hughes, la journaliste assise à côté d'elle, paraissait par contraste tirée à quatre épingles dans son tailleur gris, et aucune des deux femmes ne semblait à l'aise en compagnie de l'autre. Seuls l'effondrement du monde d'Eva et l'obligation qu'avait la journaliste de satisfaire la curiosité publique les rapprochaient.

« Je n'aime pas ce qu'il a fait, dit Eva dans la tête en mousse du micro que Hughes lui tendait, mais lui, je l'aimais réellement, et je crois qu'il passait juste une période sacrément difficile et que je ne l'ai pas vraiment compris. »

Hughes l'interrompit après avoir tenté un court instant de dissimuler sa surprise devant la réaction d'Eva. Elle s'était attendue aux protestations d'innocence d'usage que provoquait généralement ce genre d'interviews. Or Eva ne semblait ni convaincante, ni même convaincue de l'innocence de son petit ami.

« Alors, vous croyez qu'il l'a fait pour de bon ou non ? » insista la journaliste.

Eva hésita un instant avant de répondre, réprimant un sourire nerveux. Elle enroulait une mèche de cheveux autour de ses doigts tout en parlant.

« Honnêtement, étant donné ce que je sais de Marlin, je dirais que non, ce n'est pas sa personnalité, ce n'est pas *conforme à* sa personnalité de faire une chose pareille, mais vu tous les éléments qu'on a en main, hum… ils indiquent… hum, ils indiquent qu'il est coupable. »

Alors que Hughes terminait l'interview et rendait l'antenne au studio, l'un des présentateurs commenta d'un air perplexe : « Vous savez, Sandra, d'après la police, cette affaire a connu plus de rebondissements qu'aucune autre, en un temps record.

— Vous avez tout à fait raison, reconnut Hughes. C'est absolument incroyable. »

Tom et sa famille n'étaient plus à St. Louis pour voir son nom finalement blanchi en public, et c'était peut-être aussi bien. Le temps que le *St. Louis Post-Dispatch* du jeudi publie cette citation du capitaine de la police en réponse à la question demandant pourquoi un innocent pouvait être amené à admettre sa culpabilité, ils étaient de retour à Gaithersburg.

« En général, les gens susceptibles de commettre ce genre d'actes ont une personnalité ou une psyché fragiles. Certaines personnes sont très facilement intimidées par la police, d'autres non », expliqua le capitaine en tentant farouchement de défendre la conduite de ses subordonnés, même si cette défense nuisait à Tom.

À Gaithersburg, les Cummins disposaient d'un sas de mille quatre cents kilomètres pour amortir ces remarques indélicates, et de toute façon ils étaient occupés à faire leur deuil et à reconstruire leurs vies. Le soutien que leur apportèrent leurs amis se révéla sans faille. Les voisins se relayaient pour déposer des ragoûts et des cookies. Les amies de Kay refusaient qu'elle cuisine, et un jour, trois d'entre elles apparurent même armées de produits d'entretien pour donner à la maison un frénétique coup de propre. En réalité, elle n'était pas si sale, mais ces femmes tenaient à manifester leur soutien à cette famille endeuillée.

« Nous savions qu'il était innocent. Nous n'en avons

jamais douté une seconde, affirmaient les amis que Gene comptait à l'église. Nous savions bien que c'était une terrible erreur. »

À la caserne, l'équipe de Tom aborda cette tragédie avec un humour noir et une loyauté inébranlable dont seuls les pompiers sont capables de faire preuve.

« Oh ! merde, tu es revenu ? le taquina son lieutenant après son étrange et surréaliste retour dans l'unité Rescue 2. On croyait s'être débarrassés de ta pomme. »

Quant à Tink et Kathy, elles eurent un peu plus de mal à se réhabituer à la compagnie de leurs congénères. Même si leurs amis les plus proches s'étaient réunis autour d'elles pour les soutenir, aucune des deux filles n'était insensible aux rumeurs prononcées à mi-voix qui fusaient dans leur lycée. Elles firent plus d'une fois l'objet de sourires compatissants et de condoléances, vite suivis de phrases perfides qu'elles surprenaient par accident dans les couloirs surpeuplés de l'établissement. « Ouais, leur frère a agressé sexuellement et tué leurs deux cousines », chuchotaient ceux qui avaient vu la couverture média sensationnaliste des débuts et raté les nouvelles suivantes innocentant Tom. Les médias déformaient apparemment les faits à Gaithersburg encore plus qu'ailleurs, et l'histoire du pompier local du comté qui avait tué ses cousines y faisait la une, alors que la nouvelle véridique mais moins spectaculaire selon laquelle quatre ordures avaient effectivement assassiné les deux filles n'avait mérité que quelques titres secondaires.

Dans leurs sacs à dos, Tink et Kathy transportaient des déclarations toutes prêtes tapées par Gene au cas où un représentant de cette presse si persistante essaierait de les traquer au lycée ou à l'entraînement de foot. Kathy chercha du réconfort auprès de deux très bonnes amies d'enfance, tandis que Tink se tournait vers l'introspection et se plongeait dans son journal intime. Les deux filles trouvaient difficile de se forcer à s'intéresser un tant soit peu à l'univers banal de leurs études, et se dépêchaient de rentrer chez elles tous les jours après l'entraînement dans l'espoir d'avoir des nouvelles de leurs cousines, au lieu de s'attarder pour papoter avec leurs copines comme elles en avaient autrefois l'habitude. Les centres d'intérêt de ces filles leur paraissaient désormais mesquins. Tink se surprit même un jour à rembarrer l'une d'elles, qui se plaignait de passer la « pire journée de sa vie » à cause d'une note décevante à un contrôle, d'un ongle cassé et d'un petit accrochage en voiture. Tink rétorqua en toisant son amie : « Si c'est ça, la pire journée de ta petite vie protégée, tu devrais t'estimer heureuse. »

À mesure que les semaines s'écoulaient lentement, la famille Cummins commença à se sentir plus isolée que réconfortée par les mille quatre cents kilomètres qui la séparaient de St. Louis. Grand-Mère Polly rassemblait tous les articles de journaux qu'elle pouvait trouver et les envoyait à Kay une fois par semaine. Tous ces faits déformés et ces informations fallacieuses qu'elle avait lus sur sa famille ces dernières semaines avaient transformé Kay en une lectrice des plus sagaces. Néanmoins, en s'installant avec le premier de sa moisson hebdomadaire d'articles, celui du *Post-Dispatch*, elle fut réconfortée de constater que Julie et Robin y étaient dépeintes comme « des jeunes femmes engagées pour la paix dans le monde et le combat contre la haine raciale ». Et elle fut plus agacée que bouleversée en lisant celui du 12 avril qui titrait : « Deux suspects de viol se plaignent de brutalité policière ». *Eh bien, ils doivent en connaître un rayon en matière de brutalité*, songea-t-elle amèrement.

D'ailleurs, Kay était de plus en plus irritée par la

couverture extensive que l'édition du week-end du *Post-Dispatch* faisait de ces accusations de brutalité. Le titre du samedi disait : « D'après leur avocat et une des mères, les suspects ont été battus : les deux jeunes accusent la police de brutalité ». Dès le dimanche, le journal titrait aussi : « Les suspects de l'assassinat des deux sœurs défendus par leur entourage : selon le beau-père d'un des deux accusés, "il y a quelque chose qui ne colle pas" ». Les deux longs articles étaient émaillés de descriptions de Gray et de Clemons, détaillant leurs hobbies et leurs personnalités, alors qu'ils ne consacraient qu'un bref paragraphe chacun à Julie et Robin.

L'article du dimanche débutait ainsi : « La voix de Marlin Gray résonnait dans l'air nocturne quand il chantait sur l'Old Chain of Rocks Bridge, très haut au-dessus du Mississippi. D'après ses amis, il adorait chanter et danser sur ce pont. L'écho le fascinait, et la danse était sa passion. Il y a des années, à St. Louis, il avait gagné un concours de danse de sosies de Michael Jackson. »

Le meilleur ami de Clemons, Harold Whitener, le décrivait comme « un bon gars qui essayait de trouver sa place dans ce monde de dingues ».

Un bon gars ? s'interrogea Kay en s'efforçant de digérer le contenu de l'article. Elle avait deux nièces mortes et un fils brisé, une fille qui ne mangeait et ne disait toujours pratiquement rien, et une autre qui sautait presque au plafond à chaque sonnerie du téléphone ou du carillon de la porte d'entrée. De son côté, Kay luttait avec les images cauchemardesques qui l'assaillaient à toute heure de la journée. Et ces types-là avaient le culot de se plaindre de brutalité ? *Laissez-les seuls dans une pièce avec moi*, pensa-t-elle. *Et ils verront ce que c'est que la brutalité.*

Mais l'article le plus perturbant jusque-là était celui

qui s'intitulait : « La recherche des deux sœurs pourra prendre des semaines ». Kay le rangea au-dessous de la pile avant de remettre toute la collection dans sa grosse enveloppe. Il y avait presque deux semaines que ses nièces avaient disparu, et l'espoir de les retrouver un jour s'estompait rapidement. Elle redoutait le moment où Tink et Kathy rentraient du lycée avec leur inévitable question quotidienne : « Des nouvelles, Maman ? » La réponse était que non, il n'y avait pas de nouvelles. Il n'y en aurait peut-être pas avant très longtemps. Et d'ailleurs, il n'y en aurait peut-être jamais.

Kay se sentait mieux préparée pour la série d'articles qui arriva ensuite, et accessoirement, ils étaient plus faciles à lire. Le *Post-Dispatch* du lundi 15 avril avait reproduit en première page une grande photo couleur représentant un groupe d'amies de Julie et Robin enlacées sur l'Old Chain of Rocks Bridge. Le titre disait : « Le pont était un endroit très spécial pour les deux sœurs : elles partageaient un intérêt prononcé pour la poésie et les gens ». L'article était un magnifique éloge funèbre des filles, qui citait plusieurs fois les poèmes de Julie. Il se concentrait en grande partie sur leur activisme social et leur altruisme. Ginna avait également été interviewée, racontant ses anecdotes préférées au sujet de Julie et Robin et de leur inépuisable énergie. L'article citait même le mantra de Julie : « Qui a dit qu'il était impossible de changer le monde ? »

« Robin, qui adorait les vêtements vintage, aurait fait un modèle formidable pour Coco Chanel », affirmait le journaliste. Et c'était vraiment plausible : avec ses pommettes hautes, sa silhouette frêle et son regard de braise, Robin aurait sans doute fait un excellent modèle pour Chanel. Mais si elle avait été en vie pour entendre un tel compliment, elle aurait sans doute aussi levé les yeux au ciel en mimant un vomissement dans un de ces gestes sarcastiques dont elle avait le secret.

Pendant que Kay feuilletait ses articles de presse à Gaithersburg, Ginna était assise dans sa maison trop calme de St. Louis à éplucher les poèmes de Julie. Bien qu'elle ait toujours été la plus grande fan de sa fille, Ginna avait conçu une admiration encore accrue pour son talent ces jours-ci, et le poids de ses mots l'enveloppait comme une épaisse couverture. Ses poèmes semblaient étrangement prophétiques :

nous sommes presque des saints maintenant
et le fleuve est encore plus large
et la moitié du fleuve devant nous.
le fleuve se fiche de nos soucis
le fleuve – froid, menaçant, indifférent, dangereux
l'eau elle-même – vie, baptême/renaissance, une force
    motrice, une présence changeante
    dilue les autres liquides, nous consume, mais elle est nous ;
    nous en sommes constitués
    quand on regarde l'eau en étant
debout dedans, ça vous donne vraiment le tournis.
les fleuves sont des frontières
en traverser un est synonyme de terres étrangères, de gens bizarres
    des bois sombres qu'on rencontrera
Mais il permet aussi de s'échapper
    des dimensions physiques et psychologiques
    peurs, culpabilité, honte – tous ces sentiments dont je suis affligée.
donc, les ponts sont une bonne chose ? si c'est le cas, alors
pourquoi ne pas traverser le fleuve sur un pont ?

traverser un pont signifie une vie nouvelle à l'intérieur
et à l'extérieur, il signifie aussi résoudre des problèmes,
s'élever vers le monde de la maturité

traverser à pied signifie peut-être que quelqu'un
vous pourchasse peut-être que vous êtes isolé et incapable
de trouver un pont, peut-être que vous ne saviez pas
à quoi vous vous exposiez.

Lorsqu'elle arriva enfin, la nouvelle de la découverte d'un corps fut accueillie avec des sentiments très mitigés de toutes parts. Trois semaines après les meurtres, un pêcheur de Caruthersville, Missouri – à plus de trois cents kilomètres en aval de St. Louis –, sortit des eaux traîtresses du Mississippi un corps de jeune femme portant une montre Seiko en or. Le lendemain, le Dr. Michael Graham, pathologiste judiciaire et médecin légiste en chef de la ville de St. Louis, identifia Julie grâce à son dossier dentaire.

La famille, qui s'était attendue à ressentir un certain degré de réconfort à la nouvelle d'une quelconque découverte, s'aperçut qu'elle y trouvait très peu de motifs de soulagement. Ginna exprima à voix haute ce qu'ils ressentaient tous : « Je ne sais pas pourquoi, mais j'étais sûre qu'on allait les retrouver ensemble, dit-elle. Il ne m'était jamais venu à l'esprit qu'on retrouverait l'une avant l'autre. »

Elle faillit se mettre en colère quand un journaliste l'interrogea au sujet des dispositions funéraires.

« J'ai perdu deux filles, répondit-elle. Nous attendrons Robin. »

Et c'est ce qu'ils firent. Cependant, au bout de trois semaines supplémentaires au terme desquelles les recherches pour retrouver Robin restèrent infructueuses, Ginna prit la décision déchirante d'organiser une messe funèbre.

Les obsèques communes et la messe en mémoire de Julie et Robin furent fixées au 20 mai à l'église catholique St. Jerome.

En planifiant les funérailles, Ginna était déterminée à respecter les souhaits exprimés par Robin, et le résultat fut une cérémonie dont les filles auraient été fières toutes les deux : une célébration de leurs vies. L'église était si bondée qu'il n'y avait plus de places assises, et beaucoup des participants portaient les couleurs vives requises au lieu du brun terne et du noir plus répandus dans ce genre de sombre occasion. On fournit à tout le monde des bulles de savon, et les amis de Julie et Robin furent encouragés à en souffler à volonté durant la messe. Ce fut le révérend Gene Roberston, l'un des anciens professeurs de Julie au lycée, qui prononça l'éloge funèbre.

« Peut-être que le monde ne savait pas comment gérer les filles Kerry, dit-il. Peut-être que le monde n'était pas prêt pour elles. »

Il termina son discours par un appel à l'action sociale, encourageant la congrégation à « reprendre le flambeau de la justice que les filles avaient elles-mêmes porté, à œuvrer contre la guerre et la violence, et à aider les sans-abri ».

Avant la fin de la messe, de nombreux membres de l'assistance déroulèrent les rouleaux de papier couleur pastel qu'on leur avait distribués en souvenir des filles. Voilà ce qu'ils y trouvèrent :

JULIE ET ROBIN KERRY

20 mai 1991

Ces mots reproduisent ceux qui ornaient
les murs de leurs chambres.
Voilà en quoi elles croyaient.
Voilà comment elles ont vécu.

Donnez au monde ce que vous avez
de meilleur et vous obtiendrez
le meilleur en retour.

DONNEZ-MOI UN POINT D'APPUI ET
JE SOULÈVERAI LE MONDE.

Seuls ceux qui prennent le risque
d'aller trop loin pourront découvrir
jusqu'où ils peuvent aller.

Une modeste proposition en faveur de la paix :
Laissons les chrétiens de ce monde
se mettre d'accord pour ne pas s'entre-tuer.

Ce sera un grand jour quand nos écoles
obtiendront tout l'argent dont elles ont besoin
et quand l'armée de l'air devra organiser
des ventes de gâteaux pour acheter
un bombardier.

Si l'amour vient du cœur,
alors d'où vient la haine ?
Les enfants ne naissent pas
avec la faculté de haïr.

Il faut le leur apprendre. La leçon
qui en découle est simple : n'enseignons pas
la haine et les préjugés à nos enfants,
parce que ce qu'ils ignorent ne leur fera pas
de mal – ni à eux, ni aux autres.

LA PAIX EST PATRIOTIQUE.

Une paix dénuée de compréhension
n'est guère plus que de la haine silencieuse,
et une guerre silencieuse est sans fin,
car elle tue de l'intérieur.
Silence = Mort.

LAISSEZ UNE CHANCE À LA PAIX.

L'avenir n'est pas quelque chose
dans quoi on entre.
L'avenir est quelque chose qu'on crée.

QUI A DIT QU'IL ÉTAIT IMPOSSIBLE DE CHANGER LE MONDE ?

Julie fut transportée cet après-midi-là dans un cercueil d'un blanc brillant pour aller reposer au Cavalry Cemetery dans le comté nord de St. Louis. La procession jusqu'au cimetière s'étendit sur plus d'une centaine de voitures, et on voyait les bulles de savon flotter par leurs vitres ouvertes tout le long de la file. Une fois sur place, Ginna et Rick jetèrent des roses rouges sur le cercueil blanc au moment où il s'enfonça dans la terre. La pierre tombale qui allait être érigée disait simplement : KERRY, JULIE, 16 DÉCEMBRE 1970 – 5 AVRIL 1991. ROBIN, 27 JANVIER 1972 – 5 AVRIL 1991. FILLES, SŒURS ET AMIES CHÉRIES. NOUS VOUS AIMONS TANT.

Le corps de Robin ne fut jamais retrouvé.

Le jeudi 21 mai, le *St. Louis Post-Dispatch* titra : « Les sœurs Kerry marqueront les esprits pour leur croisade en faveur de la paix : on pleure deux jeunes filles dont l'existence a pris fin violemment ». Par la suite, la fréquence des titres relatifs aux meurtres de Julie et Robin, ou aux « meurtres du Chain of Rocks Bridge » se mit à décliner. Pour les familles, c'était un phénomène doux-amer. L'intensité de leur chagrin ne diminuait pas avec celle du brouhaha et du battage médiatiques. Tout en se sentant profondément soulagée d'échapper aux pénibles désagréments des feux de la rampe, Ginna commença aussi à craindre que ses filles ne soient en passe d'être oubliées.

Le 23 juin 1991, plus de onze semaines après la mort de Julie et Robin, le *Post-Dispatch* publia un court article sur l'inculpation de Gray, Clemons, Richardson et Winfrey. On y expliquait que les quatre hommes étaient tous accusés de meurtre, de viol et de vol, et que les deux mineurs avaient été certifiés aptes à être jugés en tant qu'adultes. L'article les identifiait comme « les quatre suspects précédemment accusés des meurtres de Julie et Robin Kerry, violées et jetées dans le Mississippi du haut de l'Old Chain of Rocks Bridge ». C'était la première fois que les meurtres de Julie et Robin n'étaient pas qualifiés d'allégations sur le papier. Par le biais de ses médias, St. Louis avait finalement accepté la vérité de Tom.

14

Un peu plus d'un an après, en septembre 1992, Nels Moss était assis sur un canapé à motif fleuri dans une suite d'hôtel à Gaithersburg, Maryland, ses pieds chaussés de tennis posés sur la table basse encombrée devant lui. La pièce était envahie de chemises cartonnées, contenant chacune divers éléments et documents relatifs à la déroutante affaire sur laquelle il était venu travailler. Dans l'un des dossiers ouverts sur ses genoux s'étalaient des clichés de l'Old Chain of Rocks Bridge. Il parcourut les photos du regard et secoua la tête.

« Il y a vraiment quelque chose qui ne colle pas », marmonna-t-il en refermant le dossier avant de le jeter sur une des piles pour aller répondre au coup frappé à la porte de sa chambre. Tom Cummins et son père Gene se tenaient dans l'étroit couloir, et Moss les accueillit tous deux avec un sourire professionnel et une ferme poignée de main. La relation entre Gene et son fils avait évolué de manière saisissante au cours de l'année précédente ; ils étaient désormais bien plus sur un pied d'égalité. Malgré tout, Gene avait encore envie de protéger son fils. Tom était visiblement à l'aise avec Moss et pressé de se mettre au travail, mais Gene hésitait à le laisser seul avec quelqu'un qui émargeait au même budget que les services de police de St. Louis. Tom dut adresser plusieurs signes pas-très-subtils à Gene pour que celui-ci prenne congé en disant à son fils de l'appeler dès qu'il serait prêt à rentrer chez eux.

Après son départ, Moss resta silencieux quelques instants, farfouillant dans ses dossiers et s'organisant pour mener l'entretien. Ce qu'il s'apprêtait à faire s'appelait officiellement « préparation d'un témoin ». Moss était venu à Gaithersburg dans le but de rencontrer Tom pour explorer en détail ses souvenirs et lui expliquer précisément à quoi il devait s'attendre lors du procès à venir. Moss avait d'abord rencontré Tom fin avril 1991, plus d'un an auparavant, et moins d'un mois après la mort des sœurs Kerry. Tom était revenu à St. Louis en avion afin d'assister à quatre confrontations différentes, procédant à l'identification de chaque suspect sans la moindre hésitation. C'est pourquoi Moss ne comprenait pas pourquoi il ne croyait pas tout à fait la version du garçon.

Après leurs arrestations, Winfrey, Clemons, Richardson et Gray avaient tous suffisamment parlé et pointé du doigt les coupables pour s'accuser eux-mêmes et accuser les autres. Et chacun d'entre eux avait fourni assez de preuves pour corroborer l'essentiel de l'histoire de Tom. Cependant, il y avait malgré tout trop d'éléments, trop de points mineurs qui ne collaient pas complètement. Moss avait du pain sur la planche.

Dès le début de l'entretien, il prit scrupuleusement des notes, s'arrêtant souvent pour réclamer des éclaircissements à mesure que Tom relatait les détails intimes de son horrible histoire. Lorsqu'il commença à décrire le regard par lequel il avait été forcé de passer, et la barre de fer qu'il avait utilisée comme marche pour descendre, Moss l'interrompit.

« Attends une seconde, là », dit-il en jetant son bloc et son stylo-bille à côté de lui sur le canapé. Il ouvrit la chemise contenant les photos du pont. « Décris-moi encore une fois cette partie-là.

— Eh bien, il y avait une barre, comme une barre de fer, quelques centimètres au-dessous du trou d'homme, sur laquelle on pouvait poser le pied pour s'aider à descendre. Elle formait un angle, une sorte de diagonale en travers du trou, expliqua Tom, assez perplexe de l'intérêt du procureur pour un point en apparence si mineur. Et ensuite, quand j'ai sauté, j'ai vu mes cousines étendues là, et je suis simplement resté debout une seconde avant que les mecs me disent de m'allonger à côté d'elles.

— Mais quand tu dis que tu es *resté debout*, en pratique, est-ce que tu étais plus ou moins accroupi, ou bien totalement vertical ? voulut savoir Moss.

— Non, j'étais debout. Bien droit », répondit Tom.

Moss secoua la tête en gribouillant furieusement sur son bloc-notes.

« Qu'est-ce qui se passe ? fit Tom.

— Tu mesures combien ? demanda le procureur.

— Je ne sais pas. Un mètre soixante-seize, un mètre soixante-dix-huit. Pourquoi ? »

Moss jeta de nouveau son stylo.

« Je suis allé voir ce regard, j'y étais il y a encore quelques semaines. La barre ne forme pas l'angle que tu décris, et je n'ai pas réussi à tenir vraiment debout sur la passerelle. Le tablier du pont était trop bas au-dessus de ma tête. J'ai été obligé de me baisser pas mal. Tu es sûr que tu te souviens correctement de ces faits ? Il n'y en a pas une partie qui est un peu floue ? »

Tom fit énergiquement signe que non.

« Non, parfois certains faits sont sans doute un peu brumeux dans ma mémoire, mais pas celui-ci. La barre formait un angle : sur le cadran d'une montre, il correspondrait à peu près à l'angle entre 8 heures et 2 heures. Comme ceci, indiqua Tom en mimant une diagonale très accentuée avec son bras. Et j'étais sans aucun doute vraiment debout. Les deux mecs aussi, quand ils nous ont tous fait descendre de la passerelle jusqu'à la pile. Je suis formel : il y avait des tonnes de place. »

Moss se remit à secouer la tête et se passa les mains sur le visage avec lassitude. « Regarde, dit-il en tendant une des photos à Tom. C'est moi, debout sur la passerelle au-dessous du trou d'homme. »

Tom fixa avec perplexité la photo de Nels, debout, mais les épaules courbées sous la charpente basse du tablier du pont.

« C'est tout bonnement impossible que tu puisses être resté à la verticale là-dessous. Y a-t-il quelque chose – peu importe quoi – que tu ne me dis pas ? Ou dont tu ne te souviens peut-être pas clairement ? »

Tom fit encore une fois signe que non et scruta la photo. Il était perdu. « Hum, lâcha-t-il, mal à l'aise. Bizarre.

— Et là, voilà le regard photographié vu de haut. On voit bien que la position de la barre de fer n'est pas celle que tu décris. Elle est horizontale. »

Tom prit la seconde photo des mains du procureur pour l'étudier un peu, notant que l'angle de la barre ne correspondait pas, et secouant de plus belle la tête. Moss lui passa un autre cliché, pris celui-là de plus loin et montrant davantage le tablier du pont autour. Tom identifia instantanément le problème.

« Ce n'est pas le bon », déclara-t-il.

Moss leva les yeux de son dossier. « Quoi ?

— Ce n'est pas le bon regard, vous n'avez pas photographié le bon. Celui par lequel on est descendus était au bout d'une marelle en graffiti. »

Moss parut sceptique, mais reprit son stylo et se mit tout de même à écrire. « Je ne vois pas comment c'est possible. C'est sur celui-là que les services de police ont concentré leur enquête depuis le premier jour. Celui qu'a indiqué Richardson au début, quand il a coopéré en tant que témoin. Ce n'est pas le même que celui que tu as montré aux inspecteurs le premier matin ? Quand tu as reconstitué les événements pas à pas le 5 avril ?

— Hé non, confirma Tom. Ce n'est définitivement pas le bon. »

Il ne restait à Moss qu'un peu moins d'un mois avant la date prévue pour le début du procès de Marlin Gray. Son témoin vedette était un garçon qui avait été le premier suspect de l'affaire et qui avait précédemment fait ce que la police appelait maintenant des « déclarations qui le mettaient en cause ». Et voilà que, par-dessus le marché, ce témoin était en train de lui dire que l'enquête de police s'était appuyée sur un élément qui n'était en réalité pas fiable. Moss ne savait que penser. La seule chose apparemment indiscutable dans cette histoire était que les sœurs Kerry, dont tout le monde s'accordait à dire qu'elles avaient été des jeunes femmes remarquables, avaient été sauvagement assassinées le 5 avril 1991. Et il lui incombait désormais de faire le procès de leurs meurtriers.

Avant de terminer l'entretien ce soir-là, Moss

demanda à Tom ce qu'il penserait de proposer un marché à l'un des quatre suspects. Tom hésitait.

« Bon, voilà comment ça fonctionne, expliqua Moss. Nous avons un bon dossier, un dossier solide. Mais j'aimerais qu'il le soit encore plus. Un jury pourrait trouver ton témoignage un peu discutable parce que tu étais le premier suspect dans l'affaire. Sans compter que je dois effectuer de plus amples recherches sur le point dont on a parlé aujourd'hui. Si on n'arrive pas à s'arranger pour que les détails que tu décris coïncident avec nos preuves, ça va poser un problème. Et donc, pour parer aux imprévus, je crois que nous devrions proposer un marché à un de ces types. Or il y a un fait qui est revenu avec constance dans chaque version des événements de cette nuit-là : Daniel Winfrey, le plus jeune des prévenus, n'a pas participé aux viols en tant que tels. J'aimerais lui proposer une peine de prison à perpétuité en échange d'un témoignage contre les autres. Je pense qu'il pourrait nous aider à assener le coup de grâce. Bien sûr, je sais que ce gamin était loin d'être un ange. Mais il avait quinze ans, et il n'avait rencontré deux des accusés que *le jour même*. Il n'était pas nécessairement le même genre d'ordure professionnelle que les autres, sans doute. »

En dehors de leurs noms et de leurs visages, Tom ne savait rien des quatre hommes qui avaient assassiné Julie et Robin. Leurs personnalités et leurs CV ne l'intéressaient pas, et la perspective d'offrir un marché à certains d'entre eux ne lui plaisait pas du tout. Toutefois, après avoir un peu discuté avec Moss, il finit par convenir que, si c'était absolument nécessaire, Winfrey devait être celui à qui on le proposerait. Le lendemain, Moss quitta Gaithersburg pour rentrer à St. Louis en ayant largement de quoi s'occuper jusqu'au début du procès.

Lorsqu'il appela Tom quelques jours plus tard pour l'informer qu'il était retourné sur le pont, celui-ci ne fut guère surpris d'apprendre que Moss avait vérifié tous les détails qu'il lui avait fournis au sujet du regard. En revanche, il fut surpris par la soudaine franchise du toujours très professionnel Moss.

« Il faut que je te dise, Tom, confessa-t-il. J'avais des doutes sur toi. Très sincèrement, j'étais pour le moins partagé au moment où on a parlé la semaine dernière et je trouvais que tout ça ne collait pas. J'avais peur que tu ne nous aies éventuellement caché quelque chose. Et cette histoire est si bizarre depuis le début que je ne savais pas quoi penser. Mais je veux que tu saches que, maintenant, je te crois – à cent pour cent –, et que je place tous mes espoirs en toi. Je suis désolé d'avoir douté de toi. Maintenant, allons coincer ces salauds. »

Le procès de Marlin Gray devait commencer le lundi 5 octobre 1992. Étant donné la couverture médiatique considérable de l'affaire et la sympathie générale du public à l'égard de Julie et Robin, il fallut aux procureurs et à la défense quatre jours pour constituer un jury. Kay, Gene, et un Tom particulièrement nerveux prirent l'avion pour St. Louis le jeudi de la même semaine. Kay logerait chez ses parents pendant toute la durée du procès. Tom et Gene, tous deux cités à comparaître, prendraient leurs quartiers dans un hôtel du centre-ville, non loin du tribunal. Il ne s'agissait pas d'une visite de courtoisie, et Tom ne voulait passer de temps avec aucun membre de sa famille durant son séjour. Inquiet et mal à l'aise, il craignait que la fréquentation des siens ne le distraie de l'affreuse tâche qui l'attendait. Cela dit, il n'était pas préparé non plus à la solitude et à l'ennui auxquels il s'exposait en passant toute la durée du procès enfermé dans une chambre d'hôtel avec pour seule diversion la compagnie de son père.

Tom n'aurait l'autorisation d'accéder à la salle d'audience que pour son propre témoignage, si bien que, le vendredi 9 octobre au matin, Gene et lui n'assistèrent pas à l'ouverture du procès. Toutefois, Kay, qui était assise dans la salle bondée, accompagnée de Jacquie, Ginna et Sheila, prit méticuleusement des notes au cours de la déclaration liminaire de Moss. Elle fut frappée par l'apparence de Marlin Gray. Elle ne s'était pas attendue à ce qu'il soit aussi beau. Avec son mètre quatre-vingt-quinze, mince, tout en muscles, il était impeccablement soigné, et avait fière allure dans son costume à la coupe exquise. Il adressa un sourire charmant et plein d'assurance à chacun des jurés au moment où ils entrèrent en file indienne. Sa simple vue révolta Kay. Et elle fut presque aussi révoltée en découvrant l'avocate chargée de le défendre, Dorothy Hirzy, qu'elle décrivit dans ses notes prolifiques comme « un sosie de Cruella d'Enfer ».

Après les déclarations liminaires, Ginna fut le premier témoin appelé à la barre. Très digne, elle s'exprima d'une voix douce et évita de croiser le regard du meurtrier de ses filles. Elle parla de la façon dont s'était déroulée sa soirée avec Julie et Robin le jour de leurs meurtres. Elle parla de ce que Julie et Robin portaient ce soir-là et de la voiture de Julie. Mais elle ne parla pas du douloureux vide qui grandissait dans son cœur depuis un an et demi. Elle ne parla pas de la solitude et de la confusion que ressentait Jamie, sa benjamine. Elle ne parla pas des larmes qu'elle versait tous les soirs avant de s'endormir, et de sa terreur à elle, de la manière dont son traumatisme paraissait s'aggraver jour après jour alors que le reste du monde continuait sans elle et s'attendait à ce qu'elle finisse par récupérer comme par miracle.

Plus tard dans l'après-midi, Hollee McClain, la meilleure amie de Julie, vint à la barre pour évoquer succinctement son amitié avec les deux sœurs. Sa voix tremblota au moment où elle commença à y lire tout haut le poème qu'elles avaient peint sur le pont, « Faites ce qui est juste ». Pour les personnes présentes dans la salle d'audience à qui ce texte était encore inconnu, son contenu était d'une ironie à couper le souffle.

FAITES CE QUI EST JUSTE
L'Union Fait la Force
La Division Nous Affaiblit
Rien N'est tout Blanc ni tout Noir
Nous, la Nouvelle Génération
Devons Prendre Position
Nous Unir pour ne Faire qu'Un
Il faut K on
ARRÊTE
De s'Entre-tuer
Pas Besoin d'être Blanc ou Noir
Pour Ressentir les Préjugés
Pour Tomber Amoureux
Connaître la Douleur
Engendrer la Vie
Pour Tuer
Pour Mourir
Il faut simplement être Humain
Faites ce qui est Juste.

Pendant que Hollee lisait ce poème tout simple, les occupants de la salle d'audience bondée cherchèrent d'un même mouvement des mouchoirs en papier ou en tissu dans leurs sacs ou leurs poches. Les membres de la famille se tinrent les mains et redressèrent fièrement la tête tandis que les mots de Julie résonnaient dans la pièce où l'assistance retenait son souffle, et leurs pensées à tous se reportèrent vers une ère où les deux filles étaient encore en vie, vers la nuit où Julie, Robin et Hollee avaient peint ce poème sur le pont. Dans les souvenirs de Ginna, ses filles vivaient toujours, jeunes, dynamiques et idéalistes. Sur l'image imprimée dans son esprit, elle les voyait, respirant profondément, inhalant l'air nocturne et frais du fleuve tandis qu'elles regardaient la vive lumière des étoiles s'allumer au-dessus d'elles. Elles étaient l'emblème de la jeunesse, et leurs existences paraissaient aussi infinies que les cieux au-dessous desquels elles se tenaient sur leur pont bien-aimé en peignant.

Parmi les autres témoins de ce premier jour, il y avait Sam Brooks, l'un des premiers policiers en uniforme à être arrivé sur les lieux, qui avait retrouvé Tom blotti sous le panneau Stop devant la Compagnie des eaux de St. Louis. On appela également à la barre le Dr. Michael Graham, le médecin légiste qui avait identifié le corps de Julie. Un dessinateur de portraits-robots pour la police et un technicien spécialisé dans la collecte d'indices ayant tous deux longtemps travaillé sur l'affaire figuraient également sur la liste. Leurs témoignages étaient souvent sombres, mais Ginna les écouta sans broncher, suspendue à chacune de leurs paroles.

Le lendemain était le samedi 10 octobre, et ce matin-là, le *Post-Dispatch* annonçait en une : « Peine de mort requise dans les meurtres de “deux magnifiques enfants” ».

« Bien que [Cummins] ait brièvement été un suspect dans cette affaire, expliquait l'article, il est prévu qu'il intervienne comme l'un des témoins clés du ministère public. Son témoignage est censé avoir lieu aujourd'hui [...]. Leur autre témoin principal doit être Daniel Winfrey, le plus jeune des prévenus. Après avoir passé un accord avec l'accusation, Winfrey, âgé de dix-sept ans et originaire de St. Charles, a plaidé coupable pour deux chefs d'accusation de meurtre au second degré le 30 septembre. Comme les autres prévenus, il a été accusé de meurtre au premier degré. Winfrey a également plaidé coupable pour les accusations de viol, vol, agression et usage criminel de la contrainte. »

En raison de l'accord qu'il avait conclu, Winfrey ne pouvait être jugé. Son choix de plaider coupable lui permettrait d'obtenir une peine de trente ans d'emprisonnement à la place. Et si les parents de Winfrey étaient comme il se doit horrifiés à l'idée que leur fils passe trente ans en prison, ils l'étaient encore plus par son implication dans les meurtres. Ils paraissaient reconnaître cette punition comme inévitable et juste, et l'avaient encouragé à accepter de négocier sa peine.

Ils avaient divorcé quand il était enfant et, bien qu'ils lui aient dispensé autant d'amour et de conseils que possible, Winfrey avait passé une grande partie de son enfance ballotté entre les deux foyers. Il était en CM2 lorsqu'il avait commencé à toucher à l'alcool et à la marijuana. Mais ce fut un terrible accident survenu le 22 avril 1988 qui le lança pour de bon sur la pente glissante de la délinquance. Ce jour-là, Winfrey participait avec la troupe n° 392 des scouts de St. Charles à un voyage à Fort Leonard Wood, un camp d'entraînement des forces armées et de la police militaire, quand le désastre s'abattit sur eux. Winfrey et deux de ses camarades jouaient avec un conduit d'irrigation en aluminium, et au moment où ils mirent le conduit en position verticale, celui-ci effleura une ligne d'alimentation électrique. La décharge de 7 200 volts tua l'un des garçons tout en brûlant sévèrement l'autre.

À l'époque, Winfrey fut considéré comme le plus chanceux des enfants impliqués sous prétexte qu'il s'en était sorti sans blessures physiques majeures. Toutefois, cette expérience de mort imminente était trop difficile à supporter émotionnellement pour le petit, qui en ressortit meurtri. Il est impossible de dire si, à la suite de cet événement, il souffrit d'un cas aigu de complexe du survivant ou d'une sensation excitante d'invincibilité, mais une chose est certaine : son comportement et son psychisme se détériorèrent rapidement. Peu après l'accident, il se fit un nouveau groupe de copains et commença à s'essayer sérieusement à des combines stupides et dangereuses. Il semblait trouver excitant tout ce qui était de mauvais augure. Il se mit aussi à sécher l'école, et son expérimentation de la drogue se mua en une véritable consommation régulière.

En dépit de l'aggravation de ses problèmes, Winfrey resta en surface aussi poli et aimable que jamais. Ses parents, qui travaillaient tous les deux, étaient de braves gens dotés de solides valeurs. Ils voyaient leur fils comme un garçon sympa et intelligent, simplement affligé de quelques légers problèmes psychologiques. Ils le tenaient à l'œil, mais au fond ils avaient confiance en lui. Si les adultes qui faisaient partie de sa vie avaient noté l'existence de ses problèmes, ils ne trouvaient pas les signaux d'alarme si inquiétants. Personne ne soupçonnait les profondeurs dans lesquelles Winfrey était en train de sombrer. Le principal adjoint de son école disait qu'en dépit de sa piètre assiduité et de ses mauvaises notes, c'était quelqu'un d'intelligent, doté d'un fort potentiel. D'ailleurs, lorsque les membres de la commission scolaire découvrirent qu'il n'avait jamais officiellement terminé sa quatrième, ils réexaminèrent son cas et l'autorisèrent à rester au collège, essentiellement en raison de sa grande maturité. Durant les mois qui précédèrent les meurtres de Julie et Robin (au début de l'année 1991), la mère de Winfrey, Susan Crump, envisagea de l'envoyer dans un établissement spécialisé pour traiter sa toxicomanie, mais remit la décision à plus tard, espérant que son fils allait se ressaisir. Elle n'avait aucun moyen de savoir que, deux ans après, elle se considérerait comme chanceuse que son rejeton ait l'opportunité d'accepter de passer trente ans en prison au lieu de risquer la peine de mort.

Tom savait que Winfrey avait sauté sur la proposition de Moss et, à l'instar de ceux du reste des familles Cummins et Kerry, ses sentiments à ce sujet étaient très mitigés. Il savait que le témoignage de Winfrey jouerait en leur faveur, tout en détestant l'idée que ce gars soit au moins partiellement excusé de ses actes. Tom savait aussi que, pour qu'un jury accepte Winfrey comme témoin crédible, Moss serait obligé de le faire apparaître repentant et un peu moins coupable que les autres, que ce soit vrai ou non. Dans un cas comme dans l'autre, Tom savait qu'en pratique ses sentiments sur la question importaient peu : il ne pouvait rien y changer. Le deuxième jour du procès, il se leva donc avant la sonnerie du réveil, se doucha et se rasa en vitesse. Il revêtit son plus beau costume et sa plus belle cravate, et fut prêt à partir bien avant que l'enquêteur du bureau du procureur de circuit n'arrive pour le conduire au tribunal.

Tom avait demandé qu'aucun membre de sa famille ne soit présent durant son témoignage. Il était déjà suffisamment nerveux sans avoir de surcroît à faire face aux expressions peinées de Rick, Ginna, et des autres. Les dix-huit mois de thérapie qu'il avait effectués depuis les meurtres n'avaient pas vraiment réussi à le convaincre qu'il était complètement exempt de blâme quant aux morts de ses cousines. Il devait encore affronter chaque jour des questions qui le torturaient : *Qu'est-ce qui m'a conduit à penser qu'ils nous laisseraient la vie sauve si nous coopérions ? Pourquoi n'ai-je pas tenté quelque chose pour résister ? Et si... Et si... Et si ?* Tom n'était pas prêt à être confronté à la possibilité de voir les mêmes questions, réelles ou imaginaires, reflétées sur les visages dégoûtés des proches de Julie et Robin.

La salle d'audience était donc plus vide et plus calme que la veille. Ce matin-là, le temps était gris et couvert alors que Tom emboîtait le pas à l'enquêteur dans le tribunal pour suivre le long couloir qui résonnait jusqu'à la salle des témoins, où il allait attendre d'être appelé à la barre. L'enquêteur l'encouragea à se mettre à l'aise avant de le laisser seul dans la pièce. Tom se précipita sur le cendrier en plastique vert posé au centre d'une des tables rondes recouvertes de linoléum. Il avait particulièrement besoin de sa première cigarette de la journée, et se désespérait de constater que ses mains tremblaient en l'allumant. Les soixante minutes d'attente lui parurent durer un an ; il en était à sa onzième clope quand l'huissier cogna à la porte et qu'il alla ouvrir. C'était l'heure.

Tom écrasa sa cigarette d'une main encore tremblante pour le suivre hors de la pièce. Il avait le cœur au bord des lèvres. Il fixa les lourds godillots noirs de l'homme qui frappaient bruyamment le sol du couloir déserté. Ils furent vite arrivés aux massives portes à double battant, et l'huissier ouvrit d'un coup sec celle de droite pour Tom, qui entra d'un pas chancelant, les genoux en coton. Il se concentra sur ses propres chaussures impeccablement cirées en se dirigeant vers la barre des témoins. Ce fut la langue pâteuse, un goût de goudron dans la bouche, qu'il promit de dire la vérité, toute la vérité et rien que la vérité, que Dieu lui vienne en aide. *Que Dieu me vienne en aide*, se répéta-t-il intérieurement au moment de pénétrer dans le box en chêne luisant, regrettant d'avoir fumé autant ce matin-là. Lorsqu'il leva enfin les yeux, les seuls visages qu'il reconnut furent ceux de Nels Moss et de Marlin Gray.

Gray avait exactement le même aspect que dans les souvenirs de Tom, à ceci près qu'il portait ce qui ressemblait à un costume coûteux. Il avait toujours la même attitude suffisante d'un homme qui s'attend à être au centre de l'attention, un homme qui pourra toujours embobiner les gens avec un sourire ou une histoire. Il lui jeta un bref coup d'œil indifférent, comme s'il ne l'avait encore jamais vu, puis étudia d'un air blasé les papiers posés sur la table devant lui. On aurait presque dit qu'il s'ennuyait, pensa Tom. Presque comme si l'ensemble de ce processus n'était rien d'autre qu'une perte de son précieux temps. Tom se rendit compte que toute la peur et l'agitation qu'il avait ressenties précédemment à l'idée d'affronter cet instant avaient disparu pour être remplacées par une haine furieuse et absolue envers cet homme. Il avança la mâchoire et son estomac tangua tandis qu'il luttait pour maîtriser ses émotions. Il posa fermement ses mains sur ses genoux pour contrôler son désir soudain de courir vers la table de la défense et donner une sacrée raclée à ce Marlin Gray au sourire suffisant. La pièce se mit légèrement à tourner, et une minute plus tard, Nels Moss fut debout devant Tom, le transperçant, le clouant à son siège et le calmant tout à la fois de son regard bleu. Les yeux de Tom s'accrochèrent aux traits de Moss comme à une ancre, une bouée de sauvetage, et il se concentra dessus.

« Pourriez-vous donner votre nom pour information, s'il vous plaît ? commença Moss.

— Thomas Patrick Cummins. »

Le témoignage de Tom dura quatre heures et demie. Conformément à ses prévisions, la partie la plus pénible fut celle où Moss lui demanda de raconter son passage dans le fleuve.

« [Julie] s'est-elle rapprochée de vous à un moment quelconque ? » s'enquit Moss.

Tom marqua une longue pause parce que la boule qui s'était logée dans sa gorge menaçait de déformer sa voix et que les larmes lui montaient aux yeux. Il refusait de pleurer. Il refusait de laisser cet animal le voir pleurer.

« Oui, finit-il par répliquer d'une voix manifestement cassée. Quand je me suis enfoncé sous l'eau une première fois et que je suis remonté à la surface. Au moment où j'ai émergé, Julie était juste à côté, elle s'est agrippée à moi et j'ai paniqué. Je… je l'ai écartée d'une secousse. Je l'ai repoussée. »

Ses narines palpitèrent lorsqu'il prononça ces mots,

et il se félicita que sa famille, ainsi que Ginna et Rick, ne soient pas dans la salle pour entendre cet aveu. Il ne s'autorisa pas à entrer dans les détails de cette partie de l'histoire. Il ne voulait pas décrire comment Julie et lui s'étaient accrochés l'un à l'autre en sombrant tous les deux, comment il était arrivé à deux doigts de l'instant où ses poumons allaient se remplir d'eau et où il allait mourir là avec sa cousine, enlacé avec elle jusqu'à la fin. Il ne parvenait pas à se résoudre à décrire cet instant où, pris de panique, il était sorti de sa torpeur pour repousser Julie in extremis, la propulsant ensuite vers la surface et remontant après elle. Durant ce terrible moment où il s'était libéré de son étreinte, il s'était trompé en croyant qu'elle allait s'en sortir, qu'ils allaient survivre ensemble à ce calvaire. Et maintenant, il n'avait pas envie de s'expliquer là-dessus, Julie était partie, et lui avait survécu. Le fait était là. Irréversible.

En comparaison, le reste de son témoignage à la barre fut facile. En dépit de tous ses efforts pour déstabiliser Tom, Hirzy ne réussit pas à entamer son mental. *Si seulement vous saviez ce que j'ai supporté...* songea-t-il. *Vous croyez qu'après tout ça, vous pouvez me faire peur ?* Les questions hostiles de Hirzy n'obtinrent pas l'effet désiré sur lui, et il y répondit calmement et d'un ton neutre chaque fois.

« Quand vous avez retrouvé Julie en Floride en 1990, vous avez passé beaucoup de temps en sa compagnie, n'est-ce pas ? lui demanda-t-elle.

— Oui, c'est vrai.

— Vous avez commencé à avoir beaucoup d'affection pour elle, n'est-ce pas ?

— On est devenus des amis proches.

— Vous aviez envie d'avoir des relations sexuelles avec elle, n'est-ce pas ?

— Non, pas du tout. »

Ces mêmes questions, qui avaient paru si perturbantes, si intrusives et accusatrices à l'époque où elles avaient été posées par les inspecteurs de la brigade des homicides de la police de St. Louis, prenaient un an et demi plus tard un tour vaguement ridicule dans cette salle d'audience bondée à l'éclairage fluorescent. Tom n'arrivait même pas à se sentir choqué. En guise de réponse, il fit non de la tête.

Néanmoins, le temps qu'on le laisse partir cet après-midi-là, il était vidé de toute émotion. Le lendemain matin, il lut le *Post-Dispatch*, dont la une annonçait : « Une visite qui se transforme en nuit d'horreur : le témoignage décrivant la mort des sœurs Kerry ».

Sa citation à comparaître obligea Tom à arpenter les couloirs du Drury's Hotel pendant presque trois semaines complètes. Il avait mémorisé le menu du restaurant ainsi que ses heures d'ouverture. Il faisait durer ses repas quotidiens, qui lui offraient ses seules périodes de répit dans cette vie monotone. Chaque jour, il avait hâte d'entendre les mots de bienvenue simples et amicaux des barmen et des serveuses.

Le mercredi 14 octobre, pendant qu'il fumait cigarette sur cigarette en regardant des talk-shows abrutissants dans sa chambre d'hôtel, Winfrey pénétra dans le tribunal de St. Louis, menottes aux poignets et chaînes aux pieds. Il n'inspirait pas la sympathie, mais il était crédible. Les jurés burent chacune de ses paroles alors qu'il décrivait dans les moindres détails la nuit des agressions, y compris sa propre participation. Toujours impassible, Gray concentrait son attention sur un bloc-notes placé devant lui.

Des quatre malfaiteurs, Winfrey était le seul à s'être excusé en public de ses actes et, à sa décharge, le jeune homme paraissait authentiquement les regretter. Cependant, lorsqu'il vint à la barre ce matin-là et que Moss se mit à l'interroger sur les agressions, toutes les velléités de pardon qui avaient pu commencer à naître dans les cœurs des proches de Julie et Robin furent immédiatement tuées dans l'œuf.

« Je l'ai jetée sur le dos en lui couvrant la figure avec son manteau », témoigna Winfrey, bien qu'il fût incapable de dire si ce « elle » désignait Julie ou Robin. Pour lui, les deux filles n'étaient que des victimes sans nom ni visage. « Elle avait les cheveux plutôt courts. Je me suis mis à califourchon sur elle pour lui poser son manteau sur la tête. Tony et Reggie leur ont dit à toutes les deux de la fermer, sans quoi ils les tueraient. Je leur ai conseillé de se détendre. »

Assise au premier rang de la salle d'audience, Ginna frissonna.

Cinq jours plus tard, Gray fut appelé à la barre. Son interrogatoire se révéla sans surprise : il se comportait bien. Les jurés virent un beau jeune homme à la diction soignée et à la voix douce, qui niait farouchement toute implication dans les viols et les meurtres des sœurs Kerry. Quand Hirzy le questionna sur son arrestation, Gray s'effondra même et fondit en larmes en décrivant l'étendue des mauvais traitements que lui avait infligés la police.

Ce ne fut qu'au moment où Moss démarra le contre-interrogatoire que les choses se mirent réellement à mal tourner dans la salle d'audience. Gray, qui se croyait toujours plus malin que tout le monde, ne put manifestement pas s'empêcher de jouer le monsieur je-saistout à la barre. Il contredit chaque déclaration de Moss, prétendit que tous les autres protagonistes, de Tom à Eva en passant par Winfrey, mentaient, et affirma qu'il plaisantait le jour où il s'était vanté en public d'avoir assassiné les filles. Lorsque Moss commença à évoquer le moment où elles avaient été poussées du haut du pont, Gray lui coupa la parole.

« Le moment où elles ont *prétendument* été poussées du haut du pont », reprit-il afin de corriger le procureur avec un sourire supérieur.

Si Gray était vif, Moss l'était encore davantage. Pour conclure son contre-interrogatoire, il demanda des éclaircissements sur certains éléments déjà évoqués plus tôt, et Gray, agacé, manifesta son impatience.

« Je suis sur le point de perdre la vie, et je me retrouve coincé ici à discuter avec vous en boucle des mêmes détails stupides, se plaignit-il de la barre.

— Au moins, vous avez la chance de pouvoir discuter, rétorqua Moss. Une chance que Julie et Robin n'ont pas eue, elles. »

Deux jours plus tard, le 21 octobre, le *Post-Dispatch* citerait une source évasivement identifiée comme un habitué du palais de justice, qui disait : « Même si on sépare le péché du pécheur, [Gray] donnait l'impression d'être un type horrible. »

Tom ne suivait l'affaire dans les journaux qu'à contrecœur. Au cours des dix-huit mois qui venaient de s'écouler, il avait développé une défiance aiguë vis-à-vis des médias et, bien qu'il eût hâte que le procès se termine, il préférait attendre que Moss lui donne des nouvelles plutôt que de lire une version des événements émanant d'une personne extérieure. Il finissait vraiment par être abattu à force de rester coincé à l'hôtel, mais comme il redoutait d'être accosté en public, il rongeait son frein à l'intérieur plutôt que de risquer une quelconque sortie. Quand Moss l'appela le lendemain après-midi du témoignage de Gray pour lui dire qu'il était libre de rentrer dans le Maryland, Tom fit donc ses bagages et prit le chemin de l'aéroport en moins d'une heure.

Gene et Kay prévoyaient de rester pour la conclusion du procès et de contacter Tom pour lui annoncer le verdict dès qu'il serait prononcé. Le mardi 20 octobre, Moss et Hirzy firent leurs déclarations finales.

« C'était leur chef, proclama Moss en pointant un doigt accusateur vers Gray. Les cadavres des filles portent sa signature. »

Le jury ne délibéra que quatre heures et quinze minutes avant de revenir. Gray avait l'air plus suffisant que jamais lorsqu'il se leva pour écouter le jugement. Son sourire narquois fit rapidement place à une expression choquée, puis à des larmes, lorsque le président du jury donna la liste des verdicts. Marlin Gray était reconnu coupable de tous les chefs d'accusation.

Pour les familles concernées, la phase d'attribution des peines du procès fut terriblement surréaliste. Certains jurés pleurèrent au moment où Moss passa un enregistrement de Julie chantant « Trouble in America ». Les familles Kerry et Cummins, ainsi que de nombreux amis et proches de Julie et Robin, furent invités à effectuer des déclarations de la victime pour exprimer la dévastation que leur avaient causée les meurtres. C'était une tâche impossible. Julie et Robin n'étaient plus là, et tous les éloges funèbres du monde ne réussiraient jamais à exprimer l'acuité de la perte ressentie par chacun. Malgré tout, ses proches écrivirent des lettres, lurent des poèmes ; ils firent ce qu'ils pouvaient.

Alors que les témoignages se poursuivaient au fil de la journée, les jurés apprirent l'attachement que Julie et Robin avaient montré vis-à-vis d'organismes comme Greenpeace et Amnesty International. Chaque bribe de témoignage déclenchait un afflux de souvenirs chez leurs proches. À la mention d'Amnesty International, Jacquie se souvint de la manière dont les filles avaient activement célébré la libération de Nelson Mandela de sa prison sud-africaine l'année précédente, à une époque où, pour la plupart des adolescents américains, l'« apartheid » n'était guère plus qu'un mot utilisé au journal télévisé du soir. Et si le jury fut informé du considérable travail bénévole accompli par les deux sœurs et de l'argent qu'elles avaient toutes les deux péniblement réussi à amasser pour en faire don à leurs causes favorites, Sheila choisit de son côté de se souvenir de leurs traits de caractère plus humains et relevant moins du martyre : la façon dont Robin aimait la taquiner au sujet des garçons, par exemple, et l'impatience de Julie.

L'une des amies les plus proches de Julie, Libby Hodges, une Afro-Américaine, vint dire à la barre qu'elle avait le sentiment que « la race noire tout entière avait été trahie par ces meurtres ». « C'est comme si tout ce en quoi je croyais avait été foulé aux pieds », conclut-elle.

Quelques semaines plus tôt, assise devant son bureau dans sa chambre à la résidence universitaire de sa fac à Towson, Maryland, Tink avait tenté de coucher sur le papier ce que Julie et Robin avaient représenté pour elle. Elle avait passé plusieurs heures à réfléchir à l'altruisme de ses cousines, mais rien de ce qu'elle notait ne semblait capturer sa pensée. À mesure que les boulettes de papier froissé s'amoncelaient sur le sol, Tink s'était souvenue du réfrigérateur de Ginna, sur lequel Julie avait scotché une liste énumérant les moyens de respecter l'environnement chez soi. Robin et elle avaient élaboré un programme de recyclage très strict pour la maisonnée ; elles gardaient les étiquettes des boîtes de soupe Campbell's afin de permettre à des écoles des quartiers défavorisés d'acheter des ordinateurs, et elles échangeaient de vieux journaux contre de jeunes plants d'arbres pour contribuer à résoudre le problème de l'ozone. Chez les Kerry, aucune bombe à aérosol n'était autorisée, pas plus que les assiettes en carton, les serviettes en papier ou le Sopalin. Julie et Robin mettaient leurs préceptes en pratique.

Toutefois, un être humain ne peut se résumer à ces détails. Et Tink avait eu beau écrire, mâchouiller son stylo, gribouiller et pleurer tant et plus, elle n'était pas parvenue à produire une déclaration de la victime satisfaisante. Elle avait fini par jeter le stylo et se réfugier dans son lit, où elle s'était blottie sous les couvertures pour pleurer.

Lorsque le tour de Gray arriva, Hirzy fit défiler une série de témoins de moralité qui chantèrent tous ses louanges en suppliant que la sentence soit clémente. Sa mère, son beau-père et sa grand-mère vinrent tous à la barre lui proclamer leur soutien.

« Je ne crois pas que mon fils soit coupable, témoigna la mère de Gray. Si je pensais que mon fils était coupable, je ne le soutiendrais pas. En tant que chrétiens, nous croyons que, si on commet un péché, on doit en subir les conséquences. »

Plusieurs de ses copains témoignèrent également en

sa faveur, le décrivant comme un amuseur perpétuel, toujours en train de chanter, de danser et de raconter des histoires et des blagues. Mais ce fut Eva qui scella peut-être par inadvertance le destin de son petit ami.

« Je l'aime, dit-elle. Je tiens encore à lui. Mes sentiments envers lui n'ont pas changé. »

Nels Moss choisit ce moment-là pour s'approcher de la barre.

« Marlin Gray vous a-t-il déjà frappée ? s'enquit-il.

— Oui, répondit Eva. Mais jamais au visage. »

Tom décrocha le téléphone à la seconde sonnerie. La voix de son père crépita à cause de la mauvaise qualité de la communication longue distance.

« Bon, le verdict est tombé, annonça Gene à son fils depuis une cabine téléphonique du tribunal à St. Louis, et c'est la peine de mort. »

À l'autre bout de la ligne, Tom ne prononça pas un seul mot, mais Gene crut l'entendre souffler longuement.

« Fiston ?

— Ouais, d'accord, répliqua-t-il lentement, abasourdi.

— Ça va, mon grand ? » demanda Gene.

Tom garda le silence quelques instants. L'afflux d'émotions auquel il s'était attendu ne vint pas. Il ne se sentait ni euphorique, ni vengé, ni même particulièrement soulagé. En revanche, il se sentait anesthésié.

« Je suis simplement content que ce soit terminé, Papa », ajouta-t-il.

Environ trois mois plus tard, le mercredi 3 février 1993, Tom témoigna au procès de Reginald Clemons. Ce procès eut lieu dans la même salle d'audience, et Tom s'assit à la même barre des témoins. Il posa probablement la main sur la même bible quand on lui fit prêter serment.

Nels Moss était le procureur en charge de l'affaire, et le témoignage de Tom fut presque identique à celui du premier procès. Bien sûr, certains des visages qui les entouraient étaient différents, et Clemons paraissait sans nul doute moins imbu de sa personne et plus effrayé que Gray.

La seule différence majeure entre les deux affaires résidait dans la stratégie de la défense. Robert Constantinou, l'avocat de Clemons, semblait déterminé à semer le doute en remettant constamment en question tous les éléments du dossier. Il remit en question le fait que les deux principaux témoins du ministère public disaient la vérité. Il remit en question le fait que le corps qui avait été retrouvé et identifié comme celui de Julie était *véritablement* celui de Julie. Il accusa la presse d'avoir perdu le sens des proportions dans cette histoire. Et il accusa même Julie et Robin de « vivre à cent à l'heure » et d'avoir sauté du pont de leur propre chef.

Tout ce qu'il réussit à accomplir fut de mettre le jury en rage. Moss clôtura le procès par ces simples mots : « Ces deux jeunes femmes, porteuses de tant de promesses, de tant d'espoir, ne sont plus là. Ces deux jeunes femmes sont mortes pour toujours. »

Cette fois, le jury ne mit que trois heures pour revenir avec un verdict proclamant Clemons coupable de tous les chefs d'accusation.

En dépit de la stratégie agressive de défense de Constantinou, la sympathie du public envers son client était bien supérieure à celle qu'il avait ressentie pour l'incontrôlable Gray, et cela était en grande partie dû à sa famille. Ses parents avaient exprimé avec une éloquence et une ferveur particulières leur soutien inconditionnel à leur enfant. Ils étaient persuadés que Clemons était innocent, qu'il était incapable d'avoir commis ces atrocités.

Son beau-père, Reynolds, raconta une anecdote à propos de sa petite enfance : un jour, Clemons avait fait une bêtise et, pour le punir, Reynolds lui avait dit qu'il ne serait pas autorisé à rendre visite à sa grand-mère avec le reste de sa famille. Devant sa détresse, il avait eu pitié de lui, sans vouloir pour autant sembler incohérent et passer pour un parent démissionnaire. Il avait donc conclu un marché avec son beau-fils : s'il parvenait à mémoriser les Dix Commandements en quarante-cinq minutes avant le départ de toute la famille, il pourrait venir. Une heure plus tard, le jeune enfant, tout sourire, était assis à l'arrière de la voiture familiale qui roulait vers la maison de son aïeule. Non seulement il avait mémorisé les Dix Commandements, mais son beau-père pensait qu'il avait aussi appris une leçon appréciable en matière de compromis et de pardon.

Ces souvenirs chaleureux de l'éducation chrétienne aimante reçue par Clemons provoquèrent une certaine compassion pour sa famille dans les médias. Par le biais d'un éditorial du *St. Louis Post-Dispatch*, Bill McClellan décrivit la commisération que lui inspirait cette famille. Il affirma que « Clemons avait l'air d'être un bon garçon qui était tombé sous la coupe de Gray, de quatre ans son aîné. Le cauchemar de tous les parents, me suis-je dit. J'en ai eu le cœur brisé pour la mère de Clemons ».

Toutefois, cette empathie ne suffit pas à contrebalancer le choc que ressentirent les douze jurés face à la barbarie des crimes de Clemons. Moins d'une semaine après la clôture du procès, ils convinrent à l'unanimité que ces crimes étaient d'une « gratuité abominable » et d'une « brutalité déraisonnable », et recommandèrent son exécution.

Un mois avant la date à laquelle le procès d'Antonio Richardson était programmé, le bureau du procureur décida de lui proposer un marché. Bien que Gray et Clemons aient tous deux été condamnés, Moss hésitait à requérir la peine de mort contre lui en raison de son jeune âge à l'époque du crime. Et donc, après de longues discussions, le ministère public approcha ses avocats. Le prévenu pourrait plaider coupable des deux chefs d'accusation de meurtre au premier degré en échange d'une peine d'emprisonnement à perpétuité. Kris Kerr, l'avocat commis d'office de Richardson, lui expliqua qu'étant donné les circonstances, ce serait clairement en sa faveur d'accepter le marché. Richardson était d'accord.

Le matin du 19 février 1993, le jour même où il était sur le point d'accepter le marché, un homme nommé Bob Williams vint lui rendre visite en prison. Williams représentait un groupe qui s'était choisi le nom de Coalition pour la justice. Ce groupe faisait circuler l'idée que Gray, Clemons et Richardson étaient tous d'innocentes victimes d'un système juridique raciste et injuste. Williams soulignait que Winfrey, le seul agresseur de tous les accusés à être blanc, s'en était tiré avec une négociation de peine moins défavorable que celle proposée à Richardson. Il ignora délibérément le fait que Winfrey n'avait pas participé aux viols, et convainquit Richardson que la différence entre les deux offres avait des motifs raciaux. Williams employa aussi beaucoup d'énergie à rejeter la faute sur Tom Cummins. Les arguments de Bob Williams plurent à Richardson, et durant l'audience qui suivit cet après-midi-là il refusa le marché.

Un mois plus tard, quand le procès de Richardson démarra, Williams se campa sur les marches du tribunal armé de tracts proclamant PAS DE LUTTE PAS DE PROGRÈS en énormes lettres majuscules. Le tract donnait à voir un personnage de bande dessinée, un géant nommé « Le Système judiciaire », qui brandissait un fouet au-dessus des masses à l'échine courbée. Les meurtres de Julie et Robin y étaient devenus « la mystérieuse affaire du Chain of Rocks Bridge ». Le texte, erreurs grammaticales comprises, disait ceci :

Comme celui des autres, le procès d'Antonio Richardson est un procès politique où les règles de la preuve ne s'applique pas. Où les jurys auraient été contrôlés ; où les faits relatifs au procès n'ont pas été rapportés dans ni le journal ou ni à la télévision, pour cacher la vérité au public.

Le dernier des prévenus, Antonio Richardson, qui se bat contre les procès bidons orchestrés par la classe dirigeante contre ces jeunes gens de la classe ouvrière : trois qui sont affro-américains, et un blanc.

Ils sont tous innocents... Thomas Cummins, le cousin germain des deux sœurs qui ont disparu, marche pas sur l'eau. Il aurait pas pu survivre à une chute de vingt à trente mètres dans l'eau à douze degrés du Mississippi, nager trente minutes, et subir aucun effet néfaste.

Ce tract allait donner le ton du procès et mettre en rage toutes les personnes ayant connu Julie et Robin. Tom, qui avait à ce stade le cuir extrêmement dur, se moqua simplement de ces élucubrations ridicules. Dans son for intérieur, il savait que Julie, Robin et lui incarnaient plus que quiconque les idéaux de la « classe ouvrière », et il n'était pas disposé à laisser cet imbécile de Bob Williams lui retirer cette certitude.

Le matin du lundi 22 mars, Tom était assis dans la salle d'attente des témoins, occupé à remplir son cendrier habituel en parlant de la pluie et du beau temps avec Ron Whitehorn, le propriétaire de la tristement célèbre torche électrique. Pendant que Tom et son père bavardaient, Stephanie, la fille de Ron, témoignait à la barre. Ron venait de confier à Tom à quel point il était content que ce soit le dernier procès et que sa fille puisse mettre tous ces événements derrière elle à la fin de la journée, quand la porte s'ouvrit sur un huissier qui escorta Stephanie Whitehorn, tremblante, dans la pièce.

Dès que l'homme fut reparti, Stephanie se pencha pour murmurer furtivement quelque chose à l'oreille de Ron. Tom détourna la tête en prenant une longue bouffée de sa cigarette en cours. À l'évidence bouleversée par quelque chose, la fille voulait avoir une conversation privée avec son père. Tom n'avait pas envie d'écouter aux portes. Mais le commentaire que Ron lâcha ensuite fut impossible à ignorer.

« Je vais tuer ce petit enfoiré ! » cria-t-il.

En levant les yeux, Tom surprit l'expression de colère folle qui avait envahi les traits de Whitehorn. Stephanie paraissait plus terrifiée que jamais, mais Ron l'attira contre lui pour l'enlacer.

« Tout va bien se passer pour toi, mon bébé, dit-il d'une voix beaucoup plus douce. Ne te fais pas de souci, je veillerai à ce qu'il ne t'arrive rien. On va tirer les choses au clair. »

Stephanie se contenta de hocher la tête en reniflant contre l'épaule de son père.

« Ça vous ennuierait d'aller chercher l'huissier ? » demanda alors Ron à Tom.

Lorsque Tom revint avec ce dernier dans la salle d'attente des témoins une minute plus tard, Stephanie avait encore l'air secouée, mais elle semblait beaucoup plus calme.

« Qu'est-ce qu'il y a ? s'informa l'huissier en entrant dans la pièce.

— Ce monstre a menacé ma fille à la barre », répondit Ron.

L'homme regarda Stephanie.

« Que s'est-il passé ?

— Il a articulé en silence les mots *Je t'aurai*, expliqua-t-elle.

— Je vais chercher le procureur », déclara l'huissier, qui ouvrit la porte d'un grand coup avant de disparaître.

Après de sévères avertissements de la part du juge, le reste du procès de Richardson se déroula sans interruptions supplémentaires. Ce fut le plus court des trois, et les témoignages ne durèrent que trois jours. Le jeudi 25 mars 1993, moins de quinze jours avant le deuxième anniversaire de la mort de Julie et Robin, le dernier des meurtriers fut condamné. Antonio Richardson allait rejoindre Clemons et Gray dans le couloir de la mort de l'État du Missouri.

15

Tom ne s'attendait pas vraiment à ce que sa vie revienne à la normale après le dernier procès. Il ne pouvait pas y avoir de normale pour lui, ni maintenant ni jamais. Il participait depuis 1991 à un programme intensif de soutien avec une thérapeute formidable qui avait gagné sa confiance et son admiration. Elle se spécialisait dans la prise en charge des survivants de crimes violents ainsi que de leurs familles, et Tom en était venu à s'en remettre très souvent à sa sagesse et à ses bonnes paroles. Lorsqu'il aborda la possibilité de reprendre ses études, elle l'y encouragea. Environ un an plus tard, il s'inscrivit au programme de justice pénale de l'université du Maryland. Il voulait devenir Nels Moss. Julie serait fière de lui, songea-t-il.

Début avril 1995, quatre ans après les meurtres de Julie et Robin, à une semaine près, Tom parvint à un règlement dans le cadre de l'action en justice qu'il avait intentée au civil contre la ville de St. Louis. Accusée de l'avoir forcé à faire des aveux, la police accepta un règlement à l'amiable en apprenant que Nels Moss avait l'intention de témoigner en sa faveur. Mais de même que les condamnations à mort, cet accord n'apporta guère de satisfaction à Tom. Pour lui, les dommages étaient irréversibles, et ce compromis ne représentait rien d'autre que de l'argent sale. En revanche, Tom retira de cette action en justice quelque chose de bien plus précieux que de l'argent : une amitié avec ses avocats en droit civil Pete Bastian et Frank Carlson.

Tom avait initialement rencontré les deux avocats en 1992, durant ses longues journées de confinement au Drury's Hotel pour le procès de Marlin Gray. Il était gêné d'admettre à quel point il avait apprécié leur compagnie, pas uniquement parce qu'ils lui offraient un répit bienvenu vis-à-vis de la monotonie ambiante, mais aussi parce que, quand il leur avait raconté cette histoire le premier soir, Pete et Frank avaient paru comprendre ce qu'il avait subi. Tom ne décrocha jamais le titre de « victime » dans les médias, et en réalité il y avait bien longtemps qu'il avait cessé d'y aspirer. Ce qui était réconfortant avec Pete et Frank, c'est qu'ils le considéraient non seulement comme une victime, mais aussi comme une personne ayant survécu à des circonstances extraordinaires.

« Tom, il faut que tu arrêtes de te fustiger avec ça, lui conseilla Frank tandis qu'ils mangeaient leurs steaks. Le nœud du problème, c'est que… tu as survécu. Et c'est une bonne chose, sinon personne n'aurait jamais su ce qui était arrivé à Julie et Robin. Ces quatre monstres se baladeraient encore en liberté quelque part. Tu as survécu au fleuve. Tu as survécu aux médias. Et c'est *ton* témoignage qui va envoyer ces quatre mecs à leur véritable place. Tu devrais être sacrément fier de toi. »

Ces paroles d'encouragement, Tom avait grand besoin de les entendre. Il était sûr que ni Frank ni Pete n'avaient la moindre idée du rôle que leur soutien avait joué dans son processus de guérison. Au fil des ans, chaque fois que Tom se rendait à St. Louis, il s'arrangeait pour les appeler. Il en était venu à compter sur eux autant pour leur compagnie et leur amitié que pour leurs conseils juridiques. Le jour du compromis de son action civile en justice, ils l'emmenèrent dans leur bar local préféré et lui firent boire un tas de Guinness pour tenter de donner à la soirée un caractère festif. Tom avala la bière brune et ravala ses larmes, reconnaissant d'avoir le soutien de ses deux avocats et amis.

Ensuite, les développements judiciaires ralentirent considérablement. Les avocats de Clemons, Gray et Richardson lancèrent coup sur coup des recours en appel au nom de leurs clients, mais peu de choses allaient changer pendant des années. Tom travaillait à la caserne et assistait à ses cours de droit pénal. Il s'acheta une maison non loin de chez ses parents. Au bout de quatre ans, il obtint son diplôme.

Et puis, en mai 1998, il reçut l'appel en provenance de St. Louis qu'il redoutait depuis longtemps. Daniel Winfrey était admissible à la liberté conditionnelle. Conformément à l'habitude qu'il avait prise chaque fois qu'un événement déconcertant survenait dans sa vie, Tom décrocha son téléphone pour appeler chacune de ses sœurs, puis ses parents. Une fois qu'il eut informé tout le monde des dernières nouvelles, la décision fut prise : Tom et Tink allaient représenter la famille pour descendre à St. Louis en avion et faire une déclaration auprès du juge.

Alors que Tom avait effectué d'innombrables allers-retours aériens entre St. Louis et le Maryland au cours des sept dernières années, ce serait la première fois que Tink retournerait là-bas. Désormais âgée de vingt-trois ans, elle ne s'était jamais rendue sur la tombe de ses cousines. À tout le moins, ce retour au bercail promettait d'être plein d'émotions. Leur première escale fut l'Old Chain of Rocks Bridge. Les années qui s'étaient écoulées avaient été plus que clémentes pour le vieux pont, et Tom reconnut à peine les lieux quand ils s'arrêtèrent. Une caravane était perchée au bord du petit parking, sur lequel une pancarte indiquait ACCUEIL DES VISITEURS. Le pont avait été reconverti en parc d'État : un sentier où les familles pouvaient marcher et faire du vélo. Il n'y avait plus aucune trace de la végétation dense avec laquelle Tom, Julie et Robin avaient bataillé pour se frayer un chemin toutes ces années auparavant. L'ensemble de la structure avait été retapée et repeinte. Les regards qui trouaient la route étaient à présent comblés, et la surface du pont avait récemment été repavée. Tom était consterné.

« On ne pourra pas voir le poème », regretta-t-il doucement au moment où sa sœur et lui y faisaient leurs premiers pas hésitants.

Les deux jeunes gens avancèrent dans un silence solennel le long du pont, doublèrent les mamans poussant des poussettes et les papas portant leurs bambins sur les épaules. Quelques gamins couraient en riant dans la lumière du soleil, mais Tom et Tink avaient le cœur lourd en arpentant la vieille structure, les yeux baissés. Arrivés à l'endroit où Tom pensait que le poème se trouvait autrefois, ils s'arrêtèrent, s'accoudant quelques instants au parapet. Il n'y avait pas grand-chose à dire. Soudain, un détail attira l'attention de Tom.

« Putain ! Vise un peu ça ! » s'exclama-t-il.

Tink suivit du regard le doigt de son frère, qui désignait un point quelques mètres plus loin sur le tablier du pont. Elle distinguait la très légère trace d'un J qui brillait néanmoins sans l'ombre d'un doute sous le nouveau revêtement. C'était le J de Julie. À ses côtés, le symbole de la paix que sa cousine avait peint était aussi resté en grande partie intact. Si la majeure partie du poème était illisible, Tink et Tom réussirent à déchiffrer quelques mots ici et là. Tous deux se sentirent réconfortés qu'un fragment du texte, un morceau de Julie et Robin, soit encore visible sur leur vieux pont bien-aimé.

De là-bas, Tink et Tom se rendirent directement au Cavalry Cemetery, s'arrêtant en chemin chez un fleuriste. Lorsqu'ils sortirent de la voiture et localisèrent la tombe commune de leurs cousines, les larmes qu'ils avaient refoulées toute la journée coulèrent enfin. Tink s'agenouilla, posant deux roses rouges à côté des noms de Julie et Robin Kerry. Son frère s'agenouilla avec elle pour y joindre sa propre offrande : deux Marlboro Light. Tink et Tom prononcèrent quelques mots étranglés par les larmes à l'intention de leurs cousines dans le calme du vieux cimetière, puis se penchèrent pour embrasser la pierre tombale avant de partir.

Le rendez-vous de Tom et Tink avec le juge était prévu pour le lendemain à Jefferson City, Missouri. Leur tante Jacquie et leur cousine Gabbi y assistèrent avec eux. Le juge était très aimable. Les familles ne seraient pas autorisées à témoigner lors de l'audience de libération conditionnelle en elle-même, expliqua-t-il, parce que Winfrey avait été déplacé dans un endroit secret. Le profil social et l'âge de Winfrey ainsi que les crimes dont il était accusé avaient fait de lui la cible rêvée de persécutions carcérales. Ses sept années passées en prison avaient jusque-là été extrêmement ardues, et les autorités avaient dû le transférer plus d'une fois à cause des mauvais traitements que lui infligeaient ses codétenus. Tink et Tom ne parvinrent pas à ressentir beaucoup de sympathie pour lui.

« Le point principal sur lequel je souhaite insister, dit Tom en commençant le petit discours qu'il avait préparé pour le juge, c'est que, en dépit de sa coopération durant l'enquête, en dépit de son témoignage au procès et de son moindre degré de culpabilité, Winfrey a commis un double meurtre, et il n'a purgé que sept ans de sa peine. Ce n'était *pas* juste un gentil garçon qui s'est retrouvé embringué par hasard dans une situation effrayante. Je comprends qu'il a plus ou moins donné cette impression au procès ; il n'avait pas le choix. Mais les remarques qu'il a faites pendant le crime indiquaient qu'il était excité et qu'il prenait plaisir à la situation. Pour lui, tout ça n'était qu'une grosse montée d'adrénaline. Au moment où ces animaux violaient Julie et Robin, ce gamin était bel et bien assis à califourchon sur mon dos en riant et en me disant que c'était une bonne chose que ses potes ne soient pas homos, sinon ils m'auraient probablement violé aussi. »

Durant la tirade de son frère, Tink était restée sans parler, bouche bée. Elle n'avait jamais été véritablement exposée aux détails de l'affaire. Elle ne l'avait jamais voulu, et les paroles de Tom l'avaient à l'évidence choquée. Le juge se leva derrière son imposant bureau en acajou pour lui tendre un mouchoir en papier. Elle accepta avec reconnaissance, s'apercevant pour la première fois des larmes qui glissaient en silence sur ses joues.

« Et qu'avez-vous à dire là-dessus, jeune fille ?

lui demanda-t-il tandis qu'elle épongeait son visage humide.

— Eh bien, évidemment, je n'étais pas présente ce soir-là, lança-t-elle en s'éclaircissant la voix pour reprendre contenance, et donc, ce que j'ai à dire concerne surtout la déclaration de la victime. »

Après ses multiples essais avortés pour rédiger une telle déclaration à l'occasion des trois procès, l'heure de Tink était enfin venue.

« Je crois que j'ai surtout envie d'exprimer le fait que mes cousines étaient des filles formidables qui ont profondément affecté ma vie. Je suis écrivain, maintenant – euh, j'aspire à être écrivain – et j'ai réellement le sentiment que je le dois à Julie. Elle a été la première à m'encourager et à m'inspirer. J'ai toujours voulu écrire, mais Julie écrivait pour de bon, vous savez ? Elle étudiait la littérature anglaise à l'université, et elle était publiée. Elle a été la première personne à me dire : "Ne t'occupe pas des questions pratiques, fais ce que tu aimes. Tu veux être écrivain ? Alors, écris." Et donc, j'écris. Je veux simplement que vous sachiez qu'il y a tant de gens, tant de vies qui ont été touchés par ces deux filles et détruits par leur décès… Daniel Winfrey n'a passé que trois ans et demi en prison pour le meurtre de chacune de mes cousines. Je trouve que c'est loin d'être suffisant. Julie et Robin ne reviendront jamais. »

Gabbi et Jacquie firent des déclarations similaires au nom des filles et de la famille. Jacquie évoqua rapidement sa sœur Ginna, le désespoir et l'isolement qui avaient envahi son existence après la mort de ses enfants. Pour Ginna, les années suivantes n'avaient jamais cessé d'être en dents de scie. Alors que Tom avait miraculeusement réussi à raccommoder sa vie en lambeaux, le chagrin de Ginna demeurait un monstre omniprésent au quotidien. Les cycles successifs du deuil – colère, culpabilité, déni et acceptation – étaient apparemment devenus pour elle un manège émotionnel sans fin. Chaque fois qu'elle se croyait sur le point d'atteindre une forme de paix, le manège se remettait en marche, et son chagrin se dressait devant elle, aussi neuf et indomptable que le jour où ses filles avaient été assassinées. Jacquie évoqua aussi brièvement les liens familiaux qui s'étaient resserrés à cause de leur perte à tous, les difficultés qu'éprouvait Jamie à grandir dans un environnement où planait constamment l'ombre du deuil. Néanmoins, elle ne se permit pas de parler *au nom* d'un quelconque membre de la famille Kerry, leur souffrance étant unique et inimaginable. Même un tiers assez proche ne serait pas en mesure de mettre des mots dessus.

Le juge les écouta respectueusement et patiemment pendant toute la durée de leurs interventions, les mains jointes devant lui sur l'imposant bureau, le visage plissé de préoccupation. Quand le petit groupe eut fini de parler, ils étaient plus d'un à serrer dans leurs poings des mouchoirs en papier humides roulés en boule, et tout le monde était épuisé. Le magistrat se leva pour les raccompagner.

« Merci beaucoup de vous être déplacés, dit-il en leur serrant la main. Je vais sans aucun doute étudier vos déclarations. Le simple fait que vous ayez pris le temps de venir jusqu'ici en dit long sur ces deux jeunes filles et la force de votre amour pour elles. »

Ces paroles déclenchèrent une nouvelle salve de larmes que Tink parvint difficilement à contenir jusqu'à ce que les portes de l'ascenseur s'ouvrent et que le quatuor fasse au juge un signe d'adieu avant d'y entrer. Dès que les portes se furent refermées, ses quatre occupants se mirent à pleurer. Ils se tinrent tous la main en sortant sur le parking ensoleillé, et une fois dehors ils restèrent longuement enlacés en silence.

Quelques jours après le retour de Tink et Tom sur la côte Est, ils apprirent la nouvelle : Daniel Winfrey s'était vu refuser sa libération conditionnelle. Son cas serait réexaminé en 2004. Les familles poussèrent un soupir de soulagement collectif. Et durant quelque temps, ce fut de nouveau le calme plat.

Et puis, autour de Noël 2000, deux producteurs travaillant sur un documentaire au sujet de Richardson pour la chaîne Court TV contactèrent Tom afin de lui proposer de participer à leur projet. Surmontant une méfiance bien naturelle, Tom accepta de les voir. Il se rendit à New York, où vivait désormais Tink, pour rencontrer les producteurs, et invita sa sœur à se joindre à lui en tant que conseillère et soutien moral. L'intention de l'émission, expliquèrent-ils, était d'explorer l'impact général, ou ce qu'ils appelaient l'« effet domino », que peut avoir une nuit de violence.

« Les effets d'un seul acte violent affectent les vies de dizaines d'individus et durent des décennies, poursuivirent-ils. C'est ce que nous voulons mettre en lumière : l'idée que les conséquences vont au-delà des criminels et de leurs victimes. »

Lorsque les Cummins demandèrent aux producteurs pourquoi ils avaient choisi de se concentrer sur Richardson plutôt que sur n'importe lequel des autres criminels, leurs réponses furent évasives.

« Disons que nous avons choisi de nous concentrer sur Antonio parce que c'est un ado qui attend son exécution. Ça donne simplement une dimension supplémentaire au…

— Ce n'est pas un ado, coupa Tom. Cet homme a vingt et un ans. »

Ses interlocuteurs échangèrent un coup d'œil.

« Oui, nous comprenons bien, reprit l'un des deux avec diplomatie. Mais c'était un ado au moment où il a commis ce crime, c'est ce que nous voulons dire. Et nous n'avons pas l'intention de véhiculer dans ce programme une vision fanatique et unilatérale de la peine de mort. C'est pour cette raison que votre participation est importante pour nous. Nous avons besoin de montrer l'étendue des dégâts dont ce type est responsable. Nous ne voulons pas nous contenter de créer un courant de sympathie en sa faveur.

— Ce ne sera pas une émission anti-peine de mort, alors ? se renseigna sèchement Tom.

— Mon intention n'est pas qu'elle soit perçue comme pro *ou* anti-peine de mort. » Cette fois-ci, c'était le second producteur qui lui avait répondu. « Je veux qu'elle soit entièrement consacrée aux faits, pour que le public puisse tirer ses propres conclusions. Mais afin d'y arriver, nous avons besoin d'impliquer toutes les personnes affectées, tous ceux dont les vies ont été dévastées par ce crime. Et vous en faites partie. Je ne sais pas si vous êtes au courant que Ricki Lake prépare une émission sur Antonio, les amis ? »

Les regards vides des deux Cummins leur confirmèrent qu'ils n'étaient *absolument pas* au courant pour le *Ricki Lake Show*.

« À vrai dire, les gens de chez elle n'arrêtent pas de nous tanner pour que nous leur donnions vos coordonnées, continua le producteur sans attendre de confirmation verbale de la part de ses interlocuteurs abasourdis. Ne vous inquiétez pas, nous n'allons pas les leur communiquer. Leur émission sera extrêmement partisane.

Ricki n'est pas une vraie journaliste, et elle n'a aucune intention d'essayer d'être impartiale. C'est sa tentative annuelle de traiter un sujet plus grave. Les gens ne vont pas prendre ça au sérieux. En tout cas, ce type attire bel et bien l'attention des médias, et ça va provoquer un certain degré de sympathie. Ce que nous vous proposons donc, c'est une occasion de la contrebalancer en racontant votre propre histoire. Nous voulons toute la vérité, pas juste une seule version des événements. »

La conversation se poursuivit dans cette veine pendant presque une heure. Après un ou deux verres et de multiples paroles rassurantes, Tom et Tink acceptèrent de figurer dans le documentaire. Au cours des deux mois qui suivirent, une équipe vint dans le Maryland et passa une journée à filmer la famille Cummins dans ce qui allait être son premier effort de coopération avec les médias depuis la nuit des meurtres.

En février 2001, Tom travaillait toujours à plein temps comme pompier, mais il avait aussi réussi à obtenir, grâce à son diplôme de préparation au droit, un contrat à temps partiel avec le FBI, ce qui lui procurait un immense plaisir. Un soir, il rentra chez lui après une dure journée de travail pour le Bureau, et fut accueilli comme toujours avec amour par ses deux chats, Guinness et Cider. Dehors, il faisait un froid glacial, même pour ce milieu d'hiver, et dès qu'il eut enlevé son manteau, il prit Cider sans ses bras dans le but de se réchauffer les mains. Il alluma la lampe de la cuisine, jeta son courrier sur la table, puis se dirigea vers le réfrigérateur. En chemin, il appuya sur la touche lumineuse clignotante du répondeur et écouta ses bips pendant qu'il scrutait le contenu du frigo dans l'espoir d'y trouver une idée miraculeuse pour le dîner.

La voix enregistrée sur la cassette qui emplit alors la cuisine poussa Tom à se redresser et à refermer le réfrigérateur. Kay Crockett, la coordinatrice du service des victimes de l'État du Missouri, lui avait apporté une aide inestimable au fil des ans, se révélant une source apparemment inépuisable d'information et d'énergie. Il retourna vers le plan de travail où le répondeur continuait à cliqueter et à bourdonner et appuya sur le bouton « Rembobiner » tandis que Cider se tortillait dans ses bras. Après avoir posé la chatte sur le plan de travail, Tom s'y accouda, autant pour se stabiliser que pour se concentrer. Crockett répéta son message. Oui, Tom avait bien entendu. On avait fixé une date d'exécution pour Antonio Richardson. Et elle était prévue dans moins d'un mois.

Tom s'assit devant la table en bois luisant de sa cuisine, le miaulement de ses chats réclamant leur dîner en fond sonore. Il alluma une cigarette qu'il n'avait pas eu l'intention de fumer en s'efforçant de digérer l'énormité de la nouvelle. Antonio Richardson allait être exécuté dans exactement quatre semaines. *Je suppose qu'il faut que je prenne quelques dispositions*, songea-t-il en se secouant pour sortir de sa rêverie et s'obliger à se lever. La cigarette s'était consumée entre ses doigts, il en avait à peine tiré trois bouffées, constata-t-il en écrasant le reste pour l'éteindre. Il revint au plan de travail, décrocha le combiné, et appuya sur la touche trois des numéros préprogrammés.

« Papa ? dit-il. Je vais encore retourner à St. Louis. »

La nouvelle de l'exécution de Richardson se répandit dans les multiples ramifications des familles Kerry et Cummins, et ébranla soudainement tout le monde. À New York, Tink raccrocha avant de s'affaler tel un zombie sur son canapé, trop sidérée pour partager cette information avec qui que ce soit pour l'instant. À Gaithersburg, Kathy et Tom étaient sortis boire leur bière hebdomadaire au bar du coin, Mrs. O'Leary's. Ils n'avaient pas beaucoup de conversation ce soir-là. Même leur barman préféré, Mac, ne réussit pas à les dérider ; ils étaient tous deux trop perturbés par l'afflux d'émotions plutôt surprenant qu'ils ressentaient. Dans le Missouri, Ginna, Rick et Jamie, à présent âgée de dix-neuf ans, se préparèrent à faire profil bas face à l'inévitable vague d'attention médiatique qui allait suivre cette annonce. Ils avaient quatre semaines pour s'y habituer. La date de l'exécution était fixée au 7 mars 2001, une minute après minuit. Elle aurait lieu le soir de l'anniversaire de Ginna.

Durant la décennie qui avait suivi les meurtres de Julie et Robin, chaque membre des familles Kerry et Cummins avait dû se redéfinir, tant intérieurement que vis-à-vis de son entourage. Aucun d'entre eux n'était plus le même que le 4 avril 1991. Chacun était désormais ce que l'État appellerait un « survivant à un homicide », même si ce titre était insuffisant ; cette définition ne comprenait en effet pas de sous-catégories décrivant les divers statuts : mère, sœur, cousin, ami. Il n'en restait pas moins que la personnalité de chacun avait été radicalement et définitivement altérée par la perte de Julie et Robin.

Peu de ces transformations avaient toutefois été aussi dramatiques que celle de Kay. Le sentiment d'impuissance absolue suivi de colère qu'elle avait ressenti tout de suite après la mort de ses nièces avait allumé en elle un feu qui ne s'éteindrait jamais. Lorsqu'elle était rentrée à Gaithersburg après les horreurs qu'elle avait vécues à St. Louis, toutes ces années auparavant, sa sensation initiale d'inefficacité avait immédiatement été remplacée par une impatience irrésistible, puissante et totalement motivante d'*agir*. Elle avait donc pris exemple sur la manière dont ses nièces avaient vécu leurs vies, et à l'âge de quarante-quatre ans, Kay, femme au foyer, infirmière diplômée et mère de trois enfants, s'était transformée en activiste. Quand un ami l'avait orientée vers le service de soutien du défenseur des droits des victimes au niveau national, Kay n'avait pas perdu de temps, devenant une véritable habituée de leurs bureaux. En deux mois, et avec l'aide de quelques membres de son groupe de soutien, elle avait créé la lettre d'information *Wings of Hope*, dédiée aux victimes de crimes et à leurs familles. En moins de trois ans, la lettre avait été primée par le gouvernement pour ses « contributions exceptionnelles dans le domaine des droits ou des services aux victimes, en hommage à son soutien humanitaire, sa loyauté, sa dévotion exemplaire et sa bienveillance au service des victimes de crimes ».

Mais Kay n'était pas satisfaite. L'année suivante, elle adressa une pétition à sa ville et reçut une réponse officielle du maire et du conseil municipal proclamant que la semaine du 21 au 27 avril serait dorénavant appelée « Semaine nationale des droits des victimes de crimes ». Plus tard la même année, elle fut invitée au Capitole des États-Unis pour assister à une conférence de presse au sujet d'une proposition de modification constitutionnelle en faveur d'une déclaration des droits des victimes de crimes. Elle y rencontra James Walsh, le présentateur d'*America's Most Wanted* [1], et eut avec lui une conversation enregistrée en vidéo qui fut plus tard diffusée

1. Programme télévisé diffusé entre 1988 et 2012 retraçant l'histoire de dangereux fugitifs, incarnés par des acteurs, qui battit des records de longévité (vingt-cinq saisons).

dans son émission. Ses enfants finirent par remarquer ses ambitieuses activités. Au cours des années qui suivirent, Tom, Tink et Kathy virent avec une fierté perplexe leur mère plus si jeune décider d'utiliser son expérience toute nouvelle dans l'arène législative. Dès 1999, elle joua un rôle essentiel pour l'adoption, au niveau de l'État comme du comté, de lois destinées à apporter de l'aide aux victimes de crimes et à les décharger financièrement des frais liés aux obsèques et à la psychothérapie ou à la perte de salaire.

Cependant, en dépit de ces succès croissants, Kay était insatiable. Parce que chaque fois qu'elle gagnait une petite bataille pour les droits des victimes, elle ressentait quelque part un profond sentiment de victoire pour la Ginna de quelqu'un d'autre.

Trois semaines après l'annonce de l'exécution imminente de Richardson, Tink quitta deux heures plus tôt qu'à l'accoutumée la maison d'édition du sud de Manhattan où elle travaillait. Elle se sentait un peu patraque. La nuit commençait à tomber lorsqu'elle arriva à son appartement du Queens, et elle alluma les lumières dans chaque pièce. *Une tasse de thé, voilà ce dont j'ai besoin*, se dit-elle. *Avec ça, je me sentirai mieux.* Elle alluma la télévision dans sa chambre, puis se dirigea vers la cuisine pour mettre la bouilloire en route. Le thé fut prêt en quelques minutes, et elle retourna dans la chambre, le mug fumant entre les mains. Elle fit deux pas dans l'encadrement de la porte avant que le visage qui s'affichait sur l'écran de télévision ne l'oblige à s'arrêter net. Antonio Richardson était entré dans sa chambre, par le biais du *Ricki Lake Show*.

La jeune femme savait que ce jour-là arriverait, mais elle n'avait plus entendu un mot à ce sujet depuis l'avertissement initial des producteurs de Court TV, quelques mois plus tôt. À présent, c'était si réel qu'elle en ressentit un véritable choc. Elle poussa un cri avant de poser brusquement son mug, renversant par la même occasion quelques gouttes de thé bouillant. Elle plongea vers la télévision et pressa le bouton marche-arrêt pour l'éteindre. L'écran noir semblait désormais la toiser d'un air moqueur.

« Sors ! Sors de ma chambre ! cria-t-elle comme une possédée à la télévision avant de s'effondrer en larmes. Oh ! mon Dieu, pourquoi suis-je rentrée chez moi si tôt ? »

Tink ne s'autorisa que quelques minutes d'auto-apitoiement avant de se ressaisir. Elle jeta un coup d'œil à la pendule et pensa à Kathy, qui devait être rentrée du travail à l'heure qu'il était. Elle s'aventura alors dans le séjour pour composer son numéro avant d'y allumer la télévision. En dépit de sa révulsion initiale à la vue de Richardson, quelque chose l'obligeait à regarder.

« Kath ? lança-t-elle à sa sœur quand celle-ci répondit au téléphone. Hum. Mets Channel 5. »

Kathy resta quelques instants silencieuse, puis finit par dire : « D'accord… *Family Feud*[1]. Il y a quelque chose de spécial dans cet épisode en particulier ?

— Merde, jura Tink. Chez moi, c'est le *Ricki Lake Show* qui est diffusé sur Channel 5 en ce moment.

— Ah, nota sarcastiquement Kathy. Un programme de choix, celui-là.

— Non, se défendit Tink. C'est Antonio Richardson. Il passe chez Ricki Lake. »

Tink entendit sa sœur prendre une profonde inspiration de l'autre côté de la ligne.

1. Jeu télévisé dont l'équivalent français est *Une famille en or*.

« Je ne voulais pas le regarder seule. Mais bizarrement, je n'arrive pas à zapper.

— Ouais, je peux comprendre, concéda Kathy. Tu veux que je reste en ligne quand même ?

— Non, merci. Je vais… euh… Nikki va probablement bientôt rentrer. Ou sinon je passerai un coup de fil à Joe.

— D'accord, si tu es sûre. Mais rappelle-moi si tu as besoin de quoi que ce soit. Je vais essayer de découvrir à quel moment l'émission passe ici, et je l'enregistrerai. Je suis sûre que moi aussi, je vais avoir besoin de compagnie pour la regarder. »

Dès qu'elles eurent raccroché, Tink composa le numéro de portable de Joe, son petit ami. Contremaître dans le bâtiment, il travaillait sur un chantier en ville. Lorsqu'il décrocha à la quatrième sonnerie, Tink était de nouveau dans un sale état. La partie du programme qui résumait les faits était terminée, et l'interview allait démarrer. Ricki Lake s'était levée pour serrer la main de Richardson. Hors champ, sa voix annonça : « Avant de commencer, [Antonio] voulait dire quelque chose qu'il a sur le cœur. » Un gros plan de Richardson apparut à l'écran ; il semblait avoir été bien préparé, et ne parvenait à l'évidence pas tout à fait à réprimer le sourire en coin affreusement inapproprié qui se peignait sur ses lèvres. Sans doute était-il nerveux, mais en tout cas son attitude détruisait complètement le peu de crédibilité que ses paroles auraient pu avoir.

« Avant de commencer cette interview avec vous, j'aimerais, hum, vous savez, m'excuser auprès de la famille Kerry – la famille des victimes – au sujet de toute cette situation. Je voudrais aussi m'excuser auprès de ma propre famille pour les changements qu'elle a dû endurer depuis que je suis incarcéré.

— Quand vous êtes entré en prison, vous n'étiez qu'un gamin dans un centre de détention pour adultes. » Ricki Lake inclinait pensivement la tête de côté en parlant. « Quel effet ça vous faisait, d'être si jeune ? »

Richardson entreprit de raconter les horreurs dont il avait été témoin en prison. Il expliqua comment il avait vu des gens se faire battre et violer. Dans le combiné, Tink entendait la voix de Joe qui l'encourageait à dire quelque chose, mais elle en fut d'abord incapable. Finalement, elle lâcha d'une traite : « Joe ? Antonio Richardson passe à la télé. Antonio Richardson passe au *Ricki Lake Show*. En ce moment même. J'ai sa tronche sous les yeux en ce moment même.

— Oh, non. Est-ce que ça va ? »

Tink hocha la tête, mais sa voix l'avait de nouveau abandonnée. Le seul son qu'elle réussit à émettre fut un énorme reniflement.

« J'arrive tout de suite, promit Joe. Je quitte le boulot tout de suite, je serai là dès que je peux. »

Tink eut beau protester mollement qu'elle allait très bien, qu'il n'avait pas besoin de quitter son travail, Joe ne voulut rien savoir. Et lorsqu'il eut raccroché, elle se félicita qu'il soit en route. L'émission toucha le fond avant de se terminer. Richardson accusa Tom de parjure et le traita de menteur. Puis il compléta ses « excuses » à la famille en niant farouchement toute participation au crime. Il admit bien s'être trouvé au Chain of Rocks Bridge ce soir-là, mais prétendit que, tout comme Winfrey, il n'avait été qu'un observateur effrayé.

C'est là qu'arriva la cerise sur le gâteau. Ricki se pencha vers lui et lui demanda ce qui lui avait traversé l'esprit au moment où le juge avait annoncé sa condamnation à la peine capitale. Tink ne réussit pas à écouter sa réponse. Elle se leva et se mit à arpenter la pièce, puis fit l'aller et retour jusqu'à sa chambre en passant par le couloir.

« Pourquoi tu ne lui demandes pas plutôt ce qui a traversé l'esprit des victimes avant qu'il ne les tue, *elles* ? » marmonna-t-elle amèrement.

Sa colère était aussi prompte qu'inattendue. Elle ne se considérait même pas comme une partisane de la peine de mort. À dire vrai, ses sentiments sur la question étaient très partagés. Mais quelque chose dans le ton compatissant de Ricki, quelque chose dans les tentatives de Richardson pour émouvoir le public tout en niant une quelconque responsabilité la mettait en rage. Elle se dirigea au pas de charge vers le canapé et s'assit juste à temps pour l'entendre dire : « J'ai fait beaucoup de choses dans le passé, mais je ne suis ni un violeur ni un meurtrier. »

« Ben, pourquoi est-ce que tu viens de t'excuser, alors, connard ? » cria Tink à la télévision.

Sauf que Richardson, lui, ne l'entendit pas.

« Ces temps-ci, ma vie, c'est l'enfer sur terre », disait-il.

L'émission fut alors coupée net par la publicité, et Tink resta assise, télécommande en main, bouche bée, muette. La voix off de Ricki revint bientôt à l'antenne et demanda : « Connaissez-vous deux personnes qui ont eu un rendez-vous galant désastreux ? Si vous voulez que l'une d'entre elles bénéficie d'un relooking pour que vous puissiez l'envoyer à un rencard de la seconde chance, vous pourriez être invité à l'émission. Appelez le 1-800-GO-RICKI. »

Sur ce, Tink balança la télécommande à travers la pièce, remonta ses genoux contre sa poitrine et s'abandonna à une nouvelle crise de larmes. Elle pleurait toujours quand Nikki, sa colocataire, rentra quelques minutes plus tard.

« Qu'est-ce qui se passe ? Ça va ? » s'inquiéta celle-ci en jetant ses clés quelque part, avant de s'approcher de son amie assise sur le canapé.

Tink opina en s'essuyant la figure sur ses genoux. « Ouais, juste un peu sonnée. Il y avait Antonio Richardson à la télé. »

Le regard de Nikki se posa sur la télévision avant de revenir vers Tink.

« Chez Ricki Lake ? s'enquit-elle, incrédule. Qu'est-ce qu'elle va faire : le relooker avant qu'on l'exécute ? »

Tink ne put s'empêcher de rire.

La semaine suivante fut une spirale descendante d'activité médiatique frénétique et de chaos émotionnel pour tous les Cummins et tous les Kerry. Au bout de dix ans, leur affaire revenait à la une des journaux. Dans les jours précédant l'exécution de Richardson, son avocat à cette période-là, Gino Battisti, démarra une habile campagne de presse intensive pour trouver des soutiens à son client au sein du public. Et elle fonctionna. Le 26 février, le *Post-Dispatch* imprima en titre : « Un groupe d'opposants à la peine de mort supplie Holden de stopper l'exécution ».

L'article citait un groupe nommé « Les habitants du Missouri en faveur de l'abolition de la peine de mort », prétendant que Richardson avait un QI « d'environ 70 », et qu'il souffrirait donc d'un retard mental. En réalité, le QI de Richardson était plus élevé, et le jeune homme ne répondait pas aux autres critères permettant d'être considéré par la loi comme atteint de déficience mentale. En tout état de cause, son interview plutôt éloquente au *Ricki Lake Show* apportait clairement la preuve qu'il n'avait aucun problème en matière de communication verbale.

L'article citait aussi Battisti : « Nous avons ici un jeune de seize ans qui avait l'âge mental effectif d'un gamin de sept ans au moment du délit. » Non seulement le texte était au mieux trompeur, mais, pire encore, Julie et Robin n'y étaient même pas mentionnées nommément avant le septième paragraphe.

Durant les quelques jours suivants, les gens se mirent à écrire des éditoriaux destinés aux journaux locaux, appelant à la clémence en faveur de Richardson. Sur le campus de l'université du Missouri à St. Louis, où Julie et Robin avaient étudié et où Jamie suivait désormais leurs traces, les étudiants organisèrent des manifestations pour le sauver. Des groupes tels que l'American Civil Liberties Union et la European Union multiplièrent les lettres de protestation au gouverneur du Missouri. Néanmoins, pour les Cummins et les Kerry, la manifestation la plus perturbante fut celle qu'organisèrent les membres de leur bien-aimée *alma mater*, Amnesty International.

Soixante-deux étudiants membres de la section de cet organisme à l'université du Missouri prévoyaient une grève de la faim de trois jours, dédiée à la cause de Richardson, sur le campus de Columbia. Bien que cet événement ne fût pas autorisé par Amnesty International, les médias ne se permirent pas moins de dire que les participants en étaient membres. D'autres bénévoles organisèrent des *die-in*, où des étudiants mimèrent leur mort à divers endroits du campus et à intervalles réguliers au cours de la journée.

Jacquie, qui travaillait depuis plusieurs années dans cette université comme graphiste, prévoyait d'éviter les lieux et de rester chez elle ce jour-là. Elle n'était pas sûre de pouvoir supporter le spectacle de gamins de dix-huit ans enflammés, qui ne connaissaient même pas Julie et Robin, faire les morts pour défendre l'un de leurs meurtriers.

Lorsque Tink lut sur Internet l'article du *Columbia Missourian* décrivant ces manifestations en détail, elle visualisa la bougie entourée de barbelés, symbole d'Amnesty International – cette même bougie qui lui évoquait Bobby Sands, la justice, Julie et Robin –, et elle songea à la façon dont Antonio Richardson s'en servait pour déformer ce qu'elle symbolisait et la pervertir pour sa propre cause. Cette trahison la blessa plus qu'elle ne l'aurait cru possible, et sa gravité lui tira quelques larmes. Mais ensuite, elle fit ce qu'elle faisait toujours quand elle se sentait impuissante ou écœurée : elle s'assit et écrivit une lettre. Elle en réalisa des copies qu'elle envoya au président de la section locale, au président régional et au président d'Amnesty International. Voici une partie de son contenu :

[…] *Mr. Noah Jennings a été cité dans le* Digital Missourian, *disant : « Nous avons pensé que c'était une affaire exceptionnelle, une affaire où nous pourrions faire monter la pression. » Il avait raison. C'était une affaire exceptionnelle. Je me demande si Mr. Jennings connaît les noms des deux victimes des viols et des homicides commis par Antonio. Moi, oui. Elles s'appelaient Julie et Robin Kerry, c'étaient mes cousines. Elles militaient pour Amnesty International, et c'étaient aussi deux jeunes étudiantes pleines de compassion, exactement comme la plupart des manifestants.*

Je crois aux courageux principes mis en avant par Amnesty International et j'applaudis aux efforts de beaucoup de ses infatigables membres. Mais je crois aussi que, dans votre zèle pour faire changer les choses en bien au sein de notre société, vous vous regroupez parfois sous la mauvaise bannière. Et je pense que cette occasion est une de celles-là.

Voilà. Tink exposa quelques-unes des nombreuses inexactitudes dont les médias s'étaient récemment saisis avec vigueur pour les recracher en tant que faits. Toutefois, elle ne perdit pas trop de temps sur ces arguments relatifs aux faits parce que le véritable enjeu de cette lettre n'était pas là. Elle conclut comme suit :

Amnesty International est un organisme puissant et respecté, et, en tant que tel, sa responsabilité sociale est considérable. Je vous demande respectueusement de choisir avec précaution vos combats. Les choses ne sont pas toujours conformes à ce qu'en disent les gros titres.

Julie et Robin Kerry ont encore beaucoup d'amis et de famille dans le secteur de St. Louis et de Columbia, dont beaucoup participent activement à la vie du campus. Ce sont essentiellement des gens qui soutiennent Amnesty International et qui ont un excellent souvenir de la participation des filles à votre cause. En leur nom, je vous encourage à montrer la plus grande sensibilité dans cette affaire. S'il vous plaît, ne nous obligez pas à nous sentir encore plus ostracisés. Si vous avez l'intention de continuer à soutenir Antonio, nous vous demandons de reconsidérer au moins vos méthodes. Des die-in *ou des manifestations similaires en faveur de l'homme qui a assassiné mes cousines, c'est vraiment difficile à avaler. Cet homme continue à afficher un mépris flagrant de la vie humaine ; ses victimes, elles, ont passé le peu de temps dont elles ont disposé sur cette planète à se battre pour les droits de l'homme, jusqu'à ce qu'il leur enlève ce combat. Dans ce cas précis, vous êtes dans le mauvais camp.*

Cette lettre exprimait tout ce que Tink avait voulu exprimer et, quand elle colla les timbres sur les enveloppes plus tard dans l'après-midi, elle ressentit un immense soulagement. Même si elle ne s'attendait pas réellement à ce que ses mots accomplissent grand-chose, elle se sentait mieux de les avoir écrits.

Environ deux semaines plus tard, elle fut passablement surprise de recevoir des réponses personnelles et empathiques de la part des trois destinataires de sa missive. À son modeste niveau, elle eut le sentiment d'avoir rendu Amnesty International à ses propriétaires légitimes.

Le 5 mars, le *New York Times* se joignit à l'agitation publique croissante en sortant un éditorial intitulé « Le cycle de la mort », soutenant que « en tuant [Richardson], nous ne réussirons qu'à nous rabaisser nous-mêmes ». L'article reprenait aussi plusieurs pseudo-faits erronés, avantageusement reformulés par Battisti, qui avaient commencé à fleurir insidieusement dans tous les articles sur ce sujet. Silencieux et abattus, les proches de Julie et Robin regardèrent la lame de fond du soutien à Antonio Richardson envahir les médias.

Personne n'avait l'air de remarquer la profusion de documents juridiques, y compris la propre demande de clémence de Richardson, qui contredisaient nombre de ces « faits » rapportés par la presse. Ces documents ne racontaient pas l'histoire d'un pauvre homme retardé mentalement et au grand cœur fabriquée par les médias, mais plutôt celle du véritable Richardson : un jeune particulièrement perturbé et en colère qui avait mené une existence misérable depuis le jour de sa naissance.

D'après la demande de clémence d'Antonio, son père, Archie Richardson, n'avait jamais épousé Gwendolyn, sa mère, et n'était présent dans la vie d'aucun de ses trois fils. Mais alors qu'Archie avait reconnu les deux frères d'Antonio, il avait invariablement refusé d'en faire de même pour lui. Gwendolyn et Archie n'avaient pas de bonnes relations pendant les périodes où Antonio avait été conçu et où il était né. Archie était donc convaincu que l'enfant était le produit de l'infidélité de Gwendolyn. Et donc, aux rares occasions où il se consacrait aux garçons, il rejetait ouvertement son cadet, autorisant les deux autres à l'appeler « Papa » tout en snobant Antonio. Si le gamin n'avait pas compris la malveillance que se renvoyaient ses parents, il avait saisi ce rejet absolu.

Lorsque Richardson eut six ans, Archie épousa une autre femme et sortit presque totalement de la vie de ses fils. Pour Antonio, le mal était déjà fait. Dès le CP, il manifestait de sérieux problèmes de comportement. Un rapport de la Division des services familiaux du Missouri de 1981 expliquait que Gwendolyn « avait du mal » avec Richardson, et que les « progrès scolaires de l'enfant étaient faibles, son bulletin de CP comportant essentiellement des D ainsi que de mauvaises appréciations sur son attitude en société ». Son institutrice mentionnait qu'il ne tenait pas en place : il ne faisait que bouger, se battre, jeter ses crayons et dépouiller ses camarades.

Lorsque Richardson eut sept ans, on diagnostiqua à sa mère de sérieux problèmes rénaux, et lui et ses deux frères commencèrent à être ballottés en permanence du foyer d'un membre de la famille à l'autre. Gwendolyn passait des semaines d'affilée à l'hôpital, et en plus de ses problèmes médicaux, la jeune mère développa une sérieuse addiction à la drogue et à l'alcool. Elle abandonnait ses enfants des semaines entières pour partir se saouler et se droguer. Souvent, les gamins ne savaient pas où était leur mère, ni même si elle rentrerait à la maison. Comme elle dépensait toutes ses allocations en drogue pour elle et ses petits copains, Richardson et ses frères avaient souvent faim.

D'autres pièces de procédure indiquaient que c'était bien « la sévérité, la fréquence et la constance des problèmes de comportement de l'élève » et non un retard mental quelconque qui avaient conduit au placement de Richardson dans un département scolaire spécialisé dédié aux enfants souffrant de sérieuses difficultés d'apprentissage. Ses problèmes scolaires n'avaient rien à voir avec un prétendu retard mental. C'était simplement un gamin négligé, en colère, inculte et violent, qui, faute d'avoir bénéficié d'assez d'amour et dc conseils au cours de sa vie, était devenu en grandissant un homme en colère, inculte et violent.

Le matin du 5 mars, l'édition en ligne du *Post-Dispatch* publia un article contenant une coquille impardonnable : Ginna Kerry y était identifiée à tort comme « Ginny Richardson ». Depuis son bureau à New York, Tink laissa un message vocal cinglant à l'intention de son auteur, Paul Hampel, et entreprit de rédiger une autre lettre, destinée cette fois-ci au rédacteur en chef du journal. À St. Louis, James Kerry, l'un des oncles de Julie et Robin, fit de même. Quant à Nels Moss, il était déjà en train de mettre une touche finale à la sienne.

Tink fut passablement surprise quand Paul Hampel du *Post-Dispatch* l'appela un quart d'heure après l'envoi de son mail au rédacteur en chef. Il se sentait très mal au sujet de la malheureuse coquille dans l'édition du matin, et se demandait si elle accepterait de lui accorder une interview. Il ajouta qu'il aimerait beaucoup écrire un article soutenant les familles des victimes. Tink était méfiante : les Cummins avaient eu de si nombreuses mauvaises expériences avec les médias par le passé, et lorsque ce n'était pas le cas, ils les ignoraient superbement pendant qu'Antonio se prélassait sous les feux de la rampe, jouant son rôle désormais solidement établi de victime du système. Elle annonça à Hampel qu'elle allait devoir réfléchir et le rappeler.

Dès qu'elle eut raccroché, Tink ouvrit immédiatement son carnet d'adresses électronique. Tom était le premier de la liste, et deux heures plus tard, Tink avait joint pas moins d'une demi-douzaine de membres de la famille, tous favorables à ce qu'elle accorde cette interview à Hampel. Après tout, ils ne pouvaient guère continuer à se plaindre du caractère partial de la récente couverture médiatique si personne de leur camp n'acceptait de répondre à la presse. Et donc, après s'être abondamment rongé les ongles et torturé l'esprit pour deviner ses intentions, Tink rappela Hampel et accepta nerveusement de donner cette interview le soir même. En dépit de sa méfiance initiale, elle finit par apprécier le journaliste, passant presque deux heures au téléphone avec lui ce soir-là. À la fin de la conversation, il la remercia.

« Aujourd'hui, j'ai beaucoup appris sur la façon dont

on doit traiter les gens, dont on doit traiter les victimes de crimes et leurs familles, et j'aimerais juste vous remercier de m'avoir offert une seconde chance. Toute la journée, ma boîte mail a été envahie de messages de parents de Julie et Robin et de leurs proches. Ces deux filles étaient vraiment des personnes incroyables, et on a oublié leur histoire pendant ces dernières semaines. Vous avez ma parole, je vais faire de mon mieux pour réparer cette injustice demain. »

Le lendemain matin, le 6 mars, le *Post-Dispatch* titrait en une : « L'apparition du meurtrier à la TV exaspère la famille des victimes ». L'article citait abondamment Tink, dissipant de nombreux mythes qui avaient mystérieusement évolué pour devenir des « faits » dans la récente couverture médiatique. C'était le premier texte publié depuis des années sur ce support à s'intéresser davantage aux victimes qu'à leurs meurtriers.

Le même jour, le quotidien reproduisit bien en évidence les trois lettres que James Kerry, Tink Cummins et Nels Moss avaient écrites à son rédacteur en chef.

Celle de James Kerry était extrêmement bien pensée et riche en arguments passionnés.

Primo, sa culpabilité est indéniable. Secundo, contrairement à ce qu'insinue fallacieusement le titre de votre éditorial du 2 mars[1]*, l'État n'exécuterait pas un mineur. Il a vingt-six ans. Il en avait seize quand il a commis des viols multiples et des meurtres : des crimes très adultes commis d'une manière particulièrement délibérée, particulièrement vicieuse,*

1. Article intitulé « Death Penalty : Executing a Juvenile », non cité précédemment, paru le 2 mars 2001 dans le *Post-Dispatch*.

particulièrement violente, particulièrement déterminée et particulièrement adulte.

La lettre de Moss n'était pas moins passionnée.

Cette affaire est probablement l'homicide le plus impitoyable et le plus gratuit de deux jeunes personnes que j'aie jamais vu. Ne vous y trompez pas, c'étaient Richardson et Clemons qui ont violé et poussé leurs victimes nues dans les eaux glacées du Mississippi pour qu'elles s'y noient.

J'ai une longue expérience des arguments psychiatriques en matière de défense, y compris le retard mental, et Richardson n'est pas un retardé au véritable sens de ce diagnostic. De simples mauvais résultats aux tests de QI ou des difficultés de lecture ne suffisent pas à prouver un retard mental.

Richardson possède d'excellentes aptitudes verbales, ainsi qu'un bon sens et une débrouillardise bien supérieurs à ceux d'un retardé mental. Dans une déclaration enregistrée en vidéo, il a prétendu que c'étaient les autres qui étaient responsables du meurtre per se, *et il a tenté de tromper son monde de façon claire et logique. En décidant d'aller au procès, il a fait un choix raisonné.*

Le retour de bâton était enfin en marche.

***

Tink n'en avait pas pris conscience lorsqu'elle avait accordé cette interview à Hampel, mais sa participation allait lui valoir d'être identifiée comme porte-parole de la famille, au moins du côté Cummins. C'était un rôle pour lequel elle ne se sentait pas qualifiée et qu'elle n'avait pas l'impression de mériter, et pourtant, en dépit de sa réticence, elle fut assaillie de coups de fil dès le début de la matinée.

Les raisons du quasi-silence des familles Cummins et Kerry au cours des dix années qui avaient suivi les meurtres de Julie et Robin étaient multiples. Pour Tom, c'était simple : il ne faisait pas confiance aux médias. À maintes reprises, il y avait vu imprimés des sous-entendus, des demi-vérités et des erreurs à propos de l'affaire, et il refusait tout net de s'en mêler. Quant aux Kerry, peut-être leur chagrin avait-il été trop grand pour qu'ils l'expriment à voix haute. Et quant aux nombreux membres des deux familles élargies – tantes, oncles, cousins –, eh bien, chacun avait ses raisons personnelles. Certains considéraient que ces décès étaient d'ordre privé, que leur chagrin ne regardait personne. Et d'autres, en colère contre les comptes rendus biaisés des médias et désireux de parler, avaient peur d'indisposer le reste de la famille. Personne ne se sentait véritablement autorisé à monter au créneau et à communiquer avec la presse.

Après tout, dans une aussi grande tribu, il était naturel qu'il existe une multitude d'opinions différentes sur des sujets comme la peine de mort. Et personne ne voulait prendre la responsabilité d'être étiqueté comme étant la « voix de la famille ».

Ainsi, quand Tink se retrouva apparemment tout en haut de la liste de tâches de chaque reporter du pays, elle fut mal à l'aise. Cependant, après de nombreuses discussions encourageantes avec divers membres de la famille, elle accepta de rencontrer quelques journalistes. Au début de chaque entretien, elle expliquait qu'elle ne parlait que pour elle-même, et pas au nom des siens. Elle martelait qu'elle refuserait de donner son propre sentiment au sujet de la peine de mort. Le seul point qu'elle souhaitait réellement soulever était le suivant : *Est-ce qu'on n'a pas oublié quelque chose ? Et les victimes, alors ?*

Mais si Tink se sentait dépassée de devoir jongler avec les coups de fil des reporters et les demandes de conseils à ses proches, ce n'était rien comparé à ce que devaient affronter les membres de sa famille à St. Louis. À mesure que la date de l'exécution se rapprochait, ils étaient tous surpris par l'intensité des émotions qui entouraient cet événement imminent. La perspective d'une autre mort résultant, au bout du compte, de cette horrifiante nuit d'avril 1991 mettait leurs cicatrices à vif.

Pour Ginna, il n'y avait pas de cicatrices : les blessures ne s'étaient jamais refermées. Et pour le reste de la famille, en ce 6 mars 2001, tandis que les représentants des médias grouillaient et que les manifestants s'agitaient frénétiquement pour passer à la télé, les souvenirs et la souffrance étaient aussi bruts que dix ans plus tôt.

Tom gara brusquement sa voiture de location dans l'allée de ses grands-parents – la même allée par où il avait filé en douce des années auparavant, lors de cette terrible nuit –, tira le frein à main et jeta un coup d'œil à sa tante Jacquie, assise sur le siège avant du passager. Il inspira profondément, mais avant qu'il ait pu dire quoi que ce soit, sa mère apparut dans l'embrasure de la porte et leur fit signe d'entrer. Kay avait choisi un vol un peu plus tôt afin de passer une soirée supplémentaire avec ses parents. Ils avaient quelques heures devant eux avant de prendre tous les trois – Tom, Jacquie et Kay – la route pour le Potosi State Penitentiary où, une minute après minuit, ils devaient assister à l'exécution d'Antonio Richardson par injection létale.

Ils n'avaient pas beaucoup discuté entre eux des raisons de leur présence sur place. En vérité, Kay comme Jacquie étaient surtout venues tenir compagnie à Tom. Ni l'une ni l'autre ne désirait être témoin de cette exécution ; elles avaient juste senti que Tom avait besoin de leur soutien. Ginna n'avait jamais eu la moindre intention d'y assister et, même si Rick l'avait envisagé, il avait finalement décidé lui aussi de s'en abstenir.

Tom passa le reste de l'après-midi chez ses grands-parents. Il laissa même Grand-Mère Polly le chouchouter plus qu'à l'accoutumée et le nourrir, bien qu'il se sentît si nauséeux et agité qu'il craignait presque de manger.

Un peu avant 16 heures, le téléphone portable de Jacquie sonna, et Kay Crockett annonça la nouvelle : la huitième cour de circuit avait octroyé un sursis à Richardson. L'exécution était suspendue. Tom était trop abasourdi pour répondre.

Crockett lui expliqua que l'État faisait appel de cette décision à la Cour suprême des États-Unis, et qu'il y avait de fortes chances que celle-ci soit annulée d'ici minuit. Et donc, après avoir regardé Tink se faire interviewer dans l'émission *Catherine Crier Live* à New York, Tom, Kay et Jacquie s'entassèrent malgré tout dans leur voiture de location pour se rendre à Potosi. Ils venaient à peine de prendre leurs chambres au Holiday Inn où ils devaient passer la nuit que le téléphone portable de Jacquie se remit à sonner, porteur des derniers développements : le juge Clarence Thomas de la Cour suprême avait annulé le sursis. L'exécution de Richardson était de nouveau programmée à minuit une.

C'était comme si Tom avait été transporté dans un genre d'épisode particulièrement tordu et dément de caméra cachée. Les montagnes russes que faisaient ses émotions étaient presque trop difficiles à encaisser et, à ce stade, il se posait les mêmes questions que celles que lui avaient posées un nombre incalculable de gens quand il avait décidé de venir assister à l'exécution. *Qu'est-ce que j'espère retirer de tout ça ? Qu'est-ce que je fiche ici, bon sang ?*

Vers 22 h 15, Tom s'arrêta dans le parking d'une station d'essence à quelques kilomètres du pénitencier. Il alla à la cabine téléphonique et composa le numéro de Crockett d'un doigt qui fut engourdi par le froid dès le troisième chiffre. Il voulait juste effectuer une dernière vérification avant leur arrivée et s'assurer que tout se passait comme prévu. Dehors, il faisait sombre, bien plus sombre que n'importe où en ville, et entre l'obscurité et le temps glacial, Tom commençait à se demander si les gens qui organisaient ces exécutions ne conspiraient pas bel et bien à rendre l'atmosphère aussi effrayante que possible. Il se débarrassa vite de cette pensée dès qu'elle lui traversa l'esprit. Il ne pouvait même pas imaginer ce que ces gens-là devaient ressentir en pratique.

Lorsque Kay Crockett répondit au téléphone, elle paraissait inhabituellement fatiguée. « Vous n'allez pas le croire, Tom, commença-t-elle. L'exécution a encore été suspendue. Je ferai mon possible pour tout vous expliquer en détail dès que vous arriverez sur place. Mais en gros, la Cour suprême a accepté de suspendre l'exécution temporairement en attendant la conclusion du procès d'un homme souffrant d'un retard mental en Caroline du Nord.

— Mais… protesta Tom.

— Ouais, je sais, l'interrompit Crockett. Richardson ne souffre d'aucun retard mental. On dirait que ça n'a pas une grande importance. À la base, l'argument avancé par ses avocats, c'est que, s'il y a une *chance* que leur client *puisse* éventuellement souffrir d'un *léger* retard mental, alors il y a une chance que l'issue de ce procès *puisse* affecter son sort. C'est suffisant pour obtenir un sursis. Même si, à long terme, ça ne fera pas le poids. »

Tom acquiesça. « D'accord. Il ne nous reste que quelques kilomètres. Que devons-nous faire, à votre avis ?

— Pourquoi n'entrez-vous pas pour vous entretenir un moment avec Dora Schriro ? C'est la directrice des services pénitentiaires de l'État du Missouri. Elle devrait pouvoir répondre à toutes les questions que vous vous posez. Nous avons aussi des psychiatres conseils à disposition si vous voulez parler à quelqu'un. »

En dépit du confinement total de la prison et de la sécurité maximale, Tom, sa mère et sa tante furent entrés et ressortis de Potosi en moins d'une heure. Si les caméras et la presse ne repérèrent pas Tom à son arrivée, elles lui fondirent dessus à la sortie. Il était entouré de gardiens qui le raccompagnèrent jusqu'à sa voiture de location, Jacquie et Kay dans son sillage. Il garda le silence, ne leur accorda même pas le « Sans commentaire » qui lui aurait garanti de passer au journal du soir.

Au Holiday Inn, Kay alla se coucher tout de suite, épuisée et vidée de ses émotions. Tom et Jacquie, eux, allumèrent des cigarettes et restèrent debout toute la nuit à se remémorer Julie et Robin.

Deux jours plus tard, Tom s'efforçait de trouver une position confortable sur son siège dans l'avion au départ de l'aéroport de St. Louis, avant le décollage. Les événements de la semaine précédente avaient dissipé beaucoup de ses questions sans réponse. Au moment où il avait prévu ce voyage, un mois plus tôt, son entourage lui avait demandé : « Que crois-tu accomplir en allant là-bas pour assister à l'exécution ? » et Tom n'avait vraiment pas su quoi dire. Il s'était simplement senti obligé d'y aller. Il ne lui était jamais venu à l'esprit de *ne pas* y aller. Mais lorsque la question se présenta, il se mit à faire son examen de conscience et à se torturer l'esprit. Pourquoi voulait-il y aller, *au fond* ? Voulait-il réellement juste regarder cet homme mourir ? Non. Ce n'était pas le problème. Il n'était pas assoiffé de sang. D'ailleurs, l'idée de regarder l'exécution en direct ne l'avait pas attiré le moins du monde. Elle le révoltait. Et il n'avait pas non plus espéré pouvoir tourner la page, ou mettre un point final à cette histoire, ni trouver ce sentiment de réconfort que les survivants d'un drame se persuadent parfois de ressentir en regardant mourir leurs tortionnaires. Il savait qu'en sortant du pénitencier, après avoir assisté à une mort supplémentaire, il ne se dirait pas : *Ouah, je me sens mieux maintenant.*

Alors qu'espérait-il ? Tandis que l'avion accélérait et que son moteur tournait à plein régime pour le décollage, Tom finit par identifier le seul désir, la raison essentielle qui l'avait poussé à venir cette semaine-là. Il avait espéré des excuses. Dans un recoin oublié de son esprit, il avait conservé un infime espoir que, confronté à sa propre mortalité, Antonio Richardson dise la vérité. Qu'il s'aperçoive dans les derniers instants précédant sa mort qu'il n'avait plus nulle part où aller en ce monde, et que le mieux qu'il pouvait espérer était de faire la paix avec son Créateur avant de passer de l'autre côté. *Voilà* ce dont Tom avait espéré être témoin. Dans l'éventualité peu probable où Richardson allait se repentir et demander pardon à la dernière minute – juste au cas où, après toutes ces années, il déciderait enfin qu'il *regrettait* vraiment –, Tom voulait être prêt. Tom voulait lui pardonner.

Alors que l'avion atteignait son altitude de croisière et que Tom laissait St. Louis derrière lui, il prit une décision : il allait également laisser derrière lui tous les espoirs irréalistes avec lesquels il était arrivé.

Sa toute nouvelle paix intérieure lui permit d'ignorer le « documentaire » quand il fut diffusé sur Court TV plus tard la même année. Le reste de sa famille ne lui réserva pas un accueil aussi blasé. Au contraire, tous étaient furieux. Les quatre-vingt-dix minutes d'émission ne contenaient aucune des images des Cummins tournées par leurs équipes. Toutes les scènes de Tom à la caserne de pompiers, toutes les séquences où figuraient les membres de la famille se racontant des histoires et échangeant des souvenirs au sujet de Julie et Robin avaient été coupées. Le produit fini se concentrait entièrement sur les proches de Richardson et son avocat.

Une équipe de cameramen était allée filmer la famille et l'avocat, Gino Battisti, durant les dernières semaines et les derniers instants précédant le soir où l'exécution de Richardson était programmée. Ils avaient capturé chaque larme, chaque conversation déchirante, chaque expression faciale insoutenable qu'ils avaient pu trouver pendant leur terrible épreuve.

Les Cummins et les Kerry, eux, n'apparaissaient nulle part. Les producteurs du documentaire avaient visiblement décidé que, dans cette histoire, leurs tourments étaient sans importance.

Mais le coup de grâce arriva vers la fin des quatre-vingt-dix minutes d'émission. La séquence montrait Battisti, l'air éreinté, qui arpentait son bureau de long en large en se passant les mains dans les cheveux, guettant la sonnerie du téléphone. Lorsque celui-ci sonna enfin, il se précipita dessus, et les caméras zoomèrent sur son soliloque. La joie éclata immédiatement sur les traits de l'avocat, qui s'effondra dans son fauteuil avec un rire soulagé. La nouvelle qu'il avait à peine osé espérer était arrivée : l'exécution de Richardson avait été suspendue. Au moment de raccrocher, il fixa directement la caméra en souriant et déclara : « En fin de compte, cette histoire a un dénouement heureux ! » Dans la salle de télévision de chez les Cummins, tout le monde resta coi.

À peu près au moment où Battisti célébrait son « dénouement heureux », les familles Cummins et Kerry se préparaient à célébrer le dixième anniversaire des morts de Julie et Robin. Tom et Kathy prévoyaient de faire coïncider leur soirée bière hebdomadaire avec cet anniversaire, et Tom invita sa nouvelle petite amie à se joindre à eux. Même s'ils ne sortaient ensemble que depuis quelques semaines, Tom plaçait beaucoup d'espoir en elle, et il savait qu'il devrait lui raconter tôt ou tard son passé. Après tout, les éléments de cette histoire étaient les Lego de sa vie, les blocs qui avaient au cours des dix dernières années largement contribué à la construction de la personne que Tom Cummins était devenue. Et il ne pouvait pas s'attendre à ce que Whitney, sa nouvelle petite amie, le connaisse ou le comprenne tant qu'elle ne serait pas au courant de cette horrible affaire, au courant de la perte de Julie et Robin.

Ce jour-là, il l'emmena donc chez Mrs. O'Leary's en début de soirée, une heure avant leur rendez-vous avec Kathy et son mari. Tom prit les mains de Whitney dans les siennes et lui relata ce qu'il en était venu à considérer comme l'histoire de sa vie. Il bafouilla et s'interrompit nerveusement en cours de route, prenant une gorgée de bière lors des intervalles les plus longs pour meubler le silence. Après tout, il avait énoncé ces vérités un nombre incalculable de fois au cours des dix dernières années, et les réactions qu'il avait rencontrées allaient de l'hyperventilation à l'incrédulité en passant par l'indifférence absolue. Tom n'avait compris que récemment que ce moment, le moment où il partageait son histoire, était le moment le plus important et le plus révélateur de *chaque* nouvelle relation. La réaction de son interlocutrice jouait le rôle d'une sorte de loupe braquée sur son âme, révélant en abrégé tout ce qu'elle était en tant qu'individu.

Lorsque Tom termina son récit, Whitney le contempla longuement en ouvrant de grands yeux pleins de larmes. « Si tu as besoin de quelque chose, peu importe quoi, je comprendrai », dit-elle.

Et Tom comprit alors que ses années de thérapie lui avaient enfin permis de passer un cap déterminant. Pour la première fois en une décennie, il prenait un authentique nouveau départ. Il espérait qu'un jour Ginna pourrait peut-être y parvenir elle aussi, mais tout en l'espérant, il reconnaissait à quel point la douleur de sa tante était différente et dévorante. Tom acceptait enfin les cartes qui lui avaient été attribuées dans la vie. Sa thérapeute avait raison, bon sang : ce n'était pas sa faute. L'opinion des autres importait peu. Le fait que les médias se réfèrent encore seulement à lui en l'appelant le « cousin des victimes » importait peu.

Il savait qu'il était une victime à part entière. Il le savait, sa famille le savait, et maintenant, sa nouvelle petite amie le savait aussi.

Pour la première fois depuis le 5 avril 1991, Tom se sentit libéré de la culpabilité, de l'auto-flagellation, et de la crainte de ce que les autres pensaient de lui. À la place de tous ces démons, de petites pousses de chagrin jaillirent en lui. Mais il s'agissait des pousses d'un chagrin pur, et non mêlé de rage ou déformé par la peur. Il était enfin libre de sentir que ses cousines lui manquaient sans être assailli d'émotions parasites. Et c'était presque agréable. Robin lui *manquait* vraiment. Et, bon Dieu, comme Julie lui manquait !

Quand Kathy et son mari firent leur entrée quelques minutes plus tard, Tom leur commanda des boissons avant d'appeler Tink à New York, sur son portable. Il demanda à sa sœur d'aller se chercher à boire, et ils attendirent tous pendant qu'elle débouchait une bouteille de vin rouge dans son appartement.

« Tu es prête ? » s'enquit Tom dans l'appareil.

Il leva son verre étincelant, trinqua avec sa sœur sans toucher le sien, et laissa échapper une unique larme qui glissa sur sa joue.

« À Julie et Robin », dit-il.

POSTFACE

Nous oublions nos victimes.

En tant que société, nous avons une certaine fascination pour le meurtre et la violence. Ce n'est pas nécessairement malsain ; nous sommes des gens curieux. Nous voulons savoir pourquoi les atrocités ont lieu ; nous voulons comprendre les causes de la malveillance. Nous allons chercher des réponses dans les livres, dans la thérapie, dans nos médias. Toutefois, malheureusement pour ceux qui cherchent des réponses, les cadavres ne parlent pas. Les morts ne peuvent pas raconter leurs histoires.

Alors, à la place, comme l'explique si éloquemment Doug Magee dans l'introduction de son livre, *What Murder Leaves Behind*[1] :

Après un meurtre, notre attention se tourne vers le meurtrier. Bien sûr, c'est là que ça se passe. La traque du meurtrier, son arrestation et son procès nous sont présentés comme étant la véritable histoire, et nous protestons rarement...

Dans les instants qui suivent directement le meurtre,

1. « Ce que le meurtre laisse après lui », non traduit en français.

il arrive qu'on saisisse une minute ou deux de la vie d'un mari, d'une femme ou d'un parent, plissant les yeux sous les projecteurs brûlants de la télévision, s'interrompant pour pleurer, puis tentant de mettre des mots sur certains des pires sentiments imaginables qui l'habitent. Mais, en général, nous ne faisons qu'apercevoir ces familles et nous ne le faisons que lorsqu'elles s'insèrent dans un contexte plus large ; elles restent périphériques à l'activité qui entoure le meurtre.

C'est vrai. Cependant, la plus grande injustice sociale n'est pas que les familles des victimes occupent notre attention de manière périphérique. Le plus dommageable, c'est que, à cause du silence que leur impose la mort, nous oublions les victimes elles-mêmes.

Le 5 avril 1991, Julie et Robin Kerry sont mortes. C'est le fait marquant de cette histoire, et il est monumental. En tant que tel, il devrait rester au centre des conversations. Mais, au fil des années, ma famille a regardé, impuissante, la presse reléguer quasiment Julie et Robin au rang de simples détails secondaires. Et pendant ce temps-là, leurs meurtriers sont devenus les chouchous des médias.

J'ai écrit ce livre parce que j'étais révoltée. Je l'ai écrit parce que je voulais *agir* pour tenter de changer le fait que la place revenant de droit à Julie et Robin dans notre mémoire collective soit usurpée par les voyous mêmes qui les ont tuées. C'est une immense injustice inhérente à notre société, et une injustice que j'ai remarquée parce qu'elle a frappé *ma* famille, frappé des personnes que j'aime et qui me manquent.

Tenter de formuler ce message en écrivant ce livre est l'une des choses les plus effrayantes que j'aie jamais entreprises, et je me suis remise en question à chaque phase du processus. J'ai remis en question ma capacité à exprimer convenablement ces problèmes et, plus important encore, j'ai remis en question mon *droit* à le faire. Je sais que, à cause de la nature même de ce qui est écrit dans ces pages, ce livre est intrinsèquement perturbant pour certaines des personnes qui ont le mieux connu Julie et Robin en ce monde, et la dernière de mes intentions était de blesser davantage des gens qui ont déjà enduré des souffrances colossales.

Mais au bout du compte, j'étais tenue de respecter mon sentiment que Julie et Robin avaient été réduites au simple rôle de « victimes » dans les médias, et qu'en dehors de ceux qui les connaissaient et les aimaient, la seule chose dont on se souvient à leur sujet, c'est qu'elles ont été violées et tuées. J'ai eu l'impression qu'en écrivant ceci, je parviendrais éventuellement à décrire leur amour et la dignité avec laquelle elles ont enduré cette horreur. Et plus encore, j'ai pensé qu'à ma minuscule échelle personnelle, je pourrais leur rendre certains des détails dont elles étaient si fières dans leurs vies. Peut-être est-ce une de mes pathétiques chimères, mais je continue d'y croire. Je voulais que les gens entendent les noms de Julie Kerry et Robin Kerry, et qu'ils en apprennent un peu sur elles, même si ce peu-là n'était que l'ombre des vraies Julie et Robin. Alors je prie pour que, vaille que vaille, leurs proches comprennent que ce sont les raisons pour lesquelles je me suis sentie obligée de prendre la parole, les raisons pour lesquelles je me suis sentie *obligée* d'écrire ce livre. Par ailleurs, j'insiste : il s'agit de *ma propre* version des événements ; la stèle que j'érige *personnellement* à la mémoire de mes cousines. Je n'ai jamais eu l'intention de parler au nom de quelqu'un d'autre.

La peine capitale est un sujet immense et terrifiant. Ses ramifications sont véritablement impossibles à appréhender, si bien que, enveloppée d'un voile de ténèbres, elle plane sur notre conscience nationale telle la Faucheuse. Bien que je n'aie jamais eu l'occasion d'en discuter avec Julie et Robin, je sais qu'elles étaient toutes les deux contre. Ce que personne ne peut savoir, c'est si cette terrible nuit aurait altéré ou non leur opinion. Il est inutile d'épiloguer là-dessus.

Ce que je *sais*, en revanche, c'est comment ce sujet affecte ceux d'entre nous qui sont encore là. Je me suis moi-même débattue avec durant des années. J'ai vécu de nombreux moments où mon plus cher désir était de me retrouver cinq minutes seule dans une pièce avec un couteau de boucher et les violeurs de mes cousines. Mais je me suis aussi retrouvée confrontée à un moment bien pire que ces rêves vengeurs, où l'exécution de Richardson était imminente. La perspective de cette mort prochaine ne m'apportait aucune paix. J'étais horrifiée à l'idée que Richardson allait mourir. Pourtant, quand l'exécution a été suspendue, je me suis remise à enrager ; je voulais qu'il meure. Et quelques minutes plus tard, je me suis détestée pour ma férocité. Ce tourbillon d'émotions est indescriptible.

La pire chose que peut jamais faire un oppresseur à une victime est de lui inspirer une telle haine que la victime devient capable du même genre de monstruosités que celles qui l'oppressent. Cette menace d'altération de l'âme de la victime en elle-même est bien plus terrifiante à mes yeux que n'importe quelle brutalité physique potentielle. Si je laisse ma révulsion pour les meurtriers de mes cousines me condamner à être assoiffée de sang, les voyous de ce monde ont gagné. Et les Julie et les Robin ont perdu.

C'est pourquoi je ne désire pas l'exécution de Richardson, Gray ou Clemons – je ne veux pas regarder ces hommes mourir –, mais ce n'est pas par pitié pour eux que je reste de ce côté-ci de la barrière. En ce qui concerne leur sort, je me satisferais de savoir qu'ils ont été enfermés il y a toutes ces années et qu'ils ne pourront jamais sortir, jamais violer ou tuer de nouveau. Je me satisferais tout autant d'apprendre qu'ils sont tombés raides morts dans leur cellule un jour. Je me moque de ce qui leur arrive. Julie et Robin ne reviendront pas.

Cela dit, à cause du couloir de la mort, ces hommes restent présents dans nos vies, c'est la triste vérité. Si Antonio Richardson purgeait une peine de prison à perpétuité sans aucune possibilité de libération conditionnelle, Ricki Lake ne voudrait pas l'interviewer. Court TV n'aurait aucune raison de lui consacrer une émission spéciale de quatre-vingt-dix minutes. *Personne* ne s'apitoierait sur son sort, et il ne serait pas en mesure de jouer ainsi les victimes.

Je ne peux pas prendre position contre la peine de mort par compassion pour ces hommes parce que je n'ai pas ressenti une once de compassion envers eux à ce stade. Ce serait peut-être le cas si je pensais qu'ils regrettaient, s'ils exprimaient un quelconque remords véritable pour leurs actes. Je peux simplement dire que la peine capitale n'a rien résolu pour moi. Elle ne m'a pas aidée à cicatriser mes plaies, et je ne m'attends pas à ce que cela arrive.

Néanmoins, je suis frustrée par cette éternelle rhétorique. Nous concentrons toujours notre attention au mauvais endroit. Peut-être que la peine de mort est mauvaise, pas uniquement d'un point de vue humanitaire, mais parce qu'elle aliène encore davantage des familles qui ont déjà tant souffert. Parce qu'elle retourne le couteau dans la plaie. Parce qu'elle minimise le rôle des personnes qui devraient avoir le plus d'importance. Parce qu'elle donne aux meurtriers l'opportunité de porter un insigne qu'ils ne méritent pas : celui de la victime.

***

Je ne veux pas terminer ce livre sur une note de colère. Je ne suis plus tellement en colère à présent. Écrire ces lignes m'a permis de dépasser une grande partie de tout cela. Je les jette donc sur la place publique dans l'espoir qu'elles y seront reçues conformément à mes intentions : comme une lettre d'amour à mes cousines, une occasion de donner la parole à mon frère. En chemin, si elles contribuent même modestement à changer l'opinion que les lecteurs se font des victimes, eh bien, j'aimerais me dire que Julie et Robin seraient fières de moi. Après tout, qui a dit qu'on ne pouvait pas changer le monde ?

Baisers et Révolution.
2004

Depuis la publication initiale de ce livre :

Marlin Gray a été exécuté en 2005. Bien qu'il ait clamé son innocence jusqu'au bout, une expertise ADN a indiqué en 2017 sa participation au viol des sœurs Kerry.

En 2015, la Cour suprême du Missouri a découvert

que le ministère public avait peut-être dissimulé des preuves de brutalité policière à l'encontre de Reginald Clemons, ce qui a abouti à l'annulation de ses condamnations et de sa peine capitale. Quand le ministère public a de nouveau décidé de requérir la peine de mort contre lui lors d'un second procès, cette fois avec l'aide de la technologie ADN dont on ne disposait pas en 1991, Clemons a finalement avoué ses crimes en audience publique et plaidé coupable de tous les chefs d'accusation. En 2017, il a été condamné à cinq peines de prison à perpétuité consécutives, mais a pu prétendre à la libération conditionnelle dès 2020. Sa première demande a été rejetée.

La peine capitale d'Antonio Richardson a également été commuée en peine de prison à perpétuité par la Cour suprême du Missouri en 2003. À ce jour, il s'est vu refuser deux fois la libération conditionnelle.

En 2007, après quinze ans de prison, Daniel Winfrey a été relâché en liberté conditionnelle, mais réincarcéré au moins deux fois pour en avoir violé les termes. Il est actuellement toujours en détention.

NOTE DE L'AUTRICE

Ce texte n'est pas une œuvre romanesque. Les matériaux sur lesquels je me suis appuyée dans ma recherche comprenaient des documents de justice, des archives de police, des articles de journaux papier et en ligne, de même que des interviews que j'ai réalisées auprès de personnes apparaissant dans ce livre. De plus, dans la mesure où je fais partie de cette histoire, j'ai utilisé mes propres souvenirs de certains événements.

J'ai choisi d'écrire ce livre du point de vue d'un narrateur omniscient afin que le lecteur acquière une connaissance intime de chaque facette de l'intrigue. J'ai dû recourir à un certain degré de supposition dans les dialogues, bien que les interactions qu'ils décrivent soient toutes basées sur des conversations authentiques et qu'elles contiennent de nombreuses citations directes.

Certains membres de la famille ont demandé, pour des raisons personnelles, à ne pas être mentionnés dans ce texte et j'ai respecté ces souhaits. En dehors de ces modifications, je me suis efforcée d'évoquer avec précision les personnes et les événements contenus dans ce livre pour en rendre la quintessence.

REMERCIEMENTS

Il y a un certain nombre de personnes sans qui, et je ne crois pas exagérer en le disant, ce livre n'aurait peut-être jamais vu le jour. J'aimerais les remercier du fond du cœur.

Merci à tous mes amis, mes collègues, mes copains et ma famille élargie de New York, d'avoir égayé ma vie quotidienne et d'avoir (parfois) préservé ma santé mentale.

À Dan Slater – pour ta sagesse des premiers instants. Ta sensibilité et tes encouragements m'ont aidée plus que tu ne l'imagines. À Kara et Claire – d'avoir décelé le potentiel d'une version très, très rudimentaire du texte.

Et à Laura – d'avoir eu l'incroyable sagacité nécessaire à la transformation de ce matériau brut en un produit fini dont je peux vraiment me sentir fière ; tu m'as obligée à voir des choses que je n'aurais jamais décelées sans ta clairvoyance.

À Frank Carlson, Frank Fabbri, et Nels Moss – d'avoir pris le temps de lire le manuscrit et de m'avoir donné vos précieux conseils (tant juridiques que personnels). Et, plus important encore, pour ce que vous avez tous fait pour mon frère.

À Nikki – d'être la meilleure thérapeute à demeure au monde. (Et à Noel, de l'avoir emmenée se promener entre nos sessions pour que je puisse *écrire*.)

À Evelyne – pour m'avoir aidée à lutter contre mes idées noires jour après jour en dépit de l'océan qui nous sépare généralement.

À Joe – d'avoir chassé à jamais la notion même de complaisance de ma vie. Tu es tout simplement ma colonne vertébrale.

À Anton et Carolyn, les ringards de la Table Ronde – qui m'ont appris à être humble et fière à la fois. Ce livre vous doit son existence à tous les deux presque autant qu'à moi. (D'accord, sans doute même plus que « presque »). Très sérieusement, je n'y serais pas arrivée sans vous.

À la meilleure force de vente de toute la profession – vous bouillonnez de confiance et d'enthousiasme depuis le premier jour, et je ne voudrais de personne d'autre pour assurer ma promotion. Je suis l'autrice la plus chanceuse de tous les temps. À Norman et Trish – d'être devenus mes mentors et de m'avoir appris que ce qui importe véritablement en affaires, ce sont les personnes dont on s'entoure. Norman, tu as cru en moi, et c'est pour cette raison que mes rêves se réalisent. Merci.

À ma famille (beaucoup trop nombreuse pour citer chacun individuellement : tous les Cummins, les Matthews, et leurs moitiés correspondantes) – ça paraît sentimental, mais c'est vrai : j'ai de qui tenir. La force et l'amour dont j'ai été témoin dans notre famille au fil des ans sont époustouflants. Je suis fière d'appartenir à votre clan.

À Jamie – tu es la jeune femme la plus digne et la plus courageuse que j'aie jamais rencontrée. Tu possèdes une étonnante volonté de t'impliquer totalement dans ta vie, et c'est un véritable honneur de pouvoir me dire ta cousine et ton amie.

À Ginna – les mots me manquent pour exprimer ce que tu as fait pour moi. Tes filles m'ont insufflé la volonté d'agir, mais ce sont ta foi et ta force qui m'ont aidée à oublier mes peurs. Dans mes rêves les plus fous, je n'aurais jamais imaginé une présence plus compatissante et généreuse que celle que tu as été dans ma vie.

À Maman et Papa – pour leur amour et leur soutien inconditionnels (même quand j'ai choisi de vivre en « territoire hostile étranger »). Merci de m'avoir appris à garder les pieds sur terre et la tête dans les étoiles. D'avoir toujours cru en moi, et de me l'avoir rappelé quand je pataugeais. J'espère que vous pourrez être fiers de moi.

À Kathy – que dire ? Tu seras toujours ma partenaire émotionnelle dans la vie. Nous avons grandi en même temps, et personne ne comprendra jamais qui je suis aussi bien que toi. *Eres la mejor hermanita en todo el mundo.*

Et enfin, à Tom – ça a été un sacré voyage, durant lequel tu as surtout été un emmerdeur. Mais je t'aime encore plus aujourd'hui que lorsque nous avons commencé à rêver dans la véranda de Grand-Mère et Grand-Père il y a toutes ces années. Tu es mon héros, Tom.

Vue aérienne des deux Chain of Rocks Bridges jumeaux
qui traversent le Mississippi, avec au sud-ouest les bâtiments
de la Compagnie des eaux de St. Louis (informations obtenues
auprès de la Commission géologique américaine,
EROS Data Center, Sioux Falls, Dakota du Sud).

L'Old Chain of Rocks Bridge sur toute sa longueur,
pris depuis la rive côté Illinois, en regardant à l'ouest
vers le Missouri. Le New Chain of Rocks Bridge est visible
au loin (photo : © 1997 Dr. Frank. P. Maloney).

L'un des regards ouverts dans la chaussée du vieux pont,
avril 1991 (photo : *St. Louis Post-Dispatch*).

Les petits-enfants Cummins, automne 1983.
Rangée du haut, de gauche à droite : Kelly Thess, Tom Cummins. *Rangée du milieu, de gauche à droite (tous debout) :* Danni Thess, Buddy Thess, Kathy Cummins, Robin Kerry, Tink Cummins, Christie Southerland. *Troisième rangée, de gauche à droite (tous assis) :* Kathy Kerry, Jacob Southerland, Julie Kerry. *Rangée de devant, de gauche à droite (tous assis) :* Carrie Southerland, Daniel Southerland, Jamie Kerry (photo : Olan Mills Portrait Studios).

Julie et Tom à Clearwater, Floride, été 1990
(photo : Brandon Justice).

Kathy, Tink et Tom Cummins, 1991
(photo : Olan Mills Portrait Studios).

Robin Kerry, 1989 (photo : Prestige).

Julie Kerry, 1989 (photo : Prestige).

Robin et Jamie Kerry, 2 avril 1991 (photo : Ginna Kerry).

Tink et Tom Cummins (photo : Kathleen E. Lopez).

Grand-Père Art Matthews examinant les vestiges du poème de Julie sur le pont réhabilité (photo : Kay Cummins).

Carrés de patchwork fabriqués par Kay et Kathy pour en faire un édredon dédié aux victimes d'homicides (photo : Kay Cummins).

#lisez! engagé
www.lisez.com
Pour plus d'information :
Imprimé sur du papier issu de forêts gérées durablement.

10/18 – 92 avenue de France, 75013 PARIS

Imprimé en France par CPI

N° d'impression : 3051006
X08198/01